はじめに

　平成23年末の税制改正で，国税通則法が約50年ぶりに大幅に改正されました。
　今回の改正は，それまで所得税法や法人税法等の個別税法で規定されていた「税務調査手続」についてまとめて統一的な形で規定されただけでなく，内容的にみても，「更正の請求」のできる期間が法定申告期限1年以内から5年以内に延長されるとともに，「更正の請求範囲」についても，当初申告要件が廃止されるなど納税者の権利・義務に関する面でも大幅な見直しが行われています。
　国税通則法は，国税に関する共通法でありながら，税理士試験の試験科目になっていないこと等もあって，これまで，どちらかといえばやや等閑視される傾向がありました。
　しかし，最近では，「多国間税務執行共助条約」署名及びそれに伴う国内法の整備など，国際的にもこの法律の重要性が再認識されるようになってきています。
　本書は，このような問題意識に立ち，これまで税経通信で約1年間にわたり連載してきた「国税通則法に関するＱ＆Ａ」を一冊の本にまとめたものです。過去のＱ＆Ａの中には，経過措置的な部分や掲載時点で不明だった部分等もいくつか含まれていました。そこで，今回それらについても改めて見直した上で再構成するとともに，連載時はなかった国税に関する基本用語についても追加して掲載してあります。
　この本が，若干でも皆様のお役に立つことがあれば幸いです。
　なお，本書作成に当たっては，㈱税務経理協会の山本さんに大変お世話になりました。この場を借りて厚く御礼申し上げます。

2015年5月

　　　　　　　　　　　　　　　　　　　　　　　　　川　田　　剛

目次

はじめに ……………………………………………………………………… i
【凡例】 ……………………………………………………………………… ix

第1部　税務調査関係 …………………………………… 1

序章　旧国税通則法

Q1　旧国税通則法制定の経緯 …………………………………………… 3
Q2　旧国税通則法の制定目的 …………………………………………… 4
Q3　国税通則法と他の法律との関係 …………………………………… 5
Q4　国税通則法と各税法との規定配分 ………………………………… 8
Q5　租税回避防止規定 …………………………………………………… 9
Q6　脱税犯に関する規定 ………………………………………………… 11

第1章　国税通則法改正

Q7　国税通則法改正の背景 ……………………………………………… 13
Q8　税務調査手続法制化の理由 ………………………………………… 14
Q9　旧国税通則法での規定一本化に伴う個別税法の改正点 ………… 17
Q10　国税通則法改正の概要 ……………………………………………… 19
Q11　質問検査権に関する規定の一本化と実務へのインパクト ……… 20

第2章　税務調査

2-1　概要

Q12　税務調査実施に当たっての基本的考え方 ………………………… 22
Q13　税務調査の流れ ……………………………………………………… 23
Q14　「調査」の意義 ……………………………………………………… 24
Q15　質問検査権の意義 …………………………………………………… 27
Q16　調査に該当しない行為 ……………………………………………… 29

-i-

Q17	調査かそうでないかを知る方法	31
Q18	調査を行うことのできる者 （質問検査権を行使できる当該職員の意義）	32
Q19	調査（質問検査等）の相手方となる者	33
Q20	調査（質問検査等）の対象となる「帳簿書類その他の物件」 の範囲	35
Q21	国外に所在する帳簿書類その他の物件	36

2-2 調査手続

Q22	課税標準等，税額等の調査	37
Q23	「物件の提示又は提出」の意義	38
Q24	帳簿書類等の提示・提出が必要な理由	40
Q25	帳簿書類等の提示・提出要請に応じなくてよい場合	41

2-3 調査に該当する行為

Q26	いわゆる内部調査	43
Q27	異議決定等に係る調査	45
Q28	更正の請求に基づく調査	46
Q29	質問検査権を行使しない更正	47
Q30	申請等の範囲	49
Q31	取引先等への調査（いわゆる反面調査）	50

2-4 調査に該当しない行為

Q32	課税庁が行う行政指導	52
Q33	相続税・贈与税の徴収のために行う一連の行為	53
Q34	源泉徴収に係る過不足の照会等	54
Q35	審判官が行う調査	55
Q36	当該職員の行為のうち調査に該当しないもの	56
Q37	申告書の自発的な見直しを要請する行為	58
Q38	申告書の記載事項等の確認を求める行為	59
Q39	無申告者に対し自発的な提出を要請する行為	61

2-5 加算税との関係

Q40 調査に該当しない行為に起因して提出された申告書等 62
Q41 決定があるべきことを予知してなされたものでない
　　　期限後申告書の提出等 63

第3章 留置き

Q42 提出物件の留置き 65
Q43 留置きと強制性の有無 66
Q44 留置きに係る書面の交付 68
Q45 留置き物件等の返還要請 69

第4章 事前通知及び調査終了の際の手続等

4-1 共　通

Q46 一の調査の意義 72
Q47 一の調査（その1：通常の法人税調査と移転価格調査） 74
Q48 一の調査（その2：連結子法人の調査） 76
Q49 課税期間の意義 77
Q50 「実地の調査」の意義 80

4-2 事前通知

4-2-1 事前通知をする場合

Q51 事前通知の法制化 81
Q52 事前通知等の対象となる調査 83
Q53 事前通知等を行う者 84
Q54 事前通知等の相手方 85
Q55 事前通知の内容等 86
Q56 調査理由，要調査日数等の開示 87
Q57 事前通知事項としての「帳簿書類その他の物件」 89
Q58 書面交付による事前通知 90

Q59	事前通知のタイミング	91
Q60	取引先等に対する調査と事前通知	92
Q61	複数の納税義務者に対する同時調査と事前通知	93
Q62	事前通知事項以外の調査	95
Q63	従業員等への調査と本人の了解	96
Q64	事前通知した課税期間以外の課税期間に係る「帳簿書類その他の物件」の調査	98

4-2-2 事前通知をした調査日時等の変更

Q65	調査通知をした調査日時等の変更	100
Q66	開始日時等の変更ができる合理的理由	101
Q67	調査対象拡大に関する理由説明	103

4-2-3 事前通知をしない場合

Q68	事前通知不要制度が法制化された理由	105
Q69	事前通知なしに調査を行う場合の手続	107
Q70	納税義務者の申告内容	109
Q71	過去の調査結果の内容	110
Q72	その営む事業内容に関する情報	111
Q73	違法又は不当な行為	112
Q74	正確な課税標準等又は税額等の把握が困難	113
Q75	その他国税に関する調査の適正な遂行に支障を及ぼすおそれがある場合	114
Q76	実地の調査以外の調査と事前通知	115
Q77	事前通知を行わない場合の手続	116
Q78	事前通知のない調査と不服申立て	118

4-3 調査終了時の手続等

4-3-1 調査終了時の手続

Q79	更正決定等をすべきと認められない場合	119
Q80	更正決定等をすべきと認められる非違がある場合	120

Q81	調査終了時に内容説明等を行わない調査 （通則法74の11第1項及び2項の適用範囲）	122
Q82	更正決定等の範囲（源泉徴収に係る不納付告知）	123
Q83	更正決定等をすべきと認めた額	124
Q84	調査結果の説明と修正申告の勧奨等	125
Q85	調査結果の内容の説明後の調査の再開	128
Q86	修正申告と不服申立て又は更正の請求との関係	129
Q87	理由附記	131
Q88	白色申告者に対する理由附記	133

4-3-2 再調査

Q89	再調査の要件	134
Q90	再調査を行うか否かの判定	136
Q91	新たに得られた情報	137
Q92	新たに得られた情報に照らし「非違があると認めるとき」	138
Q93	事前通知以外の事項に係る再調査	139
Q94	再調査に関する事前通知及び調査理由の説明	140
Q95	事前通知事項以外の事項に関する調査と再調査	141

4-4 連結納税法人の取扱い

Q96	連結法人の連結所得に対する法人税の調査	142
Q97	調査対象外となる連結子法人への事前通知	143
Q98	連結納税をしている法人に対する調査結果の通知	144
Q99	一部の連結子法人の同意がない場合における 連結親法人への通知等	146
Q100	前回調査の対象とならなかった連結子法人に対する 同一事業年度の調査	147

第5章 税務代理人との関係

5-1 税務代理人

- Q101 事前通知の対象となる税務代理人 … 150
- Q102 税務代理人を通じた事前通知 … 151
- Q103 「事前通知に関する同意」の記載がない場合の手続 … 154
- Q104 顧客から「同意」が示された場合の具体的手続 … 156
- Q105 他税目で同意を得ている場合の手続 … 157
- Q106 税務代理人変更の場合における同意の届出 … 158
- Q107 「事前通知に関する同意」の記載失念 … 159
- Q108 同意取止めに伴う手続 … 161
- Q109 納税者から税務代理人を通じた事前通知の要請があった場合 … 162
- Q110 税務代理人からの調査日時等の変更要請 … 163
- Q111 事前通知と税理士法34条との関係 … 164
- Q112 新たに選任された税務代理人への通知 … 165
- Q113 書面添付をしている税務代理人の意見陳述権 … 166
- Q114 印紙税調査 … 168
- Q115 税理士等以外の者の立会いと意見陳述 … 169

5-2 税務代理人への説明

- Q116 実地の調査終了時における税務代理人への説明 … 170
- Q117 税務代理人に調査結果の説明を行う場合における納税者の同意の確認 … 172
- Q118 一部の納税者の同意がない場合における税務代理人への説明等 … 173
- Q119 複数の税務代理人がいる場合の調査結果の説明 … 174
- Q120 実地の調査以外の調査結果の税務代理人への説明 … 175

第6章　その他

- Q121　身分証明書の携帯等 ……………………………………………… 177
- Q122　資料提出義務不履行と過怠税 …………………………………… 178
- Q123　修正申告書の提出と更正の予知との関係 ……………………… 179

第2部　更正の請求等 …………………………… 183

- Q124　更正の請求について見直しがなされた理由 …………………… 185
- Q125　更正の請求 ………………………………………………………… 186
- Q126　修正申告との差（法的効果） …………………………………… 187
- Q127　後発的事由に基づく更正の請求 ………………………………… 189
- Q128　更正の請求ができる期間 ………………………………………… 190
- Q129　更正の請求と立証責任 …………………………………………… 192
- Q130　旧法時代の請求期限経過後の救済措置 ………………………… 192
- Q131　更正の請求と調査との関係 ……………………………………… 194
- Q132　更正の請求に係る添付書類の明確化 …………………………… 195
- Q133　更正の請求がなされた場合の当局の処理 ……………………… 196
- Q134　内容虚偽の更正請求書の提出に対する罰則規定の創設 ……… 197
- Q135　更正の請求に係る税務署長等の処理遅滞 ……………………… 198
- Q136　更正の請求と徴収の猶予 ………………………………………… 199

第3部　国税通則法等で用いられている基本用語 …………………………… 201

- 1　国税通則法でいう「国税」の範囲 ………………………………… 203
- 2　国税通則法上の当事者 ……………………………………………… 203
- 3　納税者と納税義務者 ………………………………………………… 203

4	税務行政機関	204
5	期間と期限	205
6	期間計算の起算点	205
7	期間の計算	206
8	満了点	207
9	期間の計算が過去にさかのぼる場合の起算点	207
10	期限の意義	208
11	期限の延期	209
12	「経過する日」と「経過した日」	210
13	以前，以後	211
14	以内	212
15	前又は後	212
16	納税申告書	213
17	法定申告期限と納期限	214
18	送達の方法	215
19	交付送達	216
20	公示送達	217
21	納税者からの書類の提出	218

資料：税務調査手続に関するFAQ

資料1	税務調査手続等に関するFAQ（職員用）【共通】（平成24年11月）
資料2	税務調査手続に関するFAQ（一般納税者向け）（平成26年4月改訂）
資料3	税務調査手続に関するFAQ（税理士向け）（平成26年4月改訂）

索　引 ……… 313

【凡　例】

■本書で使用している主な法令等の略記は，次のとおりです。

本文中略語表記	法令及び通達等
通則法	国税通則法
通則令	国税通則法施行令
通則規	国税通則法施行規則
所法	所得税法
法法	法人税法
相法	相続税法
国税庁パンフ	パンフレット「税務手続について～国税通則法等の改正～」
手続通達	国税通則法第7章の2（国税の調査）関係通達（法令解釈通達）
事務運営指針	調査手続の実施に当たっての基本的な考え方等について（事務運営指針）
一般納税者向けFAQ	税務調査手続に関するFAQ（一般納税者向け）
税理士向けFAQ	税務調査手続に関するFAQ（税理士向け）

■条文等の略記

　通則法74の3①一イ：国税通則法第74条の3第1項第一号イ

■解説内において，適宜該当する条文や通達等を引用しています。なお，引用箇所の下線部分は筆者による強調部分です。

第 1 部

税務調査関係

　平成23年12月になされた国税通則法改正における最大のポイントは，税務調査手続の法制化です。
　この改正で，それまで各税法で別個に規定されていた質問検査権に関する規定が国税通則法においてまとめて規定されました。
　この改正により，税務調査の事前通知，物件の留置き，税務調査の終了の際の手続，処分における理由附記等が明文化されました。

序章 旧国税通則法

Question 1　旧国税通則法制定の経緯

今回，国税通則法が改正されたとのことですが，そもそも国税通則法はいつ頃制定されたのでしょうか？
また，この法律が制定されるようになったのはどうしてなのでしょうか？

Point
1. 旧通則法の制定は昭和37年
2. 各税法に共通する事項をまとめて規定することにより税法を簡素化するため

Answer

1 国税通則法が制定されたのは，昭和37年（法律第66号）です。そして，その施行は同年4月1日からとなっています。

2 そもそも，国税通則法が制定されることとなったのは，昭和30年からスタートした国税徴収法の全面的な再整備の審議過程を通じ，各税に共通する税法の制定の必要性が認識されたためです(注)。

(注)　志場喜徳郎ほか『国税通則法精解』大蔵財務協会，5頁。

そこで，昭和34年に内閣総理大臣から「国税及び地方税を通じ，わが国の社会経済事情に即応して税制を体系的に改善整備するための方策」について諮問を受けた税制調査会が，それまで所得税法や法人税法など各税法に分散して規定されていた国税の基本的な法律関係及び手続等について，共通部分を整理統合する方向で検討が開始されることになりました。ちなみに同調査会では，納税者に理解しやすい税法にするという観点から，約3年間という長期にわたって検討がなされています(注)。

(注) なお，検討に当たっては，当時における諸外国の税制等も参考とされていました。その結果，出来上がった法体系は，各税法と並立する形で共通法たる国税通則法を制定する方式（いわゆるドイツ方式）でした。

Question 2　旧国税通則法の制定目的

平成23年改正前の国税通則法制定の背景等や問題意識等についてはわかりましたが，同法は具体的にどのような目的の下に創設されたのでしょうか？

Point

1. 税法の体系的な構成の整備
2. 同法の基本的な法律関係の明確化
3. 税務行政の公正な運営

Answer

❶　国税通則法を制定する目的について，同法1条では次のように規定しています。

「この法律は，国税についての基本的な事項及び共通的な事項を定め，税法の体系的な構成を整備し，かつ，国税に関する法律関係を明確にするとともに，税務行政の公正な運営を図り，もつて国民の納税義務の適正かつ円滑な履行に資することを目的とする。」(注)。

(注)　平成23年度の税制改正案では，「国税通則法」という名称の変更に加え，ここに「納税者の権利」に関する規定も盛り込まれていました。しかし，与野党協議の結果，それらの部分についての改正は見送られることになりました（平成23年10月11日税制調査会における中野民主党税調会長代行発言より抜粋）。

❷　この規定ぶりからも明らかなように，国税通則法の制定目的は次の3点でした。

①　国税に関する基本的な法律関係の明確化

納税者の納税義務に関する法律関係は，納税者の利害に直接影響するもので

す。そこで，通則法では，納税義務がいつ成立し，いかなる行為によって具体的に確定するのか，課税と徴収はいつからいつまでの間にできるかなど，極めて重要な基本的事項について明らかにしています。

② 税法の体系的な構成の整備

税法は，納税者の理解が容易に得られるようにすべきです。このために，各税法においては，納税義務者，課税標準，税率など，課税の実態に関する規定を中心に定め，各税法の手続に関する共通的な事項を，統一的に通則法に規定して，税法自体の構成を体系的に整えています。

③ 税務行政の公正な運営

国税に関する基本的及び共通的な事項を統一して通則法に規定することにより，納税義務の適正かつ円滑な履行が図られるとともに，税務行政が公正かつ能率的に運営されることになります。

3 具体的には次のイメージ図のようになります。

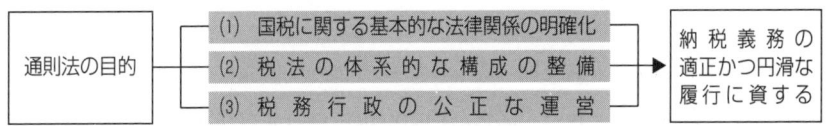

Question 3 国税通則法と他の法律との関係

米国やフランスなどでは，各税目に共通する「通則法」的部分と所得税法や法人税法といった「各税法」が内国歳入法といった「一本の法律」の形で規定されていると聞きました。それなのに，わが国であえて「国税通則法」を各税法と別の法律として制定することとしたのはどうしてなのでしょうか？

Point

納税者にわかりやすい形のものにするため

Answer

1 おっしゃるように，米国やフランスなどでは，通則法部分も「内国歳入法（単一の法典）」の形で規定されています。税法の体系的な理解という観点からしますと，このような方式にした方が，わかりやすいことは事実です。

2 しかし，実務的な観点からしますと，各個別税法はその時々の財政需要等に応じて改正が必要になってくることが少なくありません。それに対し，それらに共通する通則法的な部分は，それほど頻繁には改正されません。

その結果，全てを「単一法典」という形で規定した場合，たとえ部分的な改正があった場合でも，新たな条文追加等が必要となり，条文構成が複雑になってしまいます(注)。

(注) 米国の内国歳入法の場合，全体で9,000条を超える膨大なものとなっています。

3 このようなことから，わが国では，ドイツの例なども参考にしつつ，各個別税法と並存する形で国税通則法を制定するという方式が採られたという次第です。

ただし，国税通則法は国税に関する一般法として位置付けられています。したがって，個別税法において国税通則法の規定と異なった規定が設けられている場合には，各個別税法が優先して適用されることになります(注)。

(注) その点を明らかにするため，国税通則法でもその旨が下記のように明示されています（通則法4）。

> **通則法** （他の国税に関する法律との関係）
> 第4条　この法律に規定する事項で他の国税に関する法律に別段の定めがあるものは，その定めるところによる。

4 なお，国税通則法は，所得税法など各個別税法からみると一般法の地位を占めていますが，行政に関する行政不服審査法や行政事件訴訟法，会計法との関係では，国税通則法が特別法の地位を占めています（通則法80，114）(注)。

(注) 一般法と特別法との間で異なった規定が設けられている場合，「特別法は一般法を破る」という法学上の原則により，特別法の規定が優先されることとなっています。したがって，例えば所得税法の規定と国税通則法の規定が競合する場合には，

序章
第1部 税務調査関係

特別法である所得税法の規定が適用されることになります（所法152～154）。このような場合，実務上の混乱を避けるため，条文の頭に通則法の特例であることがわかるような表示がなされているのが通例です。

これをイメージ図で示すと次のようになります。

【図1】　国税通則法と各税法等との関係

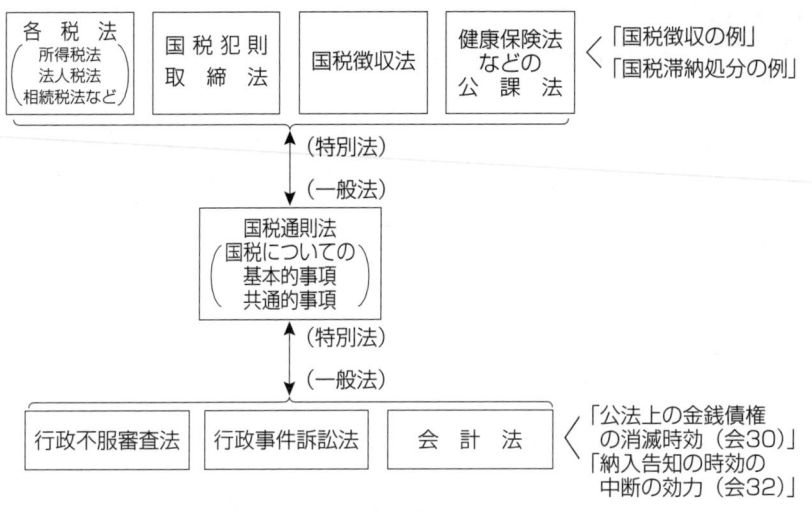

（出典）　税大講本「国税通則法」抜粋一部修正

【図2】　国税関連法の規定の内容とその相互関係

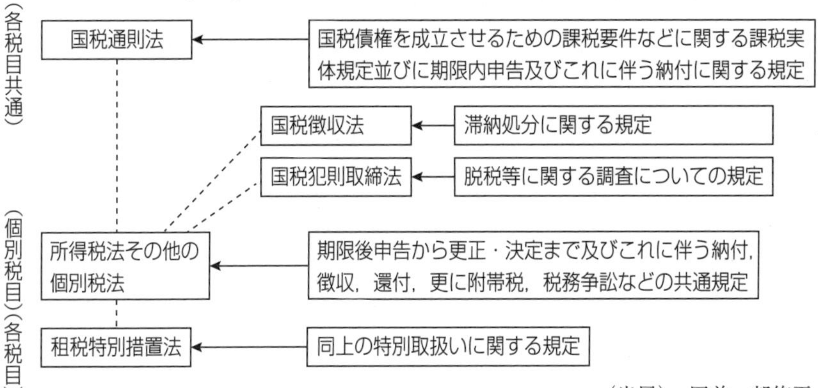

（出展）　同前一部修正

-7-

※　米国などでは，これら全ての規定が内国歳入法という形で一本の法律で規定されています。
　例えば，申告納付期限の延長及び納付もれ等に対するペナルティについては同法第6651条で，不正申告等に対するペナルティについては同法第6702条，延滞税については第6601条，加算税については第6662条等でそれぞれ規定されています。

Question 4　国税通則法と各税法との規定配分

　国税通則法と各税法との関係が一般法と特別法の立場にあるということはわかりましたが，納税義務の成立等から消滅等との関係の中でこれらの法律はどのような場面で適用されることになるのでしょうか？

Point

回答例参照

Answer

1　各税法では，課税対象，課税標準，納税義務者，申告及び納付の時期等について規定しています。それに対し，国税通則法は納税義務の成立，確定，期限後の確定，納付等について規定しています。

2　しかし，一連の流れの中では両者の規定が交互に適用されることがありますので，ややわかりにくいことがあるかもしれません。

　ちなみに，これらの関係をイメージ図の形で示すと次のようになっています。

－8－

序　章
第1部　税務調査関係

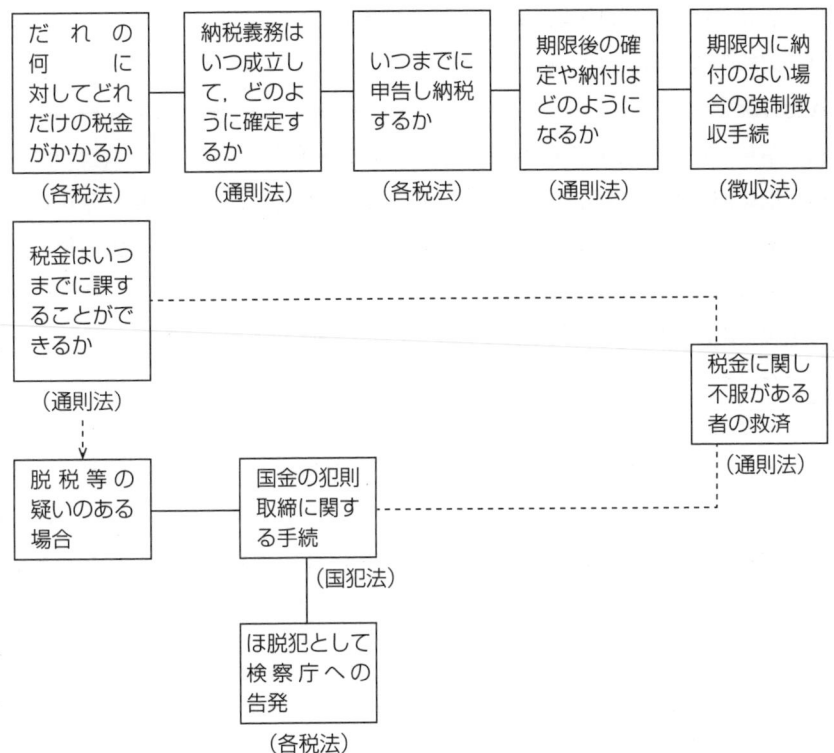

（出典）　税大講本「国税通則法」一部修正

Question 5	租税回避防止規定

　国税通則法制定時の検討に当たっては，租税回避防止策についても議論されたそうですが，どうして法制化されなかったのでしょうか？
　また，先般の改正時には議論されなかったのでしょうか？

Point
1．当時の状況下では時期尚早と判断されたため
2．先般の改正時には議論なし

Answer

1 昭和37年の国税通則法の創設に際し，税制調査会からは，租税負担の公平の原則に照らし，「納税者の経済的，実質的な担税力に即した課税がされるべきである。」とする考え方から，「実質課税の原則」と「租税回避行為の禁止」規定を設けるべきであるとの答申がなされていました（昭和36年7月5日付「国税通則法の制定に関する答申」）。

　ただ，そのような「抽象的，一般的」な否認規定を設けることについては，予測不可能な巧妙な租税回避行為の防止に対しての効果は期待できるものの，わが国の当時の状況のように，判例法の積み重ねの上に税務行政を進めていくという慣行の確立されていない状況下においては，「税務当局者による拡大的，恣意的解釈にゆだねることになりかねない。」との懸念が示されたことなどから，時期尚早であるとして法制化が見送られることになったという次第です（注）。

（注）　それ以外に，時期尚早等の理由で法制化が見送られた事項として，次のようなものがあります。
① 実質課税の原則に関する規定（特に，包括的租税回避防止規定の創設）
② 一般的な記帳義務に関する規定の創設
③ 質問検査に関する総合規定の創設
④ 資料提出義務違反に対する過怠税の創設及び無申告脱税犯に対する罰則規定の改正
　ただし，これらのうち，包括的租税回避防止規定及び資料提出義務違反に対する過怠税の創設を除き，平成23年度の税制改正及びそれに先立つ各税法の改正等で何らかの形で，法制化されています。

2　先般の国税通則法改正（平成23年）は，税務調査が中心だったため，租税回避防止策についての議論はなされませんでした。

3　しかし，最近の状況をみてみますと，ドイツ，オーストラリアなどでこの種の規定が設けられており，イギリスでも2011年の税制改正で包括的租税回避

防止規定（General Anti-Avoidance Rule ―いわゆるＧＡＡＲ）を設けています。

さらに米国でも，租税回避行為に対し，経済的実質に着目して課税できるとする（Economic Substance）規定が2012年に導入されています(注)。

(注) なお，米国やイギリス，カナダなどでは，それに併せて，租税回避取引について，当局への開示を求めるという制度もスタートさせています。

4 このような先進諸国の動き等をみてみますと，わが国でも近い将来この規定の導入議論の必要性が高まってきているといえるのではないでしょうか。

Question 6　脱税犯に関する規定

脱税等の行為は全税目に共通しているものですので，罰則等についても国税通則法で統一して規定した方がわかり易いと思いますが，旧国税通則法制定時及び平成23年の同法改正時にどうしてそうならなかったのでしょうか？

Point
各税法で規定されており，税目によって罰則等の内容が異なっていたため

Answer

1 脱税等に関する規定のうち，強制調査については「国税犯則取締法（明治33年法律第67号）」によって統一的に規定され，ほ脱犯に対する罰則等については各個別税法でそれぞれ規定されています。

ちなみに，脱税ありと見込まれる者に対する調査とは，具体的には次のようなイメージです。

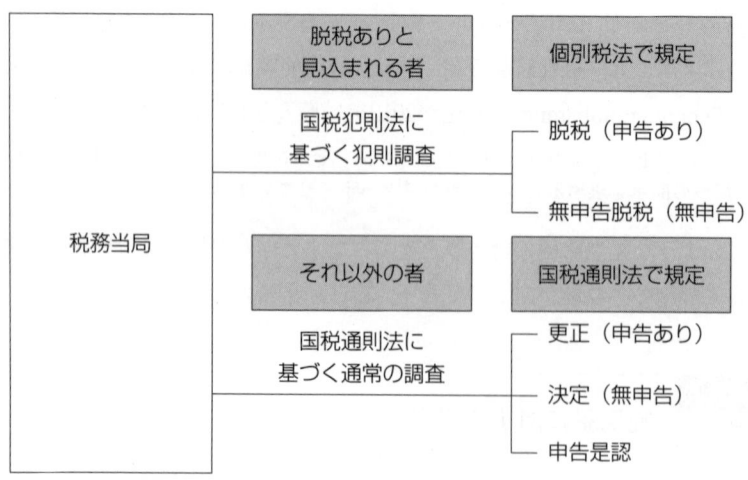

2 たしかに，脱税等に対する調査や罰則等に関する規定については，まとめて国税通則法で規定するというやり方も考えられます。しかし，税目により罰則の内容等が異なることから，あえてそこで一括して規定する必要性もないということで，旧国税通則法での一括規定は見送られました(注)。

(注) なお，無申告脱税犯を処罰できる旨の規定の創設についても時期尚早ということで旧国税通則法制定時には見送りとなりましたが，平成23年度の税制改正で各税法の中に規定されました（所法238③④，法法159③④，相法68③④，消法64④⑤及び措法42の3①②）。その結果，現在では，無申告脱税犯もほ脱犯として刑事処分の対象とされています。

3 この考え方は，その後も引き継がれており，先般の国税通則法改正時にも特に議論にはなりませんでした。

第1章　国税通則法改正

Question 7　国税通則法改正の背景

そもそも，国税通則法が約50年ぶりで改正されることになったのにはどのような背景があったのでしょうか？

Point

納税環境整備の一環

Answer

❶　平成23年度の税制改正で国税通則法改正が行われることとなったのは，平成21年12月に閣議決定された平成22年度の税制改正大綱（第3章　各主要課題の改革の方向性・1．納税環境整備）の中で，「納税者権利憲章（仮称）」の制定に向けて検討のためのプロジェクト・チームを設置すべしとされたのが始まりです(注)。

(注)　ちなみに，同大綱では納税環境整備として次の6点が挙げられていました。
①　納税者権利憲章（仮称）の制定
②　国税不服審判所の改革
③　社会保障・税共通の番号制度導入
④　歳入庁の設置
⑤　罰則の適正化
⑥　納税環境整備に係るプロジェクト・チームの設置
　　そして，これらのうち①～③についてはプロジェクト・チームを設置し，1年以内を目途に結論を出します，とされていました。

❷　その指示を踏まえ設置されたプロジェクト・チームでは，約9か月にわたる議論が行われ，平成22年9月14日に要点整理の形で見解が公表されました。そこでは，①「納税者権利憲章（仮称）」を制定すべしとするとともに，②それまで各税法に別個に規定されていた税務調査手続について法整備が必要との意見で一致したとされています。併せて，③課税処分の理由附記についても，

課税処分を行う際には，原則として理由附記を行うべきという点で意見が一致したとしています(注)。

(注) なお，白色申告者に対する理由附記については，記帳義務・帳簿保存義務の拡大とあわせて議論すべきとの意見だったとしています。

3 これらの議論を踏まえ，平成23年度の税制改正答申では，①納税者の権利憲章の制定，②更正の請求期間の延長，③調査手続の国税通則法への一本化，④課税処分に係る理由附記の明確化等が行われることとなっていました。

しかし，①については与野党審議の過程で法制化が見送られ，②〜④について法制化されたということになったという次第です。

Question 8　税務調査手続法制化の理由

税務調査手続について，平成23年改正で改めて見直しがなされ国税通則法にまとめて規定されたとのことですが，どうしてなのでしょうか？
（税務調査手続については，これまでも各税法に規定する質問検査権に基づき実施されてきたと思いますが，どうして今回改めてまとめて一本化されるようになったのでしょうか？）

Point
1. 税務調査手続の一本化による明確化
2. 通達等をベースに行われていた実務等についても納税者の予測可能性向上の見地等からまとめて法制化

Answer

1 税務調査手続の見直しを行う理由について，平成22年9月14日に開催された税制調査会専門家委員会では，次のような考え方が示されています。
① 現行の調査手続については，判例により課税庁に広い裁量が認められており，課税庁の権限濫用を抑制するためにも手続規定を整備する必要がある。
② 税務調査は，基本的に任意調査であるから，納税者の理解が得られるよう

に手続を整備する必要。真に問題のある納税者には，別途，国税犯則取締法による強制調査もあるので，一般の納税者が調査を受けるときの手続を保障すべき。
③ 諸外国では，調査手続について法律が整備されている一方，文書提出命令など，調査に協力的でない納税者に対して税務当局が強力な権限を行使できることとされており，適正課税の側面からは，併せてこうした権限強化についても検討が必要。
④ 継続的に記帳された帳簿がないことが，課税庁が直ちに反面調査などを行う一因となっているとも考えられることから，反面調査の必要性を低下させるためにも，調査手続の見直しと併せて，申告納税の基本である記帳や帳簿の保存のあり方についても見直すべき。
⑤ あまり納税者の権利のみを主張しすぎて，その反面で諸外国のように非常に強力な調査権限が頻繁に行使されるといった事態を招くことは回避すべき。基本的には従来どおり納税者の自発的履行を促すといった点を基本に制度設計すべき。
⑥ 調査手続については，課税庁の権限濫用を抑制する観点から厳格な手続規制を設けることは重要。他方で，課税逃れに対し課税庁が適切に対応できるようにしておくことも重要である。

2 このような問題意識をふまえ，従前，所得税法や法人税法など各税法で規定されていた質問検査権に関する規定が，平成23年度の税制改正で，国税通則法第7章の2（国税の調査）に集約・一本化されるとともに，「事前通知」や「調査終了の際の手続」などについても明確化されました。

それに伴い，関連する罰則についても，国税通則法第10章（罰則）にまとめて規定されました。

また，更正の請求に係る除斥期間が従前の1年から5年に延長されています。

ちなみに，平成23年度における国税通則法の改正部分は次のようになっています。

【平成23年度における国税通則法の改正部分】

国税通則法（改正前）	
第1章	総則
第2章	国税の納付義務の確定※
～	～
第6章	附帯税
第7章	国税の更正，決定，徴収，還付等の期間制限
第7章の2	行政手続法との関係
第8章	不服審査及び訴訟
第9章	雑則
第10章	罰則※

国税通則法（改正後）		
第1章	同左	
第2章	同左	※
～	～	
第6章	同左	
第7章	同左	
第7章の2	国税の調査	
第7章の3	行政手続法との関係	
第8章	同左	
第9章	同左	※

【改正部分の内訳】

国税通則法（改正後）	
第1章	総則
第2章	国税の納付義務の確定※
～	～
第6章	附帯税
第7章	国税の更正，決定，徴収，還付等の期間制限
第7章の2	国税の調査
第7章の3	行政手続法との関係
第8章	不服審査及び訴訟
第9章	雑則
第10章	罰則※

条項	概要	
23条	更正の請求に係る除斥期間※	1年→5年（延長）
74条の2～74条の6	質問検査権	集約改正
74条の7	提出物件の留置き	新設
74条の8	権限の解釈	集約
74条の9	事前通知	新設
74条の10	事前通知を要しない場合	新設
74条の11	調査の終了の際の手続	新設
74条の12	官公署等への協力要請	集約
74条の13	身分証明書の携帯等	集約
74条の14	行政手続法の適用除外	改正
127条	罰則※	集約 改正※

※ 印部分は一部改正です

Question 9 旧国税通則法での規定一本化に伴う個別税法の改正点

昭和37年に行われた国税通則法の制定に伴い，従前各税法で規定されていたもののうち基本的・共通的事項については国税通則法に移されたとのことですが，実質的な改正等はなかったのでしょうか？

Point
いくつかの点で規定の明確化・合理化等が図られた。

Answer

❶ 昭和37年に制定された国税通則法自体は，全く新しい法律ではありますが，そこに盛り込まれている規定の多くは，それまで各税法の中で規定されていたものです。

❷ しかし，内容的にみて改善，合理化等が必要なものについては，所要の見直し等がなされた上で改めて国税通則法に規定されています。

❸ ちなみに，国税通則法での規定一本化に伴いそれまでの取扱い等について改正又は改善等がなされたのは次の諸点についてです。

① 租税債権の成立と確定との関係及び各種課税方式の意義等について，規定が明確化されたこと（第2章）

> ☞ 従前，これらの部分については専ら解釈にゆだねられていました。

② 申告納税方式における課税標準及び税額に関する申告及び修正申告並びに更正決定等の相互間の法律関係が明確化されたこと（第2章）

> ☞ これらの部分についても，従前は解釈にゆだねられていたため，判例等でも見解がわかれていました。

③ 申告書の提出先等の所轄税務署に関する規定が明確化されたこと

> ☞ それまでは，納税者の住所等の異動があった場合における提出先が

はっきりしていませんでした。

④ 申告書の提出等について，到達主義が緩和されたこと

☞ 従前は厳密な到達主義によっていたため，例えば所得税の確定申告については最終日である3月15日当日の郵便局の受付スタンプがあっても期限内申告書とは認められていませんでした。

⑤ 利子税，延滞税及び各種加算税について，制度の簡素化と負担の軽減合理化が図られたこと

☞ 従前，利子税，延滞税の税率は日歩3銭（年率10.95％），一定の期間経過等は6銭（年率21.9％）となっていましたが，改正により日歩2銭（年率7.4％），4銭（年率14.6％）に引き下げられました。
また，加算税についても，無申告加算税がそれまでの10％～25％から一律10％に，重加算税がそれまでの50％から30％にそれぞれ引き下げられました。

⑥ 更正決定等ができる期間について，除斥期間として明確化されるとともに，その期間の合理化が図られたこと（第7章）

☞ それまでは漠然と時効の問題として考えられていたため，実務上混乱が生じていました。

⑦ 不服申立制度の改善（第8章）

☞ この点については，不服申立てに係る対象範囲が拡大されるとともに，審査機関である「協議団」（国税不服審判所の前身）が行った議決を一層尊重すべきとする規定が創設されました。
なお，この部分の規定については，国税不服審判所制度の創設（昭和45年）に伴い，再度全面的な改正がなされています。

第1章
第1部　税務調査関係

Question 10　国税通則法改正の概要

平成23年の税制改正で行われた国税通則法の改正は，どのような内容のものなのでしょうか？

Point
1．税務調査手続の明確化
2．更正の請求期間の延長
3．更正処分等の理由付記

Answer

❶　平成23年に行われた国税通則法の改正では，基本的に①税務調査手続の明確化，②更正の請求期間の延長等，③処分の理由附記の3点を中心に見直しがなされています。

❷　ちなみに，この改正点について一般納税者向けFAQ問1【参考】では，次のような説明がなされています。

> 一般納税者向けFAQ　問1【参考】国税通則法改正の概要
> (1)　税務調査手続の明確化
> 　税務調査手続について，以下のとおり，現行の運用上の取扱いが法令上明確化されました。
> 　① 税務調査に先立ち，課税庁が原則として事前通知を行うこととされました。ただし，課税の公平確保の観点から，一定の場合には事前通知を行わないこととされました。
> 　② 課税庁の説明責任を強化する観点から，調査終了時の手続が整備されました。
> 　③ 納税者から提出された物件の預かりの手続のほか，課税庁が帳簿書類その他の物件の「提示」「提出」を求めることができることが法令上明確化されました。
> (2)　更正の請求期間の延長等
> 　納税者が申告税額の減額を求めることができる「更正の請求」の期間（改正前：原則1年）が5年に延長されました。
> 　併せて，課税庁による増額更正の期間（改正前：原則3年）が5年に延長されま

した。
(3) 処分の理由附記等
　全ての処分（申請に対する拒否処分及び不利益処分）について理由附記を実施することとされました。
　ただし，現在記帳・帳簿等保存義務が課されていない個人の白色申告者に対する理由附記については，記帳・帳簿等保存義務の拡大と併せて実施することとされました。

Question 11　質問検査権に関する規定の一本化と実務へのインパクト

　先般（平成23年度）の税制改正で，国税通則法に質問検査権に関する規定が統一的な形で規定されましたが，国税通則法制定当時（昭和37年）にそのような議論がなかったのでしょうか？
　また，今回の法改正で，調査面で実質的変更等があるのでしょうか？

Point

1. 質問検査権一本化に関する議論はなされたが，時期尚早として見送り
2. 従来の運用上の取扱いを法令化したものであり，基本的な変更等はなし

Answer

1　質問検査権は，各税法に共通した規定です。したがって，旧国税通則法制定に当たっても，当然のことながらこれらに関する規定を（国税通則法で）統一的に規定すべしとの議論がありました。

2　ただ，当時は，税目に応じてかなりの規定の書き分けを必要とする部分があったことなどから，国税通則法でまとめて規定する必要性や実益がさほど大きくないとして見送りになったという経緯があります。

3　しかし，質問検査権の行使については，たとえ税目間の相違点があったとしても，一括して規定した方がわかり易く税法の簡素化にもなることなどから，今回の改正により国税通則法でまとめて規定することになった次第です。

第1章
第1部　税務調査関係

4　このようなことから，先般の法改正（平成23年の改正）は，従来の税務調査の内容を実質的に変更するものではないとされています。

この点を明らかにするため，一般納税者向けＦＡＱ問１では次のように述べられています。

> **一般納税者向けＦＡＱ**
>
> 問１　平成25年１月から税務調査の手続を定めた国税通則法の規定が施行されることにより，税務調査は変わるのでしょうか。
>
> 　今般の改正は，税務調査手続の透明性及び納税者の予見可能性を高め，調査に当たって納税者の方の協力を促すことで，より円滑かつ効果的な調査の実施と，申告納税制度の一層の充実・発展に資する等の観点から，調査手続に関する従来の運用上の取扱いを法令上明確化するものであり，基本的には，税務調査が従来と比べて大きく変化することはありません。
> 　国税庁では，法改正の趣旨を踏まえた上で，調査の実施に当たっては法令に定められた税務調査手続を遵守するとともに，調査はその公益的必要性と納税者の方の私的利益とのバランスを踏まえ，社会通念上相当と認められる範囲内で，納税者の方の理解と協力を得て行うものであることを十分認識し，その適正な遂行に努めることとしています。

第2章 税務調査

2-1 概要

Question 12　税務調査実施に当たっての基本的考え方

今般調査手続について法制化されたとのことですが，その実施に当たっての当局の基本方針等は示されているのでしょうか？

Point
事務運営指針で明示し，それを公開

Answer

❶　平成23年度の税制改正で，国税通則法第7章の2において国税の調査に関する規定が新設されました。

❷　それに伴い，法令を遵守した適正な調査の遂行を図る観点から，国税庁では，平成24年9月12日付で「調査手続の実施に当たっての基本的な考え方等について（事務運営指針）」を制定し，現場の担当官等に指示するとともに，その内容についても一般に公開しています。

❸　その「第1章　基本的な考え方」では，次のような基本方針で事務運営を行っていく旨が明示されています。

> **事務運営指針　第1章　基本的な考え方**
> 　調査手続については，平成23年12月に国税通則法（以下「法」という。）の一部が改正され，手続の透明性及び納税者の予見可能性を高め，調査に当たって納税者の協力を促すことで，より円滑かつ効果的な調査の実施と申告納税制度の一層の充実・発展に資する観点及び課税庁の納税者に対する説明責任を強化する観点から，従来の運用上の取扱いが法令上明確化されたところである。
> 　調査の実施に当たっては，今般の法改正の趣旨を踏まえ，「納税者の自発的な納税義務の履行を適正かつ円滑に実現する」との国税庁の使命を適切に実施する観点から，調査がその公益的必要性と納税者の私的利益との衡量において社会通念上相

－22－

> 当と認められる範囲内で，納税者の理解と協力を得て行うものであることを十分認識した上で，法令に定められた調査手続を遵守し，適正かつ公平な課税の実現を図るよう努める。

Question 13　税務調査の流れ

税務調査（実地調査）はどのようなプロセスを経て行われるのでしょうか？

Point
準備調査→調査着手（実地調査）→終了

Answer

❶ 申告納税制度の下における税務調査（実地調査）は，次のようなプロセスを経て行われます。

|第1ステップ| … 準備調査（調査対象事案の選定）

　ここでは，申告書等の内容について検討するとともに，法定資料や取引先等から収集された資料も照合したうえで，具体的な調査対象事案の選定が行われます。

|第2ステップ| … 調査着手（原則として事前通知）及び権限行使

　ここでは，具体的な調査対象事案について実際に納税者の事業所等を訪問し(注)，帳簿などの確認を行うとともに，追加的な証拠書類の収集なども行います。

（注）　調査着手に先立ち，原則として納税者への事前通知がなされます。

　なお，必要に応じ，取引先や取引金融機関等への調査も行うことがあります。

|第3ステップ| … 調査終了（是認，更正，修正申告等）

❷ 調査の結果，申告内容に誤りがなければ是認の旨が通知されます。

　また，申告内容に誤りがあった場合には，修正申告を勧奨しますが，それに

応じない場合には，更正処分がなされます。

❸ なお，新たに得られた情報等に照らし，非違が認められるときには，再調査が行われます。

これらの関係をイメージ図の形で示すと，次のようになります。

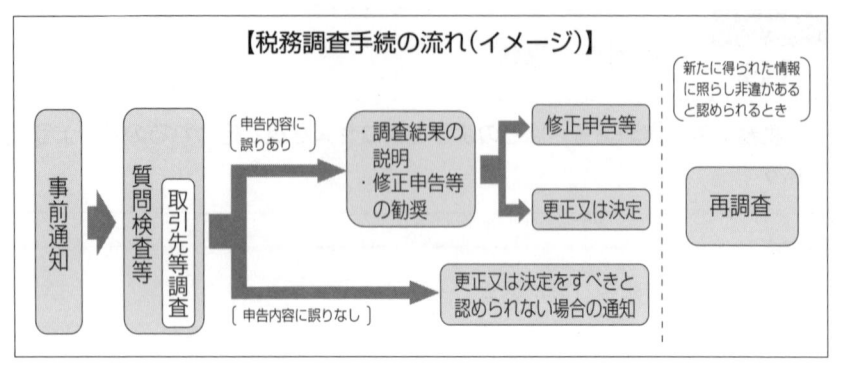

【税務調査手続の流れ（イメージ）】

事前通知 → 質問検査等 → 取引先等調査
- 申告内容に誤りあり → ・調査結果の説明 ・修正申告等の勧奨 → 修正申告等／更正又は決定
- 申告内容に誤りなし → 更正又は決定をすべきと認められない場合の通知
- 新たに得られた情報に照らし非違があると認められるとき → 再調査

（出所）　国税庁パンフレット「税務手続について」より抜粋

Question 14　「調査」の意義

国税通則法では，「調査」とはいかなるものをいうのかについて明確な定義がされていませんが，「調査」とは，具体的にどのようなものをいうのでしょうか？

Point
課税標準等の認定，その他国税に関する処分を行う目的で当該職員が行う一連の行為

Answer
❶ 先般改正された国税通則法第7章の2（国税の調査）では，「『調査』について必要あるときは（納税者等に）質問できる。」としていますが，「調査」なるものがいかなるものをいうのかについて，法令上明確な定義はなされていません。

− 24 −

第2章
第1部 税務調査関係

2 しかし、同法第24条（更正）で、「税務署長は、納税申告書の提出があつた場合において、その納税申告書に記載された課税標準等又は税額等の計算が国税に関する法律の規定に従つていなかつたとき、その他当該課税標準等又は税額等がその調査したところと異なるときは、その調査により、当該申告書に係る課税標準等又は税額等を更正する。」と規定しています。すなわち、そこでは「調査」とは、当該職員による課税標準等又は税額の認定行為とされています。

3 この規定等をふまえ、手続通達では、国税通則法にいう「調査」とは、国税に関する法律の規定に基づき、特定の納税義務者の「課税標準等」又は「税額等」を認定する目的その他国税に関する法律に基づく処分を行う目的で当該職員が行う一連の行為をいうこととされています（手続通達1−1(1)）。

そして、そこでいう「一連の行為」には、①証拠資料の収集、②要件事実の認定、③法令の解釈適用、などが含まれるとされています（同前通達1−1(1)かっこ書き）。

4 また、ここでいう「調査」には、更正決定等を目的とする一連の行為のほか、異議決定申請等の審査のために行う一連の行為も含まれます（同前通達1−1(2)）。

この点を明らかにするため、手続通達1−1(1)(2)では次のように規定しています。

> **手続通達** （「調査」の意義）
> 1−1
> (1) 法第7章の2において、<u>「調査」</u>とは、国税（法第74条の2から法第74条の6までに掲げる税目に限る。）に関する法律の規定に基づき、特定の<u>納税義務者</u>の課税標準等又は税額等を認定する目的その他国税に関する法律に基づく処分を行う目的で当該職員が行う一連の行為（証拠資料の収集、要件事実の認定、法令の解釈適用など）をいう。
> 　（注）法第74条の3に規定する相続税・贈与税の徴収のために行う一連の行為は含まれない。
> (2) 上記(1)に掲げる調査には、更正決定等を目的とする一連の行為のほか、異議決

−25−

定や申請等の審査のために行う一連の行為も含まれることに留意する。

なお，過去の判例等では，「調査」の意義について，次のような考え方が示されています。

> **参考①** 国税通則法24条にいう「調査」の意義
> 　　　　大阪地裁，昭和45年9月22日判決，昭和40年（行ウ）第56号
> 　　　　　　　　行裁例集21巻9号1148頁／訟務月報17巻1号91頁
>
> 「本条にいう『調査』とは，課税標準等または税額等を認定するに至る一連の判断過程の一部を意味するものであり，課税庁の証拠資料の収集，証拠の評価あるいは租税法その他の法令の解釈適用を経て更正処分に至るまでの思考，判断を含むきわめて包括的な概念である。」
>
> 「本条にいう『調査』については，その方法，時期等具体的な手続規定は全く設けられていないから，その手続面に関しては課税庁に広範な裁量権が認められていると解すべきであり，調査の時期についていえば，納税者の申告前であると申告後であるとを問わない。」
>
> **参考②** 国税通則法65条にいう「調査」の意義
> 　　　　さいたま地裁，平成16年2月18日判決，平成14年（行ウ）第41号
>
> 「国税通則法65条5項にいう『調査』とは，課税標準等又は税額等を認定するに至る一連の判断過程の一部を意味し，納税者本人に対する臨場調査，呼出調査だけでなく，いわゆる机上調査や準備調査も含まれる。」

第2章
第1部　税務調査関係

Question 15　質問検査権の意義

国税通則法74条の2から74条の6では「質問検査権」について規定されていますが，そこでいう「質問検査権」とは，具体的にどのようなことをいうのでしょうか？

Point

実地の調査において，当該職員の質問検査権の行使としてなされる質問，検査又は提示若しくは提出を要求できる権利（具体的には国税通則法74条の2以下で定義）

Answer

❶　「質問検査権」とは，適正公平な課税確保の観点から税務職員が納税義務者等に対して質問し，帳簿書類その他の物件を検査し，又は当該物件の提示又は提出を求めることができる行政上の権限であるとされています（通則法74の2～8及び税務大学校講本「国税通則法」91頁）。

❷　質問検査権の行使は，一般に「税務調査」と称されていますが，適正公平な課税確保のため必要不可欠なものです。そのため，更正決定等を行う場合には，原則として質問検査権の行使（いわゆる税務調査の実施）が必要とされています。

ちなみに，質問検査権の規定の趣旨に関し，次のような判例があります。

参　考　当該職員の質問検査権規定の趣旨
　　　　　最高裁（三小）昭和48年7月10日判決，昭和45年（あ）第2339号

「（筆者注：所得税に係る質問検査権について規定した）所得税法234条1項の規定は，国税庁，国税局または税務署の調査権限を有する職員において，当該調査の目的，調査すべき事項，申請，申告の体裁内容，帳簿等の記入保存状況，相手方の事業の形態等諸般の具体的事情にかんがみ，<u>客観的な必要性があると判断される場合には</u>，前記職権調査の一方法として，

-27-

同条1項各号規定の者に対し質問し，またはその事業に関する帳簿，書類その他当該調査事項に関連性を有する物件の検査を行なう権限を認めた趣旨であつて，この場合の質問検査の範囲，程度，時期，場所等実定法上特段の定めのない実施の細目については，右にいう質問検査の必要があり，かつ，これと相手方の私的利益との衡量において社会通念上相当な限度にとどまるかぎり，権限ある税務職員の合理的な選択に委ねられているものと解すべきである。」

3　改正国税通則法では，それまで各税法で規定されていた「質問検査権」等に関する規定が国税通則法にまとめて規定されていますが，実際には税目によってその内容等に若干の差がありました。そこで，改正国税通則法では，税目の内容等に応じ次のように区分して規定されています。

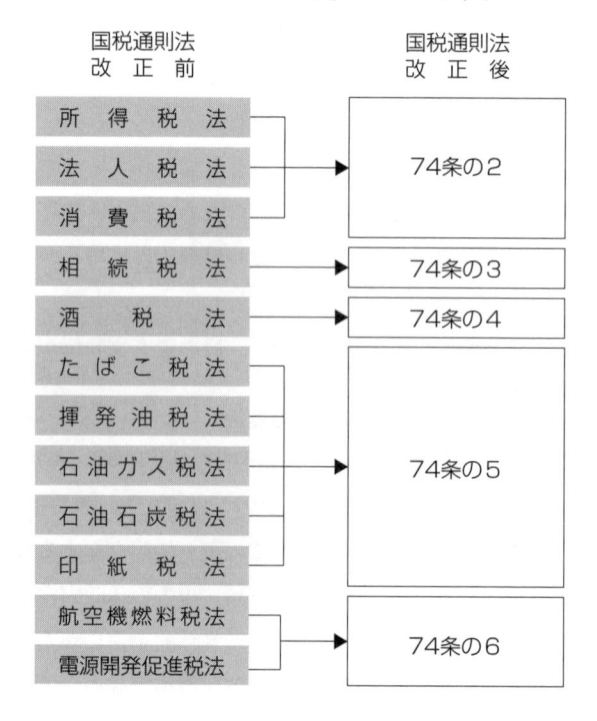

国税通則法 改正前	国税通則法 改正後
所得税法／法人税法／消費税法	74条の2
相続税法	74条の3
酒税法	74条の4
たばこ税法／揮発油税法／石油ガス税法／石油石炭税法／印紙税法	74条の5
航空機燃料税法／電源開発促進税法	74条の6

❹ この規定を踏まえ，手続通達１－１（かっこ書き）では，質問検査権の対象となる税目は，「国税のうち，法第74条の２から第74条の６までに掲げる税目に限る。」としています（同通達１－１かっこ書き）。

❺ その結果，例えば国税犯則取締法に基づく犯則調査，国税徴収法に基づく財産の調査，租税条約実施特例法に基づく犯則調査などのように，国税通則法以外で規定されている「調査」については，ここでいう「調査」の対象に含まれていません(注)。

(注) それらに関連する調査については，それぞれの法令に規定するところに基づき（調査が）行われることになります。

Question 16 調査に該当しない行為

税務署の職員等が行う行為のうちには，「調査」に該当するものとそうでないものがあると聞きましたが，納税者としてはどのような形でそれを知ることができるのでしょうか？

Point

「調査」に該当しない行為を手続通達で具体的に明記

Answer

❶ 当該職員の行う行為でそれが「税務調査」に該当する場合には，違反に対して罰則が適用されるなど，任意調査ではあるものの，間接的にその履行を強制する制度となっています。

❷ そのため，納税者としては，税務署の担当者のどのような行為が「調査」に該当し，どのような行為であれば「調査」に該当しないことになるのかについてあらかじめ知っておくことが必要です。

❸ この点を明らかにするため，手続通達では，次に掲げる行為のように，特定の納税義務者の課税標準等又は税額等を認定する目的で行う行為に至らないものは「調査」には該当しないものとして扱う旨を明らかにしています（同通

達1-2及び3-3)。

手続通達（調査に該当しない行為）
1-2
(1) 提出された納税申告書の自発的な見直しを要請する行為で，次に掲げるもの。
　イ　提出された納税申告書に法令により添付すべきものとされている書類が添付されていない場合において，納税義務者に対して当該書類の自発的な提出を要請する行為。
　ロ　当該職員が保有している情報又は提出された納税申告書の検算その他の形式的な審査の結果に照らして，提出された納税申告書に計算誤り，転記誤り又は記載漏れ等があるのではないかと思料される場合において，納税義務者に対して自発的な見直しを要請した上で，必要に応じて修正申告書又は更正の請求書の自発的な提出を要請する行為。
(2) 提出された納税申告書の記載事項の審査の結果に照らして，当該記載事項につき税法の適用誤りがあるのではないかと思料される場合において，納税義務者に対して，適用誤りの有無を確認するために必要な基礎的情報の自発的な提供を要請した上で，必要に応じて修正申告書又は更正の請求書の自発的な提出を要請する行為。
(3) 納税申告書の提出がないため納税申告書の提出義務の有無を確認する必要がある場合において，当該義務があるのではないかと思料される者に対して，当該義務の有無を確認するために必要な基礎的情報（事業活動の有無等）の自発的な提供を要請した上で，必要に応じて納税申告書の自発的な提出を要請する行為。
(4) 当該職員が保有している情報又は提出された所得税徴収高計算書の記載事項の確認の結果に照らして，源泉徴収税額の納税額に過不足徴収額があるのではないかと思料される場合において，納税義務者に対して源泉徴収税額の自主納付等を要請する行為。
(5) 源泉徴収に係る所得税に関して源泉徴収義務の有無を確認する必要がある場合において，当該義務があるのではないかと思料される者に対して，当該義務の有無を確認するために必要な基礎的情報（源泉徴収の対象となる所得の支払の有無）の自発的な提供を要請した上で，必要に応じて源泉徴収税額の自主納付を要請する行為。

第2章 第1部 税務調査関係

Question 17　調査かそうでないかを知る方法

調査かそうではないかについては通達で明示されたとのことですが，納税者にとってより具体的に知る方法はないのでしょうか？

Point

事務運営指針（及び一般納税者向けＦＡＱ問２）に記されているとおり，担当官から納税義務者等宛に通知

Answer

❶　納税義務者にとって，税務署から連絡等を受けた場合，直ちにそれが税務調査なのか，それともそうでないのかを判断することは必ずしも簡単なことではありません。

❷　そこで，事務運営指針第２章１及び一般納税者向けＦＡＱ問２では，それぞれ次のような形でそれが調査なのかについて当局の考え方を明らかにすることとしています。

> 事務運営指針　第２章　基本的な事務手続及び留意事項
> １　調査と行政指導の区分の明示
> 　納税義務者等に対し調査又は行政指導に当たる行為を行う際は，対面，電話，書面等の態様を問わず，いずれの事務として行うかを明示した上で，それぞれの行為を法令等に基づき適正に行う。
> （注）
> １　調査とは，国税（法第74条の２から法第74条の６までに掲げる税目に限る。）に関する法律の規定に基づき，特定の納税義務者の課税標準等又は税額等を認定する目的その他国税に関する法律に基づく処分を行う目的で当該職員が行う一連の行為（証拠資料の収集，要件事実の認定，法令の解釈適用など）をいうことに留意する（「手続通達」（平成24年９月12日付課総５－９ほか９課共同「国税通則法第７章の２（国税の調査）関係通達」（法令解釈通達）をいう。以下同じ。）１－１）。
> ２　当該職員が行う行為であって，特定の納税義務者の課税標準等又は税額等を認定する目的で行う行為に至らないものは，調査には該当しないことに留意する

― 31 ―

(手続通達1－2)。

> **一般納税者向けFAQ**
>
> 問2　税務署の担当者から電話で申告書の内容に問題がないか確認して，必要ならば修正申告書を提出するよう連絡を受けましたが，これは調査なのでしょうか。
>
> 　調査は，特定の納税者の方の課税標準等又は税額等を認定する目的で，質問検査等を行い申告内容を確認するものですが，税務当局では，税務調査の他に，行政指導の一環として，例えば，提出された申告書に計算誤り，転記誤り，記載漏れ及び法令の適用誤り等の誤りがあるのではないかと思われる場合に，納税者の方に対して自発的な見直しを要請した上で，必要に応じて修正申告書の自発的な提出を要請する場合があります。このような行政指導に基づき，納税者の方が自主的に修正申告書を提出された場合には，延滞税は納付していただく場合がありますが，過少申告加算税は賦課されません（当初申告が期限後申告の場合は，無申告加算税が原則5％賦課されます。）。
> 　なお，税務署の担当者は，納税者の方に調査又は行政指導を行う際には，具体的な手続に入る前に，いずれに当たるのかを納税者の方に明示することとしています。

Question 18　調査を行うことのできる者（質問検査権を行使できる当該職員の意義）

　国税通則法では，質問検査権を行使できる職員として「当該職員」という名称が用いられていますが，そこでいう「当該職員」とは，具体的にどのような者をいうのでしょうか？

Point
　税務調査を行う国税に関する事務に従事している者

Answer
1　国税通則法74条の2から74条の6までの各条では，税務調査，すなわち質問検査権を行使できる者として「当該職員」という用語が用いられています。

2 そこでいう「当該職員」とは,国税庁,国税局若しくは税務署又は税関の職員のうち,「その調査を行う国税に関する事務に従事している者」をいうこととされています(手続通達1-3)。

ちなみに,手続通達1-3では,「当該職員」の意義について次のように規定しています。

> **手続通達**(「当該職員」の意義)
> 1-3 法第74条の2から法第74条の6までの各条の規定により質問検査等を行うことができる「当該職員」とは,<u>国税庁,国税局若しくは税務署又は税関の職員</u>のうち,その調査を行う国税に関する事務に従事している者をいう。

Question 19 調査(質問検査等)の相手方となる者

質問検査等の対象となる者(相手方となる者)は,納税義務者に限られるのでしょうか?
(第三者等は含まれるのでしょうか?)

Point
取引先,取引銀行,代理人,使用人といった者も含まれる。

Answer

1 国税通則法2条(定義)5号では,「納税義務者」ではなく「納税者」という用語が用いられていますが,そこでいう「納税者」とは,国税に関する法律の規定により国税を納める義務がある者(筆者注:いわゆる「納税義務者」)と,源泉徴収による国税を徴収して国に納付しなければならない者(筆者注:いわゆる「源泉徴収義務者」)の双方が含まれています。その点で,「納税者」という概念は「納税義務者」よりも広い概念です。

2 ちなみに,国税通則法74条の2第1項では,所得税の納税義務がある者及び納税義務があると認められる者(以下,納税義務者等といいます)だけでなく,支払調書等を提出する者,源泉徴収義務者,納税義務者等に金銭若しくは

物品の給付をするが給付を受ける権利があった者（あると認められる者を含む）等もその対象とされています。

3　そのため，調査において必要がある場合には，当該職員は，質問検査権等の相手方となるだけでなく，使用人その他の従業員に対しても，あらかじめ当該質問検査等の相手方となる者の理解と協力を得て，質問検査等を行うこととされています（手続通達7－1～7－3及び事務運営指針第2章2(1)）。

4　この規定を踏まえ，国税通則法74条の2から74条の6までに規定する質問検査等の対象となる相手方には，納税義務者，納税義務があると認められる者，法定調書や源泉徴収表等の提出義務者，取引先，取引銀行，債権者，債務者等のほか，調査のために必要がある場合には，それらの者の代理人，使用人その他の従業員等といった者も含めることとしています（手続通達1－4）。

ちなみに，そこでは次のように記されています。

> **手続通達**　（質問検査等の相手方となる者の範囲）
> 1－4　法第74条の2から法第74条の6までの各条の規定による当該職員の質問検査権は，それぞれ各条に規定する者のほか，調査のために必要がある場合には，これらの者の代理人，使用人その他の従業者についても及ぶことに留意する。

5　なお，質問検査権の行使の相手方となる者が納税義務者本人だけでなく，その代理人，家族，従業員も含まれるという点に関しては，裁判でも認められています。

> **参　考**　名古屋地裁昭和56年1月30日判決
> 「所得税法第234条1項1号（筆者注：現国税通則法第74条の2第1項）所定の税務職員の質問検査権行使の相手方は，納税義務者本人のみでなく，その業務に従事する家族，従業員等も包含すると解するのが相当である。けだし，同号所定の質問検査権行使の相手方を法文の文言どおり厳格に解し，納税義務者本人に限定すると，場合により当該業務の実態の正確な把握ができなくなるおそれを生じ，質問検査の実効性が失われる結果を招来することは見易い道理である。また，右のように解しても，別段納税義務

者本人に不利益を課すことになるものでもない。……また，臨場による質問調査に際し，納税者本人が不在のときは，従業員に質問検査し，任意の回答を得ることも，何ら違法とは言えない。」

Question 20 調査（質問検査等）の対象となる「帳簿書類その他の物件」の範囲

質問検査権等の行使に当たっては，納税義務者等の帳簿書類その他の物件を調査することができることとされていますが，そこでいう「帳簿書類その他の物件」とは，具体的にどのようなものをいうのでしょうか？

Point

法令により備付け，記帳又は保存をしなければならないこととされている帳簿書類等

Answer

1 国税通則法74条の2から74条の6までの各条に規定する「帳簿書類その他の物件」には，国税に関する法令により備付け，記帳又は保存をしなければならないこととされている帳簿書類のほか，各条に規定する国税に関する調査又は国税通則法74条の3（当該職員の相続税等に関する調査等に係る質問検査権）に規定する徴収の目的を達成するために必要と認められる帳簿書類，その他の物件も含まれます（手続通達1-5）。

ちなみに，手続通達1-5では，次のように記されています。

> **手続通達** （質問検査等の対象となる「帳簿書類その他の物件」の範囲）
> 1-5 法第74条の2から法第74条の6までの各条に規定する「帳簿書類その他の物件」には，国税に関する法令の規定により備付け，記帳又は保存をしなければならないこととされている帳簿書類のほか，各条に規定する国税に関する調査又は法第74条の3に規定する徴収の目的を達成するために必要と認められる帳簿書類その他の物件も含まれることに留意する。

2 なお，徴収の目的のために必要と認められる「帳簿書類その他の物件」とは，次のようなものをいうこととされています（通則法74の3①一イ～ト）。

> イ 相続税法の規定による相続税又は贈与税の納税義務がある者又は納税義務があると認められる者（以下，納税義務がある者等という）
> ロ 相続税法第59条（調書の提出）に規定する調書を提出した者又はその調書を提出する義務があると認められる者
> ハ 納税義務がある者等に対し，債権若しくは債務を有していたと認められる者又は債権若しくは債務を有すると認められる者
> ニ 納税義務がある者等が株主若しくは出資者であつたと認められる法人又は株主若しくは出資者であると認められる法人
> ホ 納税義務がある者等に対し，財産を譲渡したと認められる者又は財産を譲渡する義務があると認められる者
> ヘ 納税義務がある者等から，財産を譲り受けたと認められる者又は財産を譲り受ける権利があると認められる者
> ト 納税義務がある者等の財産を保管したと認められる者又はその財産を保管すると認められる者

Question 21 国外に所在する帳簿書類その他の物件

質問検査権等の行使の対象となる帳簿書類その他の物件には，国外にあるものも含まれるのでしょうか？

Point

含まれる。

Answer

国税通則法74条の2から74条の6までに規定する「帳簿書類その他の物件」には，納税義務者が国内に保有しているものだけでなく，国外において保有するものも含まれます（手続通達1-5注書き）。

> **手続通達** (質問検査等の対象となる「帳簿書類その他の物件」の範囲)
> 1-5 法第74条の2から法第74条の6までの各条に規定する「帳簿書類その他の物件」には,国税に関する法令の規定により備付け,記帳又は保存をしなければならないこととされている帳簿書類のほか,各条に規定する国税に関する調査又は法第74条の3に規定する徴収の目的を達成するために必要と認められる帳簿書類その他の物件も含まれることに留意する。
> (注)「帳簿書類その他の物件」には,国外において保存するものも含まれることに留意する。

2-2 調査手続

Question 22 課税標準等,税額等の調査

国税通則法第7章の2では,「国税の調査」といっているのみで,課税標準等又は税額の調査とは書かれておらず,手続通達で特定の納税義務者の「課税標準等又は税額等」を認定する国内で行われる一連の行為を「調査」という,とされていますが,同通達でいう「課税標準等」又は「税額等」とは,具体的にどのようなものをいうのでしょうか?

Point

国税通則法2条及び19条で規定されているものと同じ

Answer

❶ たしかに,国税通則法第7章の2(国税の調査)では,質問検査権の行使の対象について規定されているのみで,「課税標準等又は税額等」の調査については規定されていません。

❷ しかし,国税通則法19条(修正申告)及び24条(更正)には,「課税標準等又は税額等」と明示されています。そして,そこでいう「課税標準等」とは,同法2条6号に規定する「課税標準」「課税標準から控除する金額」及び「純

損失等の金額」をいうこととされています（同法19条かっこ書きで同法2条6号イからハまでの事項をいう，と規定）。

3 また，「税額等」については，同法2条6号に規定する「納付すべき税額」「還付金の額に相当する税額」「納付すべき税額の計算上控除する金額又は還付金の額の計算の基礎となる金額」をいうこととされています（同法19条かっこ書きで同法2条6号ニからヘまでに規定する金額をいう，と規定）。

具体的には，次のようなイメージです。

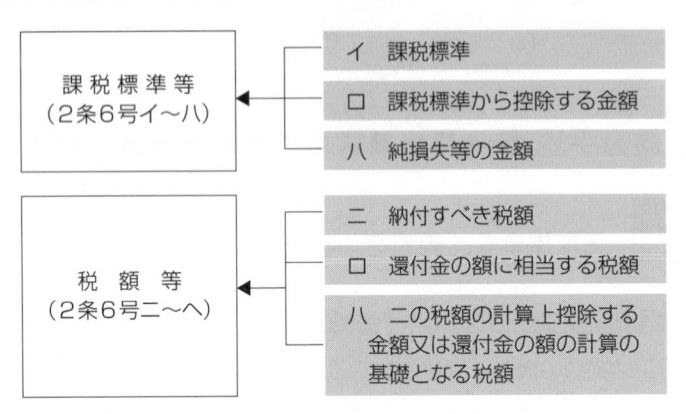

```
課税標準等        ┌─ イ  課税標準
（2条6号イ～ハ）◄─┼─ ロ  課税標準から控除する金額
                 └─ ハ  純損失等の金額

税 額 等          ┌─ ニ  納付すべき税額
（2条6号ニ～ヘ）◄─┼─ ホ  還付金の額に相当する税額
                 └─ ヘ  ニの税額の計算上控除する
                        金額又は還付金の額の計算の
                        基礎となる税額
```

Question 23 「物件の提示又は提出」の意義

改正通則法では，当該職員は帳簿書類その他の物件を検査し，又は当該物件の提示又は提出を求めることができるとされていますが，そこでいう「物件の提示又は提出」とは具体的にどのようなことをいうのでしょうか？

Point
提示：当該物件の内容を当該職員が確認し得る状態に置くこと
提出：当該職員に当該物件の占有を移転すること

Answer

　改正国税通則法74条の2から74条の6に規定する「当該物件の提示又は提出」は,「物件の提示」と「物件の提出」に分かれます。

① 　このうち,「物件の提示」とは,納税義務者等の当該職員の求めに応じ,遅滞なく当該物件（その写しを含みます）の内容を当該職員が確認し得る状態にして示すことをいいます。

② 　また,「物件の提出」とは,納税義務者等が,当該職員の求めに応じ,遅滞なく当該職員に当該物件（その写しを含みます）の占有を移転することをいいます。

　この点を明らかにするため,手続通達1－6では次のように述べています。

> **手続通達**　（「物件の提示又は提出」の意義）
> 1－6　法第74条の2から法第74条の6までの各条の規定において,「物件の提示」とは,当該職員の求めに応じ,遅滞なく当該物件（その写しを含む。）の内容を当該職員が確認し得る状態にして示すことを,「物件の提出」とは,当該職員の求めに応じ,遅滞なく当該職員に当該物件（その写しを含む。）の占有を移転することをいう。

　また,それが電磁的記録であった場合は,次のようになります（一般納税者向けFAQ問5）。

> **一般納税者向けFAQ**
> 問5　提示・提出を求められた帳簿書類等の物件が電磁的記録である場合には,どのような方法で提示・提出すればよいのでしょうか。

　帳簿書類等の物件が電磁的記録である場合には,提示については,その内容をディスプレイの画面上で調査担当者が確認し得る状態にしてお示しいただくこととなります。
　一方,提出については,通常は,電磁的記録を調査担当者が確認し得る状態でプリントアウトしたものをお渡しいただくこととなります。また,電磁的記録そのものを提出いただく必要がある場合には,調査担当者が持参した電磁的記録媒体への記録の保存（コピー）をお願いする場合もありますので,ご協力をお願いします。

(注) 提出いただいた電磁的記録については，調査終了後，確実に廃棄（消去）することとしています。

Question 24　帳簿書類等の提示・提出が必要な理由

税務調査においては，正当な理由がない限り帳簿書類等の提出が必要とされ，それに応じなかった場合には罰則が適用されることになっていますが，どうしてなのでしょうか？

Point

課税の公平実現という公益性実現のため

Answer

❶　税務調査においては，当該職員による質問検査権が行使されます（通則法74の2～7）。そして，質問検査に応じるか否かや帳簿書類等を提示・提出するか否かは納税義務者の任意とされています（同法74の8）が，応じなかった場合には罰則規定の適用があるとされています（同法127二・三）。

❷　このような考え方は，旧法時代から，課税の公平実現のため必要不可欠なものとして裁判所等でも広く受け入れられてきたものです。

> **参　考**　最高裁大法廷昭和47年11月22日判決（刑集26巻9号554頁）
> ①「一方で質問検査に応じるか否かは納税者の任意であるとしながら，他方でこれに応じなかった者等に対し罰則を適用することとしているが，これは間接的・心理的に検査の受認を強制するものであり，課税の公平実現という公益上の要請からすればあながち不均衡，不合理なものとはいえない。」
> ②「刑罰が，行政上の義務違反に対する制裁として必ずしも軽微なものとはいえないにしても，それが検査の相手方の自由な意見を著しく拘束して，実質上，直接的，物理的な強制と同視すべき程度にまで達してい

> るものとはいえない。」

3 最高裁で示されたこのような考え方を明らかにするため，一般納税者向けＦＡＱ問3でも次のような説明がなされています。

一般納税者向けＦＡＱ

問3 正当な理由がないのに帳簿書類等の提示・提出の求めに応じなければ罰則が科されるということですが，そうなると事実上は強制的に提示・提出が求められることにならないでしょうか。

帳簿書類等の提示・提出をお願いしたことに対し，正当な理由がないのに提示・提出を拒んだり，虚偽の記載をした帳簿書類等を提示・提出した場合には，罰則（1年以下の懲役又は50万円以下の罰金）が科されることがありますが，税務当局としては，罰則があることをもって強権的に権限を行使することは考えておらず，帳簿書類等の提示・提出をお願いする際には，提示・提出が必要とされる趣旨を説明し，納税者の方の理解と協力の下，その承諾を得て行うこととしています。

Question 25 帳簿書類等の提示・提出要請に応じなくてよい場合

帳簿書類等の提示・提出の要請があった場合でも，正当な理由があれば応じなくてよいとのことですが，そこでいう正当な理由とはどのようなものをいうのでしょうか？
（私物や職業上の守秘義務が課された情報，信教に関する情報などは正当な理由に当たるのでしょうか？）

Point

最終的には裁判所の判断だが，私物，職業上の守秘義務，信教に関する情報等は対象外

Answer

1 税務調査は犯罪のための調査ではないとされています（通則法74の8）。

しかし，当該職員から帳簿書類等の提示又は提出の要請があったにもかかわらず，正当な理由がなくこれに応じなかったり，偽りの記載等をした帳簿書類その他の物件を提示し，若しくは提出した者には罰則規定が適用されることとなっています（同法127三）。

2　どのような場合であれば正当な理由に該当することになるのかは個々の事象によって異なります。最終的には裁判所で判断されることになりますが，課税当局としては，私物であるとか，職業上の守秘義務が課されていること，信教に関する情報等は正当な理由にならないと考えているようです（一般納税者向けFAQ問6〜8）。

　ちなみに，そこでは次のように述べられています。

一般納税者向けFAQ

　問6　帳簿書類等の提示・提出の求めに対して，正当な理由なく応じない場合には罰則が科されるとのことですが，どのような場合に正当な理由があるとされるのですか。

　どのような場合が正当な理由に該当するかについては，個々の事案に即して具体的に判断する必要がありますし，最終的には裁判所が判断することとなりますから，確定的なことはお答えできませんが，例えば，提示・提出を求めた帳簿書類等が，災害等により滅失・毀損するなどして，直ちに提示・提出することが物理的に困難であるような場合などがこれに該当するものと考えられます。

　問7　法人税の調査の過程で帳簿書類等の提示・提出を求められることがありますが，対象となる帳簿書類等が私物である場合には求めを断ることができますか。

　法令上，調査担当者は，調査について必要があるときは，帳簿書類等の提示・提出を求め，これを検査することができるものとされています。
　この場合に，例えば，法人税の調査において，その法人の代表者名義の個人預金について事業関連性が疑われる場合にその通帳の提示・提出を求めることは，法令上認められた質問検査等の範囲に含まれるものと考えられます。
　調査担当者は，その帳簿書類等の提示・提出が必要とされる趣旨を説明し，ご理

解を得られるよう努めることとしていますので，調査へのご協力をお願いします。

> 問8　調査対象となる納税者の方について，医師，弁護士のように職業上の守秘義務が課されている場合や宗教法人のように個人の信教に関する情報を保有している場合，業務上の秘密に関する帳簿書類等の提示・提出を拒むことはできますか。

　調査担当者は，調査について必要があると判断した場合には，業務上の秘密に関する帳簿書類等であっても，納税者の方の理解と協力の下，その承諾を得て，そのような帳簿書類等を提示・提出いただく場合があります。
　いずれの場合においても，調査のために必要な範囲でお願いしているものであり，法令上認められた質問検査等の範囲に含まれるものです。調査担当者には調査を通じて知った秘密を漏らしてはならない義務が課されていますので，調査へのご協力をお願いします。

2-3　調査に該当する行為

Question 26　いわゆる内部調査

　国税通則法改正前はいわゆる内部調査による調査でも更正されることがありましたが，改正法施行後はそのようなことはなくなるのでしょうか？
　（ちなみに，手続通達1－2では「調査」の範囲から内部調査（審査）を除くと規定しています）

Point
なくならない。

Answer
■　たしかに，手続通達1－2（「調査」に該当しない行為）では，特定の納税義務者の課税標準等又は税額等を認定する目的で行う行為に至らないものは，「調査」には該当しないとしています。

そして，これらの行為のみに基因して修正申告等のあった場合には，更正決定等を予知してなされたものには当たらないとしています。

❷　しかし，そこで示されている考え方は，内部調査を「調査」から除外したものではなく，「調査」に当たらない行為（具体的には行政指導）の意義を定めたにすぎないというものです。

❸　従来の取扱いでも，国税通則法65条5項にいう「国税についての調査があったことにより」の「調査」には，実地調査のみでなく，内部調査も含むものとして取り扱われていました。

❹　今回の法改正が「従来の事務取扱いを変更するものではない」という基本方針の下で行われたものであること等を考慮しますと，「内部調査」については，従来と同様に「調査」に含めて考えるというのが当局の基本方針だと思われます。

　このような考え方は，当局の通達立案者による次のイメージ図の「調査」のところにも示されています。

【「調査」の意義（概念図）】

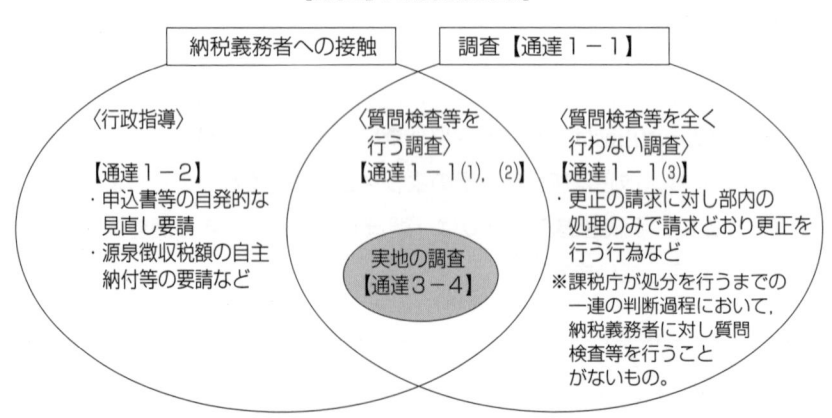

　　　　納税義務者への接触　　　　調査【通達1－1】

〈行政指導〉
【通達1－2】
・申込書等の自発的な見直し要請
・源泉徴収税額の自主納付等の要請など

〈質問検査等を行う調査〉
【通達1－1(1),(2)】

実地の調査
【通達3－4】

〈質問検査等を全く行わない調査〉
【通達1－1(3)】
・更正の請求に対し部内の処理のみで請求どおり更正を行う行為など
※課税庁が処分を行うまでの一連の判断過程において，納税義務者に対し質問検査等を行うことがないもの。

（出所）　山上淳一編著「国税通則法（税務調査手続関係）通達逐条解説」大蔵財務協会，28頁

Question 27 異議決定等に係る調査

国税通則法でいう「調査」には，異議決定や申請等の審査のために行う行為等も含まれるのでしょうか？

Point

含まれる。

Answer

1 国税通則法でいう「調査」には，同法74条の2～6に規定する税目に係る更正，決定等を目的とした通常の調査のみでなく，異議決定や申請等の審査のために行う一連の行為等も含まれます。

2 この点を明らかにするため，手続通達1－1(2)及び事務運営指針2章1（注1）でもその旨が明記されています。

ちなみに，手続通達及び事務運営指針では次のように記されています。

> **手続通達** （「調査」の意義）
> 1－1
> (1) 法第7章の2において，<u>「調査」とは，国税（法第74条の2から法第74条の6までに掲げる税目に限る。）に関する法律の規定に基づき，特定の納税義務者の課税標準等又は税額等を認定する目的その他国税に関する法律に基づく処分を行う目的で当該職員が行う一連の行為（証拠資料の収集，要件事実の認定，法令の解釈適用など）をいう。</u>
> （注） 法第74条の3に規定する相続税・贈与税の徴収のために行う一連の行為は含まれない。
> (2) <u>上記(1)に掲げる調査には，更正決定等を目的とする一連の行為のほか，異議決定や申請等の審査のために行う一連の行為も含まれることに留意する。</u>
>
> **事務運営指針** 第2章 基本的な事務手続及び留意事項
> 1 調査と行政指導の区分の明示
> 納税義務者等に対し調査又は行政指導に当たる行為を行う際は，対面，電話，書面等の態様を問わず，いずれの事務として行うかを明示した上で，それぞれの行為

> を法令等に基づき適正に行う。
> （注）
> 1　調査とは，国税（法第74条の2から法第74条の6までに掲げる税目に限る。）に関する法律の規定に基づき，特定の納税義務者の課税標準等又は税額等を認定する目的その他国税に関する法律に基づく処分を行う目的で当該職員が行う一連の行為（証拠資料の収集，要件事実の認定，法令の解釈適用など）をいうことに留意する（「手続通達」（平成24年9月12日付課総5－9ほか9課共同「国税通則法第7章の2（国税の調査）関係通達」（法令解釈通達）をいう。以下同じ。）1－1）。

Question 28　更正の請求に基づく調査

国税通則法でいう「調査」には，更正の請求がなされた場合に行われる調査も含まれるのでしょうか？

Point
原則として含まれる。

Answer

❶　「更正の請求」は，課税標準等又は税額等が過大だった場合に，納税者からなされる手続です（通則法23①）。

❷　「更正の請求」があった場合，税務署長は，その請求に係る課税標準等又は税額等について「調査」し，更正をし，又は更正がない旨をその請求をした者に通知することとされています（通則法23④）。

（注）　ちなみに，ここでいう「更正」は，多くの場合減額更正になると思われますが，「更正」には「増額更正」のみでなく「減額更正」も含まれます。

❸　したがって，国税通則法でいう「調査」には，税額を増加させる増額更正決定等を目的とした調査のみでなく，更正の請求に基づく「調査」（その多くは減額更正）も原則としてここでいう調査に含まれます。

❹　ただし，更正の請求に対して部内の処理のみで請求通りに更正を行う場合

の一連の行為などのように，納税義務者に対して質問検査等を行うことがないものについては，事前通知や調査終了の際の手続について規定した国税通則法74条の9から同法74条の11までの規定は適用されないこととされています（手続通達1－1(3)イ）。

ちなみに，そこでは次のように述べられています。

> **手続通達**（「調査」の意義）
> 1－1
> (3) 上記(1)に掲げる調査のうち，次のイ又はロに掲げるもののように，一連の行為のうちに納税義務者に対して質問検査等を行うことがないものについては，法第74条の9から法第74条の11までの各条の規定は適用されないことに留意する。
> 　イ　更正の請求に対して部内の処理のみで請求どおりに更正を行う場合の一連の行為。
> 　ロ　期限後申告書の提出又は源泉徴収に係る所得税の納付があった場合において，部内の処理のみで決定又は納税の告知があるべきことを予知してなされたものには当たらないものとして無申告加算税又は不納付加算税の賦課決定を行うときの一連の行為。

Question 29　質問検査権を行使しない更正

　更正又は決定をするためには，質問検査権を行使する調査が前提となっていると思いますが，質問検査権を行使することなく更正，決定等をされることはあるのでしょうか？

Point
あり得る（少なくとも裁判では認められている）。

Answer
1　国税通則法24条（更正）及び25条（決定）のいずれにおいても，税務当局が更正，決定を行うためには，課税標準等又は税額等について調査を行うことが前提とされています。

そして、そのために必要とされているのが、同法74条の2から74条の6に規定する当該職員による質問検査権の行使です。

❷　したがって、更正決定等をする場合には、質問検査権の行使がなされるというのが原則です。

❸　ただし、過去の判例等をみてみますと、手許にある資料等を活用することにより質問検査権を行使することなく更正、決定等を行ったとしても違法ではないとされています。

> **参考①**　質問検査権を行使しないでなされた更正
> 　　　　大阪地裁昭和49年3月7日判決、昭和40年（行ウ）第21号の2
> 　　　　　　　　　　　　　　　　　税務月報　20巻7号120頁
>
> 「（筆者注：国税通則法24条）の更正のための調査としては、何らかの実質的調査がなされていれば足りるのであって、質問検査権の行使によるものでなくてもよい。」
>
> **参考②**　事前に収集した資料による更正
> 　　　　東京地裁昭和46年7月15日判決、昭和35年（行）第48号
> 　　　　　　　行裁例集22巻7号963頁　判例時報644号29頁
>
> 「更正または決定をするにつき、それに必要な資料が調達（筆者注：実地調査）をすることなく更正または決定をしても、調査のないことをもって違法事由とすることはできない。」
>
> **参考③**　納税義務者の弁解を聞くことなくなされた決定の有効性
> 　　　　大阪高裁昭和47年8月30日判決、昭和45年（行コ）第21号
> 　　　　　　　　　　　　　　　　　税務訴訟資料66号153頁
>
> 「（筆者注：国税通則法）25条の決定をする場合には、（税務当局は）調査をすることを要するが、決定に当たり事前に納税義務者の弁解を聴く等の具体的措置がとられなかったからといって、決定を違法ということはでき

ない。」

4 これらの判例からも明らかのように,「調査」には,納税者の事業所等に臨場して行う「実地調査」だけでなく,税務当局が収集した資料等に基づいて行う課税要件事実の認定,法令の解釈適用も含まれます。

5 したがって,例えば生命保険の返戻金等については,保険会社から税務署長あてに資料回付がなされ,税務署がそれらの資料と本人の申告内容をチェックすれば申告の有無が当局に判明することから,確定申告書にその事実が記載されていない場合,それは単なる計算誤り又は記載もれには該当しないと思われます(注)。

(注) これが調査によるものであった場合,本税にあわせ過少申告加算税又は無申告加算税が課されることになりますので,もし疑問の点等があれば,念のため事前に税務署に照会されるようおすすめします。

Question 30　申請等の範囲

手続通達では,申請等の審査のために行う一連の行為も「調査」に含まれるとしていますが,ここでいう「申請等」とは,具体的にどのようなものをいうのでしょうか?

Point
予定納税減額申請,青色申告承認申請等

Answer

1 申請等の審査のために行う一連の行為の前提となる国税に関する法律に基づく申請等には,予定納税額減額申請(所法113①),青色申告承認申請(所法145),純損失の繰戻しによる還付(所法142②)などがあります。

2 これらの申請があった場合,税務署長等はその申請を認めるか否かについて審査を行い,その結果に基づいて申請を許可するか否かを決定することとさ

-49-

れています。

　ちなみに，この点について，最高裁は昭和48年7月10日判決（決定）で次のような判示をしています。

> **参　考**　最高裁昭和48年7月10日決定
> 「所得税の終局的な賦課徴収にいたる過程においては，原判示の更正，決定の場合のみではなく，ほかにも予定納税額減額申請（所得税法113条1項）または青色申告承認申請（同法145条）の承認，却下の場合，純損失の繰戻による還付（同法142条2項）の場合，延納申請の許否（同法133条2項）の場合，繰上保全差押（国税通則法38条3項）の場合等，税務署その他の税務官署による一定の処分のなされるべきことが法令上規定され，そのための事実認定と判断が要求される事項があり，これらの事項については，その認定判断に必要な範囲内で職権による調査が行なわれることは法の当然に許容するところと解すべきものである」

3　この判示内容からも明らかなように，最高裁は申請等の範囲をかなり広くとらえています。

Question 31　取引先等への調査（いわゆる反面調査）

　納税義務者や納税義務があると認められる者への調査が必要だということはわかりますが，取引先等へのいわゆる反面調査について，改正法ではどのような扱いになっているのでしょうか？

Point

反面調査である旨を相手方に明示した上で実施

Answer

1　国税通則法でいう「税務調査」には，納税義務者や納税義務があると認められる者だけでなく，それらの者と取引を行っている者への調査も含まれてい

ます（通則法74の2〜74の6）。

2 そのため，国税庁パンフレット（平成24年9月発刊　税務手続について（国税通則法等の改正））では，取引先等に対し，質問又は検査等を行うことがある旨が明示されています（同パンフ4(5)）。

ちなみに，そこでは次のように記されています。

> **国税庁パンフ　4．税務調査手続**
> (5)　取引先等への調査
> 　　税務調査において必要がある場合には，取引先などに対し，質問又は検査等を行うことがあります。

3 また，取引先等に対する反面調査の実施に当たっての心構えとして，事務運営指針では，その必要性と反面調査先への事前連絡の適否について十分検討するとともに，実施に当たっては，反面調査である旨を取引先等に明示した上で実施すべしとしています（事務運営指針第2章3(6)）。

ちなみに，そこでは次のように記されています。

> **事務運営指針　第2章　基本的な事務手続及び留意事項**
> 3　調査時における手続
> (6)　反面調査の実施
> 　　取引先等に対する反面調査の実施に当たっては，その必要性と反面調査先への事前連絡の適否を十分検討する。
> （注）　反面調査の実施に当たっては，反面調査である旨を取引先等に明示した上で実施することに留意する。

2-4 調査に該当しない行為

Question 32　課税庁が行う行政指導

行政指導は調査には該当しないとされているようですが，課税庁が行う行政指導にはどのようなものがあるのでしょうか？

Point
1．職務の遂行上必要な情報の収集を目的として行われる行政指導
2．納税義務の適正な実現を目的に行われる上記以外の行政指導

Answer

1　課税庁も行政庁の一部ですので，許認可等の申請がなされた場合，その内容を審査して許認可等を認めるか否かの処分をすることが求められています。また，それらに加え「行政指導」をすることが求められています(注)（行政手続法32～36）。

(注)　なお，行政指導に当たっては，相手方が行政指導に従わなかったとしても，その者に対し不利益な取扱いをしてはならないこととされています（同法32）。その点で，罰則等の規定が準備されている「調査」と大きく異なります。

2　ちなみに，課税庁が行う行政指導として挙げられているのは，次のようなものです(注)。

①　職務の遂行上必要な情報の収集を目的として行われる行政指導
②　納税義務の適正な実現を目的として行われる①以外の行政指導

(注)　ただし，①については，行政手続法3条14号で，情報収集を直接の目的としてなされる行政指導は行政手続法の適用除外とされています。
　　　また，②についても，国税通則法74条の14第2項で酒税の保全及び酒類業組合等に対する行政指導を除き適用除外としています。

Question 33 相続税・贈与税の徴収のために行う一連の行為

手続通達では，相続税・贈与税の徴収のために行う一連の行為は調査には含まれない，としていますがどうしてなのでしょうか？

Point
「徴収」と「調査」は別の概念

Answer

1 国税通則法74条の3（当該職員の相続税等に関する調査等に係る質問検査権）では，当該職員の行為として，①相続税若しくは贈与税に関する調査と，②相続税若しくは贈与税の徴収を区分して表示しています（同条①）。

そして，前者は「調査」に該当するものの，後者については「調査」に該当しないとしています。

2 それは，相続税・贈与税においては，納税者の申請により，延期，物納というほかの税目にない特殊な納付方法が認められているためです。

しかし，納付に伴うこれらの一連の行為は，課税標準等又は税額の調査ではなく，特例による納付を認めるか否かという徴収のプロセスです。

3 そのため，手続通達1-1(1)の注書きでもそれら一連の行為を「徴収のため」として位置付け，「調査」と区分しているものと思われます。

この点を明らかにするため，手続通達では次のように述べられています。

> **手続通達**（「調査」の意義）
> 1-1
> (1) 法第7章の2において，<u>「調査」とは，国税（法第74条の2から法第74条の6までに掲げる税目に限る。）に関する法律の規定に基づき，特定の納税義務者の課税標準等又は税額等を認定する目的その他国税に関する法律に基づく処分を行う目的で当該職員が行う一連の行為</u>（証拠資料の収集，要件事実の認定，法令の解釈適用など）をいう。
> <u>(注) 法第74条の3に規定する相続税・贈与税の徴収のために行う一連の行為は含まれない。</u>

Question 34　源泉徴収に係る過不足の照会等

源泉徴収義務者についても，当該職員の一連の行為のうち「調査」に該当しないものがあると聞きましたが，どのような行為がそれに当たるのでしょうか？

Point
1．源泉徴収税額の過不足等があると思料される者に対する自主納付の要請
2．源泉徴収義務の有無の確認と自主納付の要請

Answer

1 当該職員による源泉徴収義務者に関連する行為のうち，次のいずれかに該当するものについては，「調査」には該当しないこととされています（手続通達1－2(4)(5)）。

ちなみに，そこでは次のように記されています。

> **手続通達**　（「調査」に該当しない行為）
> 1－2
> (4) 当該職員が保有している情報又は提出された所得税徴収高計算書の記載事項の確認の結果に照らし，源泉徴収税額の納税額に過不足徴収額があるのではないかと思料される場合において，納税義務者に対して源泉徴収税額の自主納付等を要請する行為。
> (5) 源泉徴収に係る所得税に関して源泉徴収義務の有無を確認する必要がある場合において，当該義務があるのではないかと思料される者に対して，当該義務の有無を確認するために必要な基礎的情報（源泉徴収の対象となる所得の支払の有無）の自発的な提供を要請した上で，必要に応じて源泉徴収税額の自主納付を要請する行為。

2 なお，この場合においても，源泉徴収に係る所得税の自主納付があった場合には，「納税の告知」があるべきことを予知してなされたものには当たらないものとして取り扱うこととされています（同前通達1－2本書き後段また書き）。

ちなみに，そこでは次のように記されています。

> **手続通達**（「調査」に該当しない行為）
> 1-2　当該職員が行う行為であって，次に掲げる行為のように，<u>特定の納税義務者の課税標準等又は税額等を認定する目的で行う行為に至らないものは，調査には該当しない</u>ことに留意する。また，<u>これらの行為のみに起因して修正申告書若しくは期限後申告書の提出又は源泉徴収に係る所得税の自主納付があった場合には</u>，当該修正申告書等の提出等は更正若しくは決定又は納税の告知があるべきことを予知してなされたものには当たらないことに留意する。

Question 35　審判官が行う調査

異議決定や申請のために行う一連の行為も調査に含まれるとのことですが，国税不服審判所の審判官が不服申立てに係る事件の審理のために行う調査もここでいう調査に含まれるのでしょうか？

Point
含まれない。

Answer

1　手続通達でいう「調査」は，国税通則法で規定する特定の税目及び異議決定や申請等の審査のために行う一連の行為に限定されています（同通達1-1(1)(2)）。

2　国税不服審判官が不服申立てに係る事件の審理のための調査も国税通則法で規定されてはいます（通則法97①②）が，根拠となる法律の条文が異なります。

ちなみに，そこでは次のように規定されています。

> **通則法**（審理のための質問，検査等）
> 第97条　担当審判官は，審理を行うため必要があるときは，審査請求人の申立てにより，又は職権で，次に掲げる行為をすることができる。
> 　一　審査請求人若しくは原処分庁（以下「審査請求人等」という。）又は関係人その他の参考人に質問すること。
> 　二　前号に規定する者の帳簿書類その他の物件につき，その所有者，所持者若しくは保管者に対し，当該物件の提出を求め，又はこれらの者が提出した物件を留め置くこと。
> 　三　第1号に規定する者の帳簿書類その他の物件を検査すること。
> 　四　鑑定人に鑑定させること。
> 2　国税審判官，国税副審判官その他の国税不服審判所の職員は，担当審判官の嘱託により，又はその命を受け，前項第1号又は第3号に掲げる行為をすることができる。
> 3　国税審判官，国税副審判官その他の国税不服審判所の職員は，第1項第1号及び第3号に掲げる行為をする場合には，その身分を示す証明書を携帯し，関係者の請求があつたときは，これを提示しなければならない。
> 4・5　省略

3　したがって，審判官が行う「調査」は，国税通則法7章の2でいう「調査」には含まれません。

Question 36　当該職員の行為のうち調査に該当しないもの

　調査なのか行政指導なのかによって加算税等も変わってきますが，当該職員が納税義務者に接触し，それに基づいて修正申告等がなされた場合には，全て調査ということになるのでしょうか？

Point

　当該職員が行う行為であっても，特定の納税義務者の課税標準等又は税額等を認定する目的で行う行為に至らないものは調査には該当しない。

Answer

1 課税庁が納税義務者に対して行う行為には，国税通則法などで規定されている「調査」と行政庁に全体として認められている「行政指導」とがあります。

2 このうち，「調査」については，質問検査権が行使され，それに応じなかった場合には罰則が適用されます。

それに対し，行政指導の場合には，それに従わなかったとしても不利益等を被ることはあるにしても直ちに罰則が適用されるということはありません。

したがって，課税庁の職員（より具体的には当該職員）によって行われる行為が「調査」なのか「行政指導」なのか知ることは納税者にとって極めて重要です。

3 そこで，手続通達では，1-1で「調査」の意義について明らかにするとともに，1-2で「調査」に該当しないものについて具体的に例示しています。

それによれば，当該職員が行う行為であっても，特定の納税義務者の課税標準等又は税額等を認定する目的で行う行為に至らないものは調査には該当しないとしています（手続通達1-2本文前段）。

ちなみに，そこでは次のように記されています。

> **手続通達**　（「調査」に該当しない行為）
> 1-2　当該職員が行う行為であって，次に掲げる行為のように，特定の納税義務者の課税標準等又は税額等を認定する目的で行う行為に至らないものは，調査には該当しないことに留意する。また，これらの行為のみに起因して修正申告書若しくは期限後申告書の提出又は源泉徴収に係る所得税の自主納付があった場合には，当該修正申告書等の提出等は更正若しくは決定又は納税の告知があるべきことを予知してなされたものには当たらないことに留意する。

具体的には，次のようなイメージです。

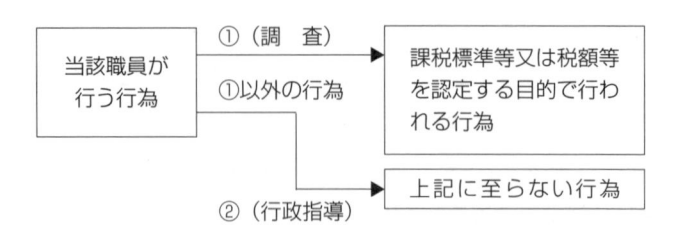

```
                    ①（調　査）
 ┌─────────┐ ─────────────→ ┌─────────────┐
 │ 当該職員が │                │ 課税標準等又は税額等 │
 │ 行う行為  │ ──①以外の行為──→│ を認定する目的で行わ │
 └─────────┘                │ れる行為       │
       │                   └─────────────┘
       │                   ┌─────────────┐
       └──────────────────→│ 上記に至らない行為  │
          ②（行政指導）        └─────────────┘
```

Question 37　申告書の自発的な見直しを要請する行為

　私は，期限内に納税申告書を提出していますが，先日税務署から必要な書類の添付もれ及び提出された納税申告書に誤りがあると思われるのではないかとの指摘を受け，自発的な提出を求められました。
　このような行為は「調査」に当たるのでしょうか？　もし出さなかったらどうなるのでしょうか？

Point

　原則として当たらない（ただし，自発的に提出もしくは見直しをしなければ「調査」に移行する可能性大）。

Answer

1　手続通達1－2では，「提出された納税申告書に法令により添付すべきものとされている書類が添付されていない場合又はそれらの申告書に計算誤り，転記もれ等があると思料される場合において，納税義務者に対して当該書類の自発的な提出又は見直しを要請する行為」であって，「特定の納税義務者の課税標準等又は税額等を認定する目的で行う行為に至らないもの」は，調査に該当しないこととしています（同通達1－2(1)）。

2　しかし，これらの要請に従って遅滞なくそれらの書類が提出されなかった場合又は見直しが行われなかった場合には，次のステップである「調査」に移行する可能性が高いと考えるべきでしょう。

3　また，例えば，いわゆる机上調査の場合などのように，自発的な提出又は

見直しを要請する行為であったとしても、それが特定の納税義務者の課税標準等又は税額等を確定する目的で行われたものである場合であれば、「調査」に該当する可能性があります。

その場合、当該職員は、それが「調査」であるのか「行政指導」であるのかを納税義務者に通知することとしていますので、少なくとも納税者サイドとしては、それが「調査」なのかそれとも「行政指導」なのかを知ることが可能です。

ちなみに、手続通達では次のように規定されています。

> **手続通達**　（「調査」に該当しない行為）
> 1-2　（筆者注：本文についてはQ36参照）
> (1) 提出された納税申告書の自発的な見直しを要請する行為で、次に掲げるもの。
> 　イ　提出された納税申告書に法令により添付すべきものとされている書類が添付されていない場合において、納税義務者に対して当該書類の自発的な提出を要請する行為。
> 　ロ　当該職員が保有している情報又は提出された納税申告書の検算その他の形式的な審査の結果に照らして、提出された納税申告書に計算誤り、転記誤り又は記載漏れ等があるのではないかと思料される場合において、納税義務者に対して自発的な見直しを要請した上で、必要に応じて修正申告書又は更正の請求書の自発的な提出を要請する行為。

Question 38　申告書の記載事項等の確認を求める行為

先般、私が提出していた申告書につきその記載事項の中に税法上の適用誤りがあるのではないかとして、その確認のため追加資料の提出を求められました。

これらの行為は調査なのでしょうか？

Point

調査ではない（行政指導）。

Answer

1 当該職員が行う行為であっても,例えば,

「提出された納税申告書の記載事項の審査の結果に照らして,当該記載事項につき税法の適用誤りがあるのではないかと思料される場合において,納税義務者に対して,適用誤りの有無を確認するために必要な基礎的情報の自発的な提供を要請した上で,必要に応じて修正申告書又は更正の請求書の自発的な提出を要請する行為。」

のように,特定の納税義務者の課税標準等又は税額等を認定する行為に至らないものは,調査には該当しないこととされています(手続通達1-2(2))。

ちなみに,そこでは次のように規定されています。

> **手続通達** (「調査」に該当しない行為)
> 1-2
> (2) 提出された納税申告書の記載事項の審査の結果に照らして,当該記載事項につき税法の適用誤りがあるのではないかと思料される場合において,納税義務者に対して,適用誤りの有無を確認するために必要な基礎的情報の自発的な提供を要請した上で,必要に応じて修正申告書又は更正の請求書の自発的な提出を要請する行為。

2 また,これらの行為のみに基因して修正申告書の提出があった場合には,それらの修正申告書の提出は,更正を予知してなされたものには当たらないとされています(同前通達1-2本書き後段また書き)。

3 ただし,当局が入手した資料等から実地調査を行うことなく机上調査によって修正申告を求めた場合等においては,過去の判例等においても調査であり,更正を予知したものではないとされていますので注意してください。

第2章
第1部 税務調査関係

Question 39 無申告者に対し自発的な提出を要請する行為

私は，事業活動を開始して2年ほどになりますが，まだ税務申告をしたことはありません。

先日，税務署から「おたずね」の文書を受け取りました。そこには，事業活動の有無等に関する照会とともに，必要があれば自発的に申告してくださいという文言が添えられていました。

これなどは調査になるのでしょうか？

Point

ならない。

Answer

1 当該職員が行う行為であっても，例えば，「納税申告書の提出がないため納税申告書の提出義務の有無を確認する必要がある場合において，当該義務があるのではないかと思料される者に対して，当該義務の有無を確認するために必要な基礎的情報（事業活動の有無等）の自発的な提供を要請した上で，必要に応じて納税申告書の自発的な提出を要請する行為。」については，原則として調査には当たらないこととされています（手続通達1－2(3)）。

2 また，これらの行為のみに基因して期限後申告書の提出があった場合には，その提出は更正を予知してなされたものには当たらないものとして取り扱うこととされています（同前通達1－2本書き後段また書き）。

ちなみに，そこでは次のように留意規定が設けられています。

> **手続通達**（「調査」に該当しない行為）
> 1－2 （…省略）また，これらの行為のみに起因して修正申告書若しくは期限後申告書の提出又は源泉徴収に係る所得税の自主納付があった場合には，当該修正申告書等の提出等は更正若しくは決定又は納税の告知があるべきことを予知してなされたものには当たらないことに留意する。

3 したがって，貴方がこの「おたずね」の文言に従って自発的に申告した場

－61－

合には，延滞税は課されますが（通則法60①②），無申告加算税については軽減の対象となります（通則法66②）。

2-5 加算税との関係

Question 40 調査に該当しない行為に起因して提出された申告書等

調査に該当しない行為のみに起因して修正申告書等の提出がなされた場合であっても，当該職員との接触があったとして加算税が課されるのでしょうか？

Point

更正等の予知に当たらないので過少申告加算税の賦課なし

Answer

　前問でもふれましたように，当該職員が行う行為であっても，特定の納税義務者の課税標準等又は税額等を認定する目的で行う行為に至らないものは調査には該当しないとして取り扱われていますが，それらの行為のみに起因して修正申告書若しくは期限後申告書の提出又は源泉徴収に係る所得税の自立納付があった場合には，当該修正申告書等の提出等は，更正若しくは決定又は納税の告知があるべきことを予知してなされたものには当たらないこととされています（通則法65②及び手続通達1－2本文後段また書き）。

　これをイメージ図の形で示すと，次のようになります。

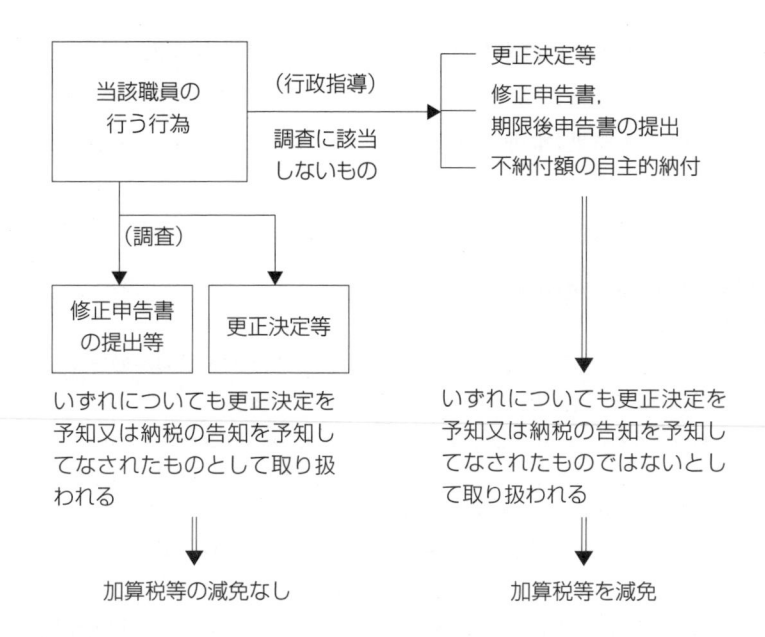

```
                           ┌─ 更正決定等
             (行政指導)      │  修正申告書，
┌─────────┐ ─────────→ ────┤  期限後申告書の提出
│ 当該職員の│ 調査に該当      │
│ 行う行為 │ しないもの      └─ 不納付額の自主的納付
└─────────┘
     │ (調査)
     ├──────────┐
     ▼          ▼
┌─────────┐ ┌─────────┐
│修正申告書│ │更正決定等│
│の提出等 │ │         │
└─────────┘ └─────────┘
```

いずれについても更正決定を　　　いずれについても更正決定を
予知又は納税の告知を予知し　　　予知又は納税の告知を予知し
てなされたものとして取り扱　　　てなされたものではないとし
われる　　　　　　　　　　　　　て取り扱われる

　　　　　▼　　　　　　　　　　　　　▼
　　加算税等の減免なし　　　　　加算税等を減免

Question 41　決定があるべきことを予知してなされたものでない期限後申告書の提出等

　調査に該当する行為であっても，一連の行為のうちに納税義務者に対して質問権を行うことがないものについては，事前通知や調査結果の説明等は不要とされているようですが，決定があるべきことを予知してなされたものには当たらない期限後申告書の提出があったときはどうなるのでしょうか？

Point
部内処理のみで完結し，決定等を予知したものでなければ事前通知等は不要

Answer
　国税通則法74条の2から74条の6に規定する調査に該当する場合であっても，期限後申告書の提出や源泉徴収に係る所得税の納付があった場合において，部内の処理のみで事案の処理が完了したり決定又は納税の告知があるべきことを

予知してなされたものには当たらないものとして無申告加算税又は不納付加算税の賦課決定を行うときの一連の行為については，同法74条の9～11に規定する事前通知や調査結果の説明は要しないこととされています（手続通達1－1(3)イ，ロ）。

ちなみに，手続通達では次のように述べられています。

> **手続通達** (「調査」の意義)
> 1－1
> (3) 上記(1)に掲げる調査（筆者注：国税通則法74条の2から74条の6までに掲げる税目の調査）のうち，次のイ又はロに掲げるもののように，一連の行為のうちに納税義務者に対して質問検査等を行うことがないものについては，法第74条の9から法第74条の11までの各条の規定（筆者注：事前通知の有無及び調査の終了の際の手続に関する規定）は適用されないことに留意する。
> イ　更正の請求に対して部内の処理のみで請求どおりに更正を行う場合の一連の行為。
> ロ　期限後申告書の提出又は源泉徴収に係る所得税の納付があった場合において，部内の処理のみで決定又は納税の告知があるべきことを予知してなされたものには当たらないものとして無申告加算税又は不納付加算税の賦課決定を行うときの一連の行為。

第3章 留置き

Question 42 提出物件の留置き

国税通則法74条の7では，これまで法令上になかった「留置き」という規定が設けられていますが，そこでいう「留置き」とは，具体的にどのようなことをいうのでしょうか？ 当局の権限強化ではないのでしょうか？

Point

従前実務で行われていたものを単に法制化したものであり，当局の権限強化ではない。

Answer

1 国税通則法74条の7では，「当該職員は，国税の調査について必要があるときは，当該調査において提出された物件を留め置くことができる。」と規定していますが，そこでいう提出された物件の「留置き」とは，従前実務上行われていた参考資料等を預かる行為を法制化したものにすぎず，当局の権限強化を意味するものではありません。

2 そして，そこでいう「留置き」とは，当該職員が納税者等から任意に提出を受けた物件について，国税庁，国税局若しくは税務署又は税関の庁舎において占有する状態をいうこととされています（手続通達2－1(1)）。

ちなみに，手続通達では，次のように規定しています。

手続通達 （「留置き」の意義等）
2－1
(1) 法第74条の7に規定する提出された物件の「留置き」とは，当該職員が提出を受けた物件について国税庁，国税局若しくは税務署又は税関の庁舎において占有する状態をいう。

> ただし，提出される物件が，調査の過程で当該職員に提出するために<u>納税義務者等が新たに作成した物件（提出するために新たに作成した写しを含む。）</u>である場合は，当該物件の占有を継続することは法第74条の7に規定する<u>「留置き」</u>には当たらないことに留意する。
> （注）　当該職員は，留め置いた物件について，善良な管理者の注意をもって管理しなければならないことに留意する。

3　なお，手続通達ただし書きの点をより明らかにするため，一般納税者向けＦＡＱ問4で，次のような具体例によって説明がなされています。

一般納税者向けＦＡＱ

> 問4　提出される物件が，調査の過程で調査担当者に提出するために新たに作成された写しである場合には，留置きには当たらないとのことですが，自己の事業の用に供するために調査前から所有している物件が<u>写しである場合（<u>取引書類の写しなど</u>）であっても，留置きには当たらないのでしょうか。

　調査の過程で調査担当者に提出するために新たに作成した帳簿書類等の写し（コピー）の提出を受けても留置きには当たらないこととしているのは，通常，そのような写し（コピー）は<u>返還を予定しないもの</u>であるためです。他方，納税者の方が事業の用に供するために保有している帳簿書類等の写し（コピー）をお預かりする場合は，返還を予定しないものとは言えませんから，<u>留置きの手続によりお預かりすることとなります。</u>

Question 43　留置きと強制性の有無

「留置き」という制度は，査察調査などで用いられていた用語だと聞きましたが，今回国税通則法で明確に「留置き」が規定されたということは，納税者が納得していない場合であっても強制的に留め置かれるということになるのでしょうか？

第3章
第1部　税務調査関係

Point
　従来実務上行われてきた「預かり」を単に法律上規定しただけ（強制的なものではない）。

Answer
❶　今回法律で規定されたものの多くは，従来通達等に基づいて実施されていたものについて，調査手続の透明性，納税者の予見可能性向上等の観点から法律上の規定に格上げされたものです。

❷　したがって，新たに法律で規定されたからといって，納税者が納得していないのに，国税通則法に基づいて税務当局が強制的に留置きをするというようなことは予定されていません。

　この点を明らかにするため，一般納税者向けＦＡＱ問10では次のように述べています。

> **一般納税者向けＦＡＱ**
>
> 問10　調査担当者から，提出した帳簿書類等の留置き（預かり）を求められました。その必要性について納得ができなくても，強制的に留め置かれることはあるのですか。
>
> 　税務調査において，例えば，納税者の方の事務所等に十分なスペースがない場合や検査の必要がある帳簿書類等が多量なため検査に時間を要する場合のように，調査担当者が帳簿書類等を預かって税務署内で調査を継続した方が，調査を円滑に実施する観点や納税者の方の負担軽減の観点から望ましいと考えられる場合には，帳簿書類等の留置き（預かり）をお願いすることがあります。
>
> 　帳簿書類等の留置き（預かり）は，帳簿書類等を留め置く必要性を説明した上，留め置く必要性がなくなるまでの間，帳簿書類等を預かることについて納税者の方の理解と協力の下，その承諾を得て行うものですから，承諾なく強制的に留め置くことはありません。

-67-

Question 44 　留置きに係る書面の交付

従前の実務上の取扱いでは，調査の際に当該職員が必要と判断して納税者から資料を預かった場合は納税者に「預り証」を交付していたと思いますが，新しい制度下でも同様なのでしょうか？

Point

同様

Answer

1 納税義務者等から当該職員が物件の提出を受けた場合，当該職員は相手方に対し「留置きに係る書面（いわゆる「預り証」）」を交付しなければならないこととされています（通則令30の3①）。

2 それらの書面の交付に係る手続については，国税通則法12条4項（書類の送達）及び同法施行規則1条1項（交付送達の手続）の各規定に従って行われることとなります（手続通達2－2）。

ちなみに，手続通達では次のような指示がなされています。

> **手続通達**　（留置きに係る書面の交付手続）
> 2－2　令第30条の3の規定（筆者注：提出物件の留置き，送達等に関する規定）により交付する書面の交付に係る手続については，法第12条第4《書類の送達》及び規則第1条第1項《交付送達の手続》の各規定の適用があることに留意する。

3 なお，帳簿書類等を留め置く場合には，「預り証」に当該帳簿書類等の名称など必要事項を記載の上，それらの帳簿書類を提出した者に交付しなければならないこととされています（事務運営指針第2章3(5)）。

ちなみに，そこでは次のように規定されています。

|事務運営指針| 第2章 基本的な事務手続及び留意事項
3 調査時における手続
(5) 提出を受けた帳簿書類等の留置き
　提出を受けた帳簿書類等の留置きは，
　① 質問検査等の相手方となる者の事務所等で調査を行うスペースがなく調査を効率的に行うことができない場合
　② 帳簿書類等の写しの作成が必要であるが調査先にコピー機がない場合
　③ 相当分量の帳簿書類等を検査する必要があるが，必ずしも質問検査等の相手方となる者の事業所等において当該相手方となる者に相応の負担をかけて説明等を求めなくとも，税務署や国税局内において当該帳簿書類等に基づく一定の検査が可能であり，質問検査等の相手方となる者の負担や迅速な調査の実施の観点から合理的であると認められる場合
など，やむを得ず留め置く必要がある場合や，質問検査等の相手方となる者の負担軽減の観点から留置きが合理的と認められる場合に，留め置く必要性を説明し，帳簿書類等を提出した者の理解と協力の下，その承諾を得て実施する。
　なお，帳簿書類等を留め置く際は，別途定める書面（以下「預り証」という。）に当該帳簿書類等の名称など必要事項を記載した上で帳簿書類等を提出した者に交付する。
　また，留め置いた帳簿書類等については，善良な管理者の注意をもって文書及び個人情報の散逸，漏洩等の防止にも配意して管理する。
（以下略）
　（注）2 「預り証」は，国税に関する法律の規定に基づき交付する書面であることから，「預り証」を交付する際は，帳簿書類等を提出した者に対し交付送達の手続としての署名・押印を求めることに留意する。

Question 45　留置き物件等の返還要請

　留置きされた帳簿書類等については，たとえ業務上必要なものであっても返還を求めることはできないのでしょうか？

Point

原則として返還要請可能（不服申立ても可）

Answer

1 「留置き」をした当該職員は，提出した者から返還の求めがあった時は，特段の支障がない限り，速やかに返還しなければならないこととされています（通則令30の3②，手続通達2－1(2)後段）。

ちなみに，そこでは次のように規定されています。

> **通則令**（提出物件の留置き，返還等）
> 第30条の3　省略
> 　2　当該職員は，法第74条の7の規定により留め置いた物件につき留め置く必要がなくなつたときは，遅滞なく，これを返還しなければならない。

> **手続通達**（「留置き」の意義等）
> 2－1
> (2)　当該職員は，令第30条の3第2項に基づき，留め置いた物件について，留め置く必要がなくなったときは，遅滞なく当該物件を返還しなければならず，また，提出した者から返還の求めがあったときは，特段の支障がない限り，速やかに返還しなければならないことに留意する。

2　また，引き続き留め置く必要があり，返還の求めに応じることができない場合には，その旨及び理由を説明するとともに，不服申立てに係る教示もあわせて行うこととされています（事務運営指針第2章3(5)注1，一般納税者向けＦＡＱ問11）。

> **事務運営指針**　第2章　基本的な事務手続及び留意事項
> 3　調査時における手続
> (5)　提出を受けた帳簿書類等の留置き
> （注）
> 1　帳簿書類等を提出した者から留め置いた帳簿書類等の返還の求めがあったときは，特段の支障がない限り速やかに返還することに留意する。
> 　引き続き留め置く必要があり，返還の求めに応じることができない場合には，その旨及び理由を説明するとともに，不服申立てに係る教示を行う必要があるので留意する。
> 2　省略

3 「預り証」と引換えに留め置いた帳簿書類等を返還する際は、帳簿書類等を返還した事実を記録にとどめるため、「預り証」に返還を受けた旨の記載及び帳簿書類等を提出した者の署名・押印を求めることに留意する。
　この場合において、帳簿書類等を提出した者から返還を要しない旨の申出があった場合には、返還を受けた旨の記載に代えて返還を要しない旨の記載を求めることに留意する。

一般納税者向けＦＡＱ

> 問11　留置き（預かり）に応じた場合でも、申し出れば直ちに返還してもらえますか。
> 　また、返還を求めたにもかかわらず返還されない場合、不服を申し立てられますか。

　法令上、留め置いた帳簿書類等については、留め置く必要がなくなったときは遅滞なく返還すべきこととされています。
　また、帳簿書類等の提出をされた方から、お預かりしている帳簿書類等を業務で使用する必要がある等の理由で返還を求められた場合には、特段の支障がない限り速やかに返還しますが、例えば、留め置いた書類が大量にあり、そのコピーに時間がかかる場合のように、直ちに返還すると調査の適正な遂行に支障がある場合には、しばらく返還をお待ちいただくこともあります。
　なお、返還をお待ちいただく場合には、引き続き留置きをさせていただく旨とその理由をご説明しますが、これに納得できないときは、留置き（預かり）を行っている職員が税務署に所属する職員である場合には、税務署長に異議を申し立てることができます。

第4章 事前通知及び調査終了の際の手続等

4-1 共通

Question 46 一の調査の意義

事前通知をする場合，調査対象となる税目，期間を通知することとなっていますが，そこでいう「調査」とは，どのようなものをいうのでしょうか？

Point

税目と課税期間によって特定される一の調査

Answer

1 国税通則法74条の9（納税義務者に対する調査の事前通知等）では，事前通知として次の事項を納税者に通知することとしています（同条①各号）。

　一　質問検査等を行う実地の調査を開始する日時
　二　調査を行う場所
　三　調査の目的
　四　調査の対象となる税目
　五　調査の対象となる期間
　六　調査の対象となる帳簿書類その他の物件
　七　その他調査の適正かつ円滑な実施に必要なものとして政令で定める事項（注）

（注）ちなみに，政令（通則令30の4）では，次の事項が挙げられています。
　　① 調査の相手方である納税義務者の氏名及び住所又は居所
　　② 調査を行う当該職員の氏名及び所属官署
　　③ 通則法74条の9第1項1号又は2号に掲げる事項の変更に関する事項
　　④ 通則法74条の9第4項の規定の趣旨

2 この規定に基づき，事前通知，更正決定等をすべきと認められない旨の通

知（通則法74の11①），更正決定等をすべきと認められる場合における調査結果の内容説明（同条②）がなされることとなります。

したがって，例えば法源同時調査や所消同時調査などのように，税目や課税期間が異なったものを同時に調査する場合には，それぞれが「一の調査」ということになりますので，それぞれ別途に事前通知されることになります。他方，同一の税目であっても，例えば法人税の一般調査と移転価格調査のように，同一税目，同一期間の調査でも，一の調査を複数に区分した方が納税者の負担軽減に資するようなものについては，納税者の事前の同意を得ることにより，そのようにすることも可能としています（手続通達3－1）。

ちなみに，手続通達3－1では次のように記されています。

手続通達（一の調査）
3－1
(1) 調査は，納税義務者について税目と課税期間によって特定される納税義務に関してなされるものであるから，別段の定めがある場合を除き，当該納税義務に係る調査を一の調査として法第74条の9から法第74条の11までの各条の規定（筆者注：事前通知の有無，調査結果の説明等）が適用されることに留意する。
(注) 例えば，平成20年分から平成22年分までの所得税について実地の調査を行った場合において，調査の結果，平成22年分の所得税についてのみ更正決定等をすべきと認めるときには，平成20年分及び平成21年分の所得税については更正決定等をすべきと認められない旨を通知することに留意する。

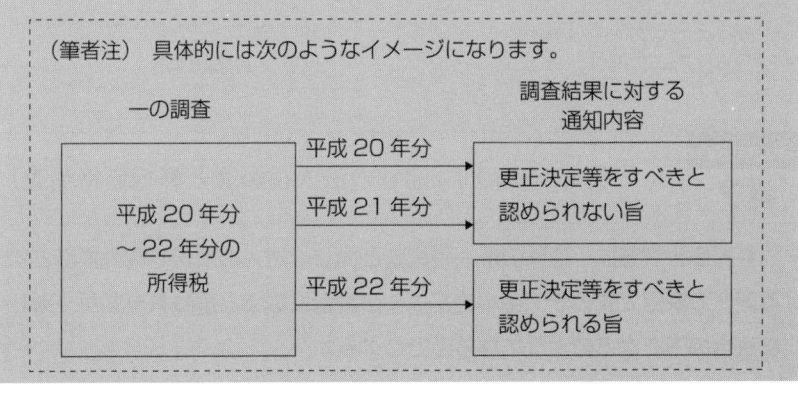

(筆者注) 具体的には次のようなイメージになります。

一の調査		調査結果に対する通知内容
平成20年分～22年分の所得税	平成20年分	更正決定等をすべきと認められない旨
	平成21年分	
	平成22年分	更正決定等をすべきと認められる旨

> (2) 源泉徴収に係る所得税の納税義務とそれ以外の所得税の納税義務は別個に成立するものであるから，源泉徴収に係る所得税の調査については，それ以外の所得税の調査とは別の調査として，法第74条の9から法第74条の11までの各条の規定が適用されることに留意する。
> (3) 同一の納税義務者に納付方法の異なる複数の印紙税の納税義務がある場合には，それぞれの納付方法によって特定される納税義務に関してなされる調査について，法第74条の9から法第74条の11までの各条の規定が適用されることに留意する。
> (4) 次のイ又はロに掲げる場合において，納税義務者の事前の同意があるときは，納税義務者の負担軽減の観点から，一の納税義務に関してなされる一の調査を複数に区分して，法第74条の9から法第74条の11までの各条の規定を適用することができることに留意する。
>   イ 同一課税期間の法人税の調査について，移転価格調査とそれ以外の部分の調査に区分する場合。
>   ロ 連結子法人が複数の連結法人に係る同一課税期間の法人税の調査について，連結子法人の調査を複数の調査に区分する場合。

なお，手続通達3-1(2)及び(3)をイメージ図の形で示すと次のようになります。

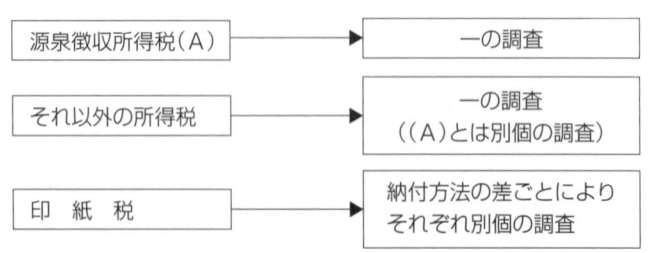

源泉徴収所得税（A）	一の調査
それ以外の所得税	一の調査 （(A)とは別個の調査）
印　紙　税	納付方法の差ごとによりそれぞれ別個の調査

Question 47　一の調査（その1：通常の法人税調査と移転価格調査）

移転価格調査は，通常の法人税調査と同じく法人の所得を課税標準とする同一の税目ですので，基本的には一の調査になると思われますが，新しい法令の下ではどのようになるのでしょうか？

-74-

Point
納税者の希望により区分して調査を受けることも可能

Answer

1 移転価格に関する調査とそれ以外の通常の法人税調査は，基本的には同一税目に関する調査ですので，原則的には「一の調査」となります。

2 ただし，納税義務者の事務負担軽減の見地から，納税義務者の事前の同意があるときは，同一課税期間の法人税の調査について，移転価格調査とそれ以外の部分の調査に区分して調査を行うこととしています（手続通達3-1(4)イ）。

> **手続通達**（一の調査）
> 3-1
> (4) 次のイ又は口に掲げる場合において，納税義務者の事前の同意があるときは，納税義務者の負担軽減の観点から，一の納税義務に関してなされる一の調査を複数に区分して，法第74条の9から法第74条の11までの各条の規定を適用することができることに留意する。
> イ 同一課税期間の法人税の調査について，移転価格調査とそれ以外の部分の調査に区分する場合。
> ロ 省略

具体的には，次のようなイメージです。

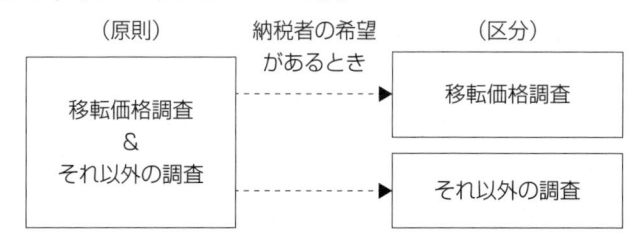

（原則）	納税者の希望があるとき	（区分）
移転価格調査 & それ以外の調査	----▶	移転価格調査
	----▶	それ以外の調査

Question 48 一の調査（その2：連結子法人の調査）

連結納税によっている親法人に複数の連結子法人がある場合，それらの連結子法人に対する調査も一の調査になるのでしょうか？

Point

原則的には一の調査（ただし，納税義務者の同意があれば各子法人に区分して行うことも可）

Answer

1 調査は，納税義務者について，税目と課税期間によって特定される納税義務に関してなされるというのが原則です（手続通達3－1(1)）。

ただし，納税義務者の同意があるときは，納税義務者の負担軽減の観点から，一の納税義務に関してなされる一の調査を複数に区分して行うことができることとされています（同前通達3－1(4)）。

2 連結納税によっている法人の場合，納税義務者は連結親法人となりますので，その調査は連結グループとしては一つの調査になります。

3 しかし，連結子法人が複数ある場合，それぞれの連結子法人の所在場所は別々のところにあったりします。その結果，それらの連結子法人に対する調査についても，場合によっては区分して実施した方が納税者の負担も少なくなることがあります。

4 そこで，手続通達3－1(4)ロでは，連結子法人が複数の連結法人に係る同一課税期間の法人税の調査について，納税義務者の同意があるときは，連結子法人の調査を複数の調査に区分して行うことができるとしています。

第4章
第1部 税務調査関係

Question 49 課税期間の意義

事前通知や調査結果の説明をする場合には，税目のみでなく課税期間についても通知することとされていますが，そこでいう課税期間は税目によって異なると思いますが，具体的にどのようになっているのでしょうか？

Point

国税通則法2条9号（定義）に規定する課税期間

Answer

❶ 事前通知や調査結果の説明をする場合における「課税期間」とは，国税通則法2条9号に規定する課税期間です（注）。

（注）ちなみに，そこでは，課税期間とは，国税に関する法律の規定により国税の課税標準の基礎となる期間をいうこととされています。例えば，所得税・贈与税にあっては暦年，法人税にあっては事業年度が，相続税などのように期間のないものにあっては一の被相続人からの相続が課税期間となります。

❷ この点をより具体的に明らかにするため，手続通達3-2では次のように述べられています。

> **手続通達**（「課税期間」の意義等）
> 3-2
> (1) 3-1において，「課税期間」とは，法第2条第9号《定義》に規定する「課税期間」をいうのであるが，具体的には，次のとおりとなることに留意する。
> イ 所得税については，暦年。ただし，年の中途で死亡した者又は出国をする者に係る所得税については，その年1月1日からその死亡又は出国の日までの期間。
> ロ 法人税については，事業年度又は連結事業年度。ただし，中間申告分については，その事業年度開始の日から6月を経過した日の前日までの期間，連結中間申告分については，その連結事業年度開始の日から6月を経過した日の前日までの期間。
> ハ 贈与税については，暦年。ただし，年の中途で死亡した者に係る贈与税につ

-77-

いては，その年1月1日からその死亡の日までの期間。
　ニ　個人事業者に係る消費税（消費税法第47条《引取りに係る課税貨物についての課税標準額及び税額の申告等》に該当するものを除く。）については，暦年。また，法人に係る消費税（消費税法第47条《引取りに係る課税貨物についての課税標準額及び税額の申告等》に該当するものを除く。）については，事業年度。ただし，消費税法第19条《課税期間》に規定する課税期間の特例制度を適用する場合には，当該特例期間。
　ホ　酒税（酒税法第30条の2第2項《移出に係る酒類についての課税標準及び税額の申告》及び同法第30条の3《引取りに係る酒類についての課税標準及び税額の申告等》に該当するものを除く。），たばこ税・たばこ特別税（たばこ税法第18条《引取りに係る製造たばこについての課税標準及び税額の申告等》に該当するものを除く。），揮発油税・地方揮発油税（揮発油税法第11条《引取りに係る揮発油についての課税標準及び税額の申告等》に該当するものを除く。），石油ガス税（石油ガス税法第17条《引取りに係る課税石油ガスについての課税標準及び税額の申告等》に該当するものを除く。），石油石炭税（石油石炭税法第14条《引取りに係る原油等についての課税標準及び税額の申告等》に該当するものを除く。），印紙税（印紙税法第11条《書式表示による申告及び納付の特例》の規定の適用を受けるものに限る。），航空機燃料税又は電源開発促進税については，その月の1日から末日までの間。
　ヘ　印紙税（印紙税法第12条《預貯金通帳等に係る申告及び納付等の特例》の規定の適用を受けるものに限る。）については，4月1日から翌年3月31日までの期間。
(2)　法第74条の9から法第74条の11までの各条の規定の適用に当たっては，課税期間のない国税については，それぞれ次のとおりとする。
　イ　相続税については，一の被相続人からの相続又は遺贈（死因贈与を含む。）を一の課税期間として取り扱う。
　ロ　酒税（酒税法第30条の2第2項《移出に係る酒類についての課税標準及び税額の申告》に該当するものに限る。）については，酒税法第30条の2第2項各号《移出に係る酒類についての課税標準及び税額の申告》に該当した時を一の課税期間として取り扱う。
　ハ　源泉徴収に係る所得税については，同一の法定納期限となる源泉徴収に係る所得税を一の課税期間として取り扱う。
　ニ　印紙税（印紙税法第11条《書式表示による申告及び納付の特例》及び同法

第12条《預貯金通帳等に係る申告及び納付等の特例》の規定の適用を受けるものを除く。)については，調査の対象となる期間を4月1日から翌年3月31日までの期間で区分した各期間（当該区分により1年に満たない期間が生じるときは，当該期間）を一の課税期間として取り扱う。
ホ　消費税（消費税法第47条《引取りに係る課税貨物についての課税標準額及び税額の申告等》に該当するものに限る。)，酒税（酒税法第30条の3《引取りに係る酒類についての課税標準及び税額の申告等》に該当するものに限る。)，たばこ税・たばこ特別税（たばこ税法第18条《引取りに係る製造たばこについての課税標準及び税額の申告等》に該当するものに限る。)，揮発油税・地方揮発油税（揮発油税法第11条《引取りに係る揮発油についての課税標準及び税額の申告等》に該当するものに限る。)，石油ガス税（石油ガス税法第17条《引取りに係る課税石油ガスについての課税標準及び税額の申告等》に該当するものに限る。）又は石油石炭税（石油石炭税法第14条《引取りに係る原油等についての課税標準及び税額の申告等》に該当するものに限る。）については，それぞれ各条に該当するときの属する時を一の課税期間として取り扱う。

ちなみに，これらを税目ごとに一覧表の形で示すと次のようになります。

税目	課税期間 原則	その他
所得税	暦年	（中途死亡又は出国）その年1月1日から死亡日又は出国日までの期間
法人税	事業年度又は連結事業年度	（中間申告分）その事業年度開始の日から6月を経過した日の前日までの期間
贈与税	暦年	
消費税		
・個人	暦年	
・法人	事業年度	
酒税，たばこ税，揮発油税，石油ガス税，石油石炭税等	その月の1日から末日までの間	
印紙税	4月1日から翌年3月31日までの間	
相続税	一の被相続人からの相続又は遺贈	

源泉徴収に係る所得税	同一の法定納期限となる源泉徴収に係る所得税	
引取りに係る消費税,酒税,たばこ税等	各条に規定する引取り	

Question 50 「実地の調査」の意義

改正国税通則法74条の9及び74条の11では「実地の調査」という用語が用いられていますが，そこでいう「実地の調査」とは，具体的にどのようなものをいうのでしょうか？

Point

当該職員が納税義務者の支配・管理する場所等に臨場して行う質問検査等

Answer

1　「税務調査」には，納税義務者の事業所等に赴いて行うもの（いわゆる「実地調査」）と机上調査や準備調査などのようにそうでないものとがあります。

2　そのうち，国税通則法74条の9及び74条の11でいう「実地の調査」とは，当該職員が納税義務者の支配・管理する場所（事業所等）に臨場して質問検査等を行うものをいうこととされています（手続通達3－4）。

ちなみに，手続通達3－4では，実地調査の意義について次のように規定されています。

> **手続通達**（「実地の調査」の意義）
> 3－4　法第74条の9及び法第74条の11に規定する「実地の調査」とは，国税の調査のうち，当該職員が納税義務者の支配・管理する場所（事業所等）等に臨場して質問検査等を行うものをいう。

3　なお，税務署長等は，当該職員に納税者に対し「実地の調査」を行わせる場合には，あらかじめ，当該納税者に対し，その旨及び調査日時等を通知させることとしています（通則法74の9①）。

第4章
第1部 税務調査関係

ちなみに、そこでは次のように規定されています(注)。

> |通則法|（納税義務者に対する調査の事前通知等）
> 第74条の9　税務署長等（国税庁長官、国税局長若しくは税務署長又は税関長をいう。以下第74条の11（調査の終了の際の手続）までにおいて同じ。）は、国税庁等又は税関の当該職員（以下同条までにおいて「当該職員」という。）に納税義務者に対し実地の調査（税関の当該職員が行う調査にあつては、消費税等の課税物件の保税地域からの引取り後に行うものに限る。以下同条までにおいて同じ。）において第74条の2から第74条の6まで（当該職員の質問検査権）の規定による質問、検査又は提示若しくは提出の要求（以下「質問検査等」という。）を行わせる場合には、あらかじめ、当該納税義務者（当該納税義務者について税務代理人がある場合には、当該税務代理人を含む。）に対し、その旨及び次に掲げる事項を通知するものとする。
> 一　質問検査等を行う実地の調査（以下この条において単に「調査」という。）を開始する日時
> 二　調査を行う場所
> 三　調査の目的
> （以下、略）

（注）ただし、場合によっては事前通知がなされないこともあります（通則法74の10）。

4-2 事前通知

4-2-1 事前通知をする場合

Question 51　事前通知の法制化

税務調査に際しては、事務運営指針等により原則として事前通知を行うこととされていたと思いますが、今回改めて法制化されたことにより何か変更が生じてくるのでしょうか？

Point

基本的には変化なし（手続の透明性、納税者の予見可能性を高める見地から

法制化）

Answer

1 おっしゃるように，税務調査に際しては，従前の制度の下でも，事務運営指針（平成13年3月27日付）により，原則として納税者に事前通知を行うこととされていました。

ただし，①業種・業態，資料情報及び過去の調査状況等からありのままの事実関係の把握が必要と認められる場合，及び②事前通知をすることにより調査上支障が生じると認められる場合等においては，事前通知は行わないこととされていました。

2 今回，これらの点について国税通則法上明記されるとともに，その内容についても，例えば，①事前通知の対象者，②対象となる調査の範囲，③事前通知の内容等についても明文の規定が設けられました（通則法74の9①③，同令30の4）。

ちなみに，国税通則法74条の9では，次のように規定されています。

> **通則法**　（納税義務者に対する調査の事前通知等）※一部省略
> 第74条の9　税務署長等（国税庁長官，国税局長若しくは税務署長又は税関長をいう。）は，国税庁等又は税関の当該職員（以下同条までにおいて「当該職員」という。）に納税義務者に対し実地の調査において第74条の2から第74条の6まで（当該職員の質問検査権）の規定による質問，検査又は提示若しくは提出の要求（以下「質問検査等」という。）を行わせる場合には，あらかじめ，当該納税義務者（当該納税義務者について税務代理人がある場合には，当該税務代理人を含む。）に対し，その旨を通知するものとする。

3 その結果，税務調査手続について，より一層の透明性が確保され，納税者の予見可能性もさらに高まりました。

第4章
第1部 税務調査関係

Question 52 事前通知等の対象となる調査

国税通則法74条の9又は74条の10でいう事前通知の対象となる実地の調査とはどのようなものをいうのでしょうか？
（申請等の審査のために行う調査も含まれるのでしょうか？）

Point

更正決定等を目的とする調査のほか，異議決定や申請等の審査のために行う調査も含まれる。

Answer

1 事務運営指針2章2(1)では，納税義務者に対し実地の調査を行う場合には，原則として電話等により事前通知を行うこととしていますが，そこでいう（国税通則法74条の9又は74条の10の規定が適用される）調査には，更正決定等を目的とする調査のほか，異議決定や申請等の審査のための調査も含まれます（手続通達4－1）。

ちなみに，そこでは次のように記されています。

> **手続通達**（法第74条の9又は法第74条の10の規定の適用範囲）
> 4－1　法第74条の9又は法第74条の10の規定が適用される調査には，更正決定等を目的とする調査のほか，異議決定や申請等の審査のために行う調査も含まれることに留意する。

2 なお，申請のために行う調査の事前通知における国税通則法74条の9第1項5号に規定する「調査の対象となる期間」は，当該申請書等の提出年月日とすることとされています（手続通達4－2）。

ちなみに，手続通達4－2では次のように規定されています。

> **手続通達**（申請等の審査のために行う調査の事前通知）
> 4－2　申請等の審査のため実地の調査を行う場合において，納税義務者に通知する事項である法第74条の9第1項第5号に掲げる「調査の対象となる期間」は，当該申請書等の提出年月日（提出年月日の記載がない場合は，受理年月日）とな

ることに留意する。

Question 53 事前通知等を行う者

改正通則法では，事前通知等は税務署長等が行うこととされていますが，従前の実務では税務署長からではなく担当官からの通知になっていました。今回の法改正に伴い，この点についても変更があるのでしょうか？

Point

変更なし

Answer

1 たしかに，国税通則法74条の9第1項では，「税務署長等は…通知するものとする」と規定されています。他方，従前の取扱いでは，事前通知は税務署長からではなく担当官（いわゆる当該職員）からなされていました。

2 しかし，改正法でいう「税務署長等」は，いわゆる実施権者について規定したものであり，実際に調査を行う権限については，担当官である当該職員が税務署長等の委任（命）を受けて行うこととされています。これは，国税庁パンフ4(2)において，次のような記載がなされていることからも明らかでしょう。

> 国税庁パンフ 4．税務調査手続
> (2) 身分証明書の提示等
> 　税務調査のため，調査担当者が事務所や事業所等に伺う際には，身分証明書と質問検査章を携行し，これらを提示して自らの身分と氏名を明らかにします。

3 したがって，調査に関連した行為である事前通知についても，当該職員が行うこととなります。

ちなみに，事務運営指針では，その際における具体的手続として，次のような方針が示されています。

第4章
第1部 税務調査関係

> **事務運営指針** 第2章 基本的な事務手続及び留意事項
> 2 事前通知に関する手続
> (1) 事前通知の実施
> 　納税義務者に対し実地の調査を行う場合には，原則として，調査の対象となる納税義務者及び税務代理人の双方に対し，調査開始日前までに相当の時間的余裕をおいて，電話等により，法第74条の9第1項に基づき，実地の調査において質問検査等を行う旨，並びに同項各号及び国税通則法施行令第30条の4に規定する事項（筆者注：調査を行う担当職員の氏名及び官署等）を事前通知する。
> 　この場合，事前通知に先立って，納税義務者及び税務代理人の都合を聴取し，必要に応じて調査日程を調整の上，事前通知すべき調査開始日時を決定することに留意する。
> 　なお，事前通知の実施に当たっては，納税義務者及び税務代理人に対し，通知事項が正確に伝わるよう分かりやすく丁寧な通知を行うよう努める。

Question 54　事前通知等の相手方

新しい通則法の下では，税務調査を行う場合，税務当局は原則として納税義務者に事前通知を行うことになったとのことですが，そこでいう「納税義務者」とはどのような者をいうのでしょうか？

Point

納税義務者本人（法人の場合は役員，経理責任者等を含む），源泉徴収事務の責任者等

Answer

❶　事前通知等について規定した国税通則法74条の9から同74条の11では，事前通知等を行う相手方は納税義務者とされています。そして，ここでいう「納税義務者」とは，所得税法や法人税法等でいう「納税義務者」（法人の場合にあっては代表者）をいうこととされています（通則法74の9③一）。したがって，納税義務がある者のみでなく，納税義務があると認められる者もこれに含まれます。

2 また,「源泉徴収義務者」もここでいう「納税義務者」に含まれます。ちなみに,そこでは次のように規定されています。

> 通則法 (納税義務者に対する調査の事前通知等)
> 第74条の9
> 1・2 省略
> 3 この条において,次の各号に掲げる用語の意義は,当該各号に定めるところによる。
> 一 納税義務者 第74条の2第1項第1号イ,第2号イ,第3号イ及び第4号イ並びに第74条の3第1項第1号イ及び第2号イに掲げる者,第74条の4第1項並びに第74条の5第1号イ及びロ,第2号イ及びロ,第3号イ及びロ,第4号イ及びロ並びに第5号イの規定により当該職員による質問検査等の対象となることとなる者並びに第74条の6第1項第1号イ及び第2号イに掲げる者

3 なお,前述した「納税義務者」に「税務代理人」がある場合には,その「税務代理人」も事前通知の相手方となります(同条③二,手続通達3－5,7－1,事務運営指針2章2(1))。

Question 55 事前通知の内容等

税務当局から納税義務者に事前通知がなされる場合,調査開始の日時等に加え,どのような内容が通知されるのでしょうか?

Point
回答例参照

Answer
1 改正後の国税通則法74条の9では,税務署長等が当該職員に納税義務者等に対し実地の調査を行わせる場合には,あらかじめ,当該納税義務者等に対し,事前通知を行うこととしています(同条①)。

2 実地の調査に際してなされる事前通知においては,実地の調査を行う旨に

加え，次のような事項もあわせて通知することとしています（通則法74の9①各号，同令30の4①②，国税庁パンフ）。
① 調査を開始する日時
② 調査を開始する日時において質問検査等を行おうとする場所
③ 調査対象税目
④ 調査目的
⑤ 調査対象期間
⑥ 調査の対象となる帳簿書類その他の物件
⑦ 納税義務者の氏名及び住所又は居所
⑧ 調査を行う職員の氏名及び所属官署

3 なお，「納税義務者」について税務代理人がある場合には，当該税務代理人に対しても口頭で事前通知がなされます（同条①かっこ書，税理士向けFAQ問11）。

Question 56　調査理由，要調査日数等の開示

事前通知をする場合，調査が必要な理由，調査に要する回数等についても教えてもらえるのでしょうか？

Point
調査理由，要調査日数等についての説明等はなし

Answer
1 実地調査に先立って行われる事前通知の際，調査が必要な理由や調査に要する時間や日数等については説明しないとしています。

2 この点について，一般納税者向けFAQ問16では次のように述べられています。

> **一般納税者向けＦＡＱ**
>
> 問16　事前通知の際には，なぜ実地の調査が必要なのかについても説明してもらえるのですか。
>
> 　法令上，調査の目的（例えば，提出された申告書の記載内容を確認するため）については事前通知すべきこととされていますが，実地の調査を行う理由については，法令上事前通知すべき事項とはされていませんので，これを説明することはありません。

3　なお，調査の臨場が複数回に及ぶこととなる場合には，調査開始後に納税者の方の都合等も聞いたうえで，次回以降の臨場日を調整することとしています（同前ＦＡＱ問17なお書き）。

　ちなみに，そこでは次のように述べられています。

> **一般納税者向けＦＡＱ**
>
> 問17　事前通知の際には，調査に要する時間や日数，臨場する調査担当者の人数は教えてもらえるのですか。
>
> 　調査に要する時間や日数は調査開始後の状況により異なってきますので，事前通知の時点であらかじめお知らせすることは困難であることをご理解願います。
> 　なお，調査の臨場が複数回に及ぶこととなる場合には，調査開始後に納税者の方のご都合をお尋ねしたところで，次回以降の臨場日などを調整いたします。
> 　また，調査開始日時に複数の調査担当者が臨場する場合は，事前通知に際し，調査担当者を代表する者の氏名・所属官署に加え，臨場予定人数も併せて連絡することとしています。

第4章
第1部 税務調査関係

Question 57 事前通知事項としての「帳簿書類その他の物件」

事前通知事項のひとつとされている「帳簿書類その他の物件」とは，具体的にどのようなものをいうのでしょうか？

Point
法令で規定されていない場合は名称又は内容を例示

Answer

1 国税通則法74条の9第1項6号では，事前通知事項のひとつとして「帳簿書類その他の物件」が定められていますが，いかなるものがここでいう「帳簿書類その他の物件」に該当するかは必ずしも明らかになっていません。

例えば，所得税法では，保存が必要とされている仕訳帳，勘定元帳…などの帳簿や請求書，領収書つづりなどの書類のほか…などという形で，ある程度包括的な形で規定されています。

2 そのため，納税義務者に通知する場合，法令に根拠のあるものについては根拠法令を，法令に根拠のないものについては帳簿書類その他の物件の一般的な名称又は内容を例示することとしています（手続通達4-3）。

ちなみに，そこでは次のように規定されています。

> **手続通達**（事前通知事項としての「帳簿書類その他の物件」）
> 4-3 実地の調査を行う場合において，納税義務者に通知する事項である法第74条の9第1項第6号に掲げる「調査の対象となる帳簿書類その他の物件」は，<u>帳簿書類その他の物件が国税に関する法令の規定により備付け又は保存をしなければならないこととされている場合には，当該帳簿書類その他の物件の名称に併せて根拠となる法令を示す</u>ものとし，<u>国税に関する法令の規定により備付け又は保存をすることとされていない場合には，帳簿書類その他の物件の一般的な名称又は内容を例示する</u>ものとする。

3 なお，これは質問検査権等の対象となる「帳簿書類その他の物件」及び事前通知した課税期間以外の課税期間に係る「帳簿書類その他の物件」について

も基本的に同様です(手続通達1-5, 4-4, 4-5)。

例えば, 手続通達1-5では次のように記されています。

> **手続通達** (質問検査等の対象となる「帳簿書類その他の物件」の範囲)
> 1-5 法第74条の2から法第74条の6までの各条に規定する「帳簿書類その他の物件」には, 国税に関する法令の規定により備付け, 記帳又は保存をしなければならないこととされている帳簿書類のほか, 各条に規定する国税に関する調査又は法第74条の3に規定する徴収の目的を達成するために必要と認められる帳簿書類その他の物件も含まれることに留意する。
> (注) 「帳簿書類その他の物件」には, 国外において保存するものも含まれることに留意する。

Question 58　書面交付による事前通知

事前通知は書面でなされるのでしょうか? 税理士に対する事前通知はどうでしょうか?

Point
1. 原則として電話により口頭で行う
2. 書面で行う場合でもあくまで本人に対してのみ

Answer

❶　税務署長等は, 当該職員に納税義務者に対して実地の調査を行わせる場合には, あらかじめ, 納税義務者(税務代理人を含む)に対し, その旨を通知させることとしています(通則法74の9①)。

❷　なお, 通知の方法については, 法律では特に規定されていませんが, 事務運営指針及び一般納税者向けFAQでは, 原則として電話により納税者に対し口頭で行うこととしています(同指針2章2(1), 一般納税者向けFAQ問12)(注)。

(注)　ただし, 直接電話による事前通知を行うことが困難と認められる場合には, 事前通知の内容を記載した書面が送付されることもあります(同前FAQ, 税理士向け

FAQ問2)。

ちなみに、一般納税者向けFAQ問12では次のように記されています。

> **一般納税者向けFAQ**
>
> 問12 希望すれば、事前通知を書面で行ってもらうことはできますか。
>
> 実地の調査の事前通知の方法は法令上は規定されておらず、原則として電話により口頭で行うこととしています。また、通知の際には、通知事項が正確に納税者の方に伝わるように丁寧に行うこととしています。
>
> なお、電話による事前通知が困難と認められる場合は、税務当局の判断で書面によって事前通知を行う場合もありますが、納税者の方からの要望に応じて事前通知内容を記載した書面を交付することはありません。

❸ なお、税理士向けFAQ問11でも同旨の説明がなされていますが、書面による通知がなされるのは納税者本人に限定されています。

Question 59 事前通知のタイミング

事前通知は、調査開始日より何日ぐらい前にしてもらえるのでしょうか？

Point

具体的規定はないが、相当の時間的余裕あり

Answer

❶ 事前通知を調査開始日より何日くらい前に行うべきかという点については、法令上特段の規定は設けられていませんが、納税者の予見可能性を確保するという観点から、少なくとも相当の時間的余裕をもって行われることになります(注)。

(注) ちなみに、平成23年11月18日に開催された衆議院財務金融委員会において、国税庁の岡本次長（当時）は、次のように答弁しています。
「事前通知は、法令上、あらかじめ行うこととされますので、何日前までに行う

―91―

という規定はございませんが，調査手続の透明性と納税者の予見可能性を高めるという制度の仕組みをかんがみれば，調査開始日までの相当の時間の余裕を置いて行うことになると考えております。したがいまして，事前通知の実施に当たりまして，委員御指摘のような，納税者の家の前で事前通知の電話をして往訪するというふうな運用は考えておらないところでございます。」

2 この点を明らかにするため，一般納税者向けＦＡＱ問13でも次のように述べられています。

> **一般納税者向けＦＡＱ**
>
> 問13 事前通知は，調査の何日くらい前に行われるのですか。
>
> 実地の調査を行う場合の事前通知の時期については，法令に特段の規定はなく，また，個々のケースによって事情も異なりますので，何日程度前に通知するかを一律にお示しすることは困難ですが，調査開始日までに納税者の方が調査を受ける準備等をできるよう，調査までに相当の時間的余裕を置いて行うこととしています。

Question 60　取引先等に対する調査と事前通知

実地の調査は，取引先や金融機関等に対しても行われるとのことですが，その場合も納税義務者本人の場合と同じく取引先等に対し事前通知がなされるのでしょうか？

Point
法律上規定はないが，運用上は原則として事前通知あり

Answer

1 納税義務者に対し実地の調査を行う場合には，原則として，調査の対象と納税義務者に対し（その者に税務代理人がある場合にはそれらの者に対しても），調査開始日前までに相当の時間的余裕をおいて，電話等により調査開始日時等について事前通知することとしています（通則法74の9①，同令30の4，事務運営指針2章2(1)）。

第4章
第1部　税務調査関係

❷　それに対し，取引先等に対する調査（いわゆる反面調査）については，事前通知を行うべしとする法令上の規定は存在していません。

❸　しかし，納税義務者本人に対して原則として事前通知を行うこととしているのに，その取引先が本人以外という理由で事前通知なしということでは，円滑な税務行政ができなくなってしまいます。

❹　このようなことから，法令上の規定はありませんが，運用上においては，納税義務者本人の場合に準じ，反面調査先に対しても，原則として事前通知を行うこととしています（一般納税者向けＦＡＱ問21）。

　ちなみに，そこでは次のように述べられています。

一般納税者向けＦＡＱ

> 問21　取引先等に対する調査を実地の調査として行う場合には，事前通知は行われないのですか。

　税務当局では，取引先など納税者の方以外の方に対する調査を実施しなければ，納税者の方の申告内容に関する正確な事実の把握が困難と認められる場合には，その取引先等に対し，いわゆる反面調査を実施することがあります。
　いわゆる反面調査の場合には，事前通知に関する法令上の規定はありませんが，運用上，原則として，あらかじめその対象者の方へ連絡を行うこととしています。
（注）　一部の間接諸税については，納税者の方以外の方に対する調査の場合でも，原則として事前通知を行うことが法令上規定されています。

Question 61　複数の納税義務者に対する同時調査と事前通知

　複数の納税義務者が同時に税務調査を受ける場合，全ての納税義務者に一律に事前通知が行われたり，行われなかったりすることはあるのでしょうか？

Point
　ある。ただし，事前通知の有無は個々の納税義務者ごとに判断。

Answer

1 実地の調査を行う場合，納税義務者によっては事前通知を行わないで調査に着手することがあります（通則法74の10，手続通達4－7～4－10）。

複数の納税義務者に対して同時に調査を行う場合においても，事前通知を行うか行わないことについては，個々の納税義務者ごとに判断することとされています（事務運営指針第2章2(3)（注）1）。

ちなみに，そこでは次のように記されています。

> **事務運営指針** 第2章 基本的な事務手続及び留意事項
> 2 事前通知に関する手続
> (3) 事前通知を行わない場合の手続
> （注）1 複数の納税義務者に対して同時に調査を行う場合においても，事前通知を行わないことについては，個々の納税義務者ごとに判断することに留意する。

2 したがって，複数の納税義務者に対して同時に調査がなされる場合，ある納税義務者には事前通知がなされているものの，他の納税義務者には通知がなされていないといったケースも生じてきます。

3 ただし，その場合であっても，対象となる納税義務者に対し，臨場後速やかに，「調査の目的」，「調査の対象となる税目」，「調査の対象となる期間」，「調査の対象となる帳簿書類その他の物件」，「調査対象者の氏名又は名称及び住所又は居所」，「調査担当者の氏名及び所属官署」を通知するとともに，それらの事項（調査の目的，調査の対象となる税目，調査の対象となる期間等）以外の事項についても，調査の途中で非違が疑われることとなった場合には，質問検査等の対象となる旨を説明し，納税義務者の理解と協力を得て調査を開始することとしています（事務運営指針第2章2(3)（注2））。

ちなみに，そこでは次のように記されています。

> **事務運営指針** 第2章 基本的な事務手続及び留意事項
> 2 事前通知に関する手続
> (3) 事前通知を行わない場合の手続
> （注）2 事前通知を行うことなく実地の調査を実施する場合であっても，調査の対

> 象となる納税義務者に対し，臨場後速やかに，「調査の目的」，「調査の対象となる税目」，「調査の対象となる期間」，「調査の対象となる帳簿書類その他の物件」，「調査対象者の氏名又は名称及び住所又は居所」，「調査担当者の氏名及び所属官署」を通知するとともに，それらの事項（調査の目的，調査の対象となる税目，調査の対象となる期間等）以外の事項についても，調査の途中で非違が疑われることとなった場合には，質問検査等の対象となる旨を説明し，納税義務者の理解と協力を得て調査を開始することに留意する。
>
> なお，税務代理人がある場合は，当該税務代理人に対しても，臨場後速やかにこれらの事項を通知することに留意する。

Question 62 事前通知事項以外の調査

事前通知では，調査対象税目や対象期間等についても通知されるとのことですが，いったん調査着手後に他の税目等が追加されることもあるのでしょうか？

Point

ある。

Answer

1 税務調査に際しては，原則として納税者（及び税務代理人）に，調査の開始日時，開始場所，調査対象税目，調査対象期間，調査対象物件等が通知されることとなっています（通則法74の9）。

2 しかし，納税義務者に対する実地の調査において，納税義務者に対し，通知した事項以外の事項について非違が疑われた場合には，納税義務者に対し調査対象に追加する税目，期間等を説明し理解と協力を得た上で，調査対象に追加する事項についての質問検査等を行うこととされています（事務運営指針第2章3(2)）。

ちなみに，そこでは次のように記されています（一部省略）。

> **事務運営指針** 第2章 基本的な事務手続及び留意事項
> 3 調査時における手続
> (2) 通知事項以外の事項についての調査
> 　納税義務者に対する実地の調査において，納税義務者に対し，通知した事項以外の事項について非違が疑われた場合には，納税義務者に対し調査対象に追加する税目，期間等を説明し理解と協力を得た上で，調査対象に追加する事項についての質問検査等を行う。

3 それに対し，対象期間についてはあくまで当該年度の調査の一環とされています。ちなみに，一般納税者向けＦＡＱ問9では，この点について次のように述べられています。

> **一般納税者向けＦＡＱ**
> 　問9　Ｘ年度の税務調査を行うという事前通知を受けましたが，調査の過程でＸ年度よりずっと以前の帳簿書類等を提示するよう求められました。これはＸ年度以外の税務調査を行っていることになりませんか。
>
> 　例えば，Ｘ年度の減価償却費の計上額が正しいかどうかを確認するため，その資産の取得価額を確認するために取得年度の帳簿書類等を検査する必要があるといった場合のように，調査担当者がＸ年度の申告内容を確認するために必要があると判断したときには，Ｘ年度以外の帳簿書類等の提示等をお願いすることがあります。
> 　これはあくまでもＸ年度の調査であって，Ｘ年度以外の調査を行っているわけではありません。

Question 63　従業員等への調査と本人の了解

　調査について必要がある場合において，納税義務者の代理人，使用人等に対し質問検査を行うことができるとのことですが，それらの者が当該職員の質問検査等を受けることとなっている場合，本人のその事前了解を得ることとされているのでしょうか？

Point
原則として受けられる。

Answer

1 調査等の対象となる者は，納税義務者本人だけでなく，調査のため必要がある場合には，その代理人，使用人その他従業員等（以下，単に従業員等といいます）にも及ぶこととされています（手続通達1－4）。

ちなみに，手続通達1－4では次のように記されています。

> **手続通達**（質問検査等の相手方となる者の範囲）
> 1－4 法第74条の2から法第74条の6までの各条の規定による当該職員の質問検査権は，それぞれ各条に規定する者のほか，調査のために必要がある場合には，これらの者の代理人，使用人その他の従業者についても及ぶことに留意する。

2 そして，従業員等に対し質問検査等を行う場合，納税義務者本人の同意や了解を得ることは必ずしも必要とされていませんが，円滑な執行の目的等もあり，運用上においては，原則としてあらかじめ納税義務者本人の理解と協力を得たうえで行うこととされています（事務運営指針第2章3(3)）。

ちなみに，そこでは次のような指示がなされています。

> **事務運営指針** 第2章 基本的な事務手続及び留意事項
> 3 調査時における手続
> (3) 質問検査等の相手方となる者の代理人等への質問検査等
> 　調査について必要がある場合において，質問検査等の相手方となる者の代理人，使用人その他の従業者に対し質問検査等を行う場合には，原則として，あらかじめ当該質問検査等の相手方となる者の理解と協力を得る。

| Question 64 | 事前通知した課税期間以外の課税期間に係る「帳簿書類その他の物件」の調査 |

先般の調査で、事前通知を受けた課税期間以外の課税期間に係る「帳簿書類その他の物件」についても調査したいといわれました。このようなことは、可能なのでしょうか？

Point
可能

Answer

1 国税通則法74条の9第4項では、調査対象期間等以外の課税期間について非違が疑われることとなった場合には、調査期間及び調査対象等を拡大することが認められています。

ちなみに、そこでは次のように規定されています。

> **通則法** （納税義務者に対する調査の事前通知等）
> 第74条の9
> 1～3　省略
> 4　第1項の規定は、当該職員が、当該調査により当該調査に係る同項第3号から第6号までに掲げる事項以外の事項について非違が疑われることとなつた場合において、当該事項に関し質問検査等を行うことを妨げるものではない。この場合において、同項の規定は、当該事項に関する質問検査等については、適用しない。
> 5　省略

2 なお、事前通知事項とされているのは課税期間についてですが、事前通知に際しては、調査の対象となる帳簿書類その他の物件については、例えば元帳、仕訳帳、領収書つづりなどという形で示されるだけで、その作成等に係る期間については特に通知されません。

3 この点を明らかにするため、手続通達4－5では次のように規定されています。

> **手続通達** (「調査の対象となる期間」として事前通知した課税期間以外の課税期間に係る「帳簿書類その他の物件」)
> 4-5 事前通知した課税期間の調査について必要があるときは,事前通知した当該課税期間以外の課税期間(進行年分を含む。)に係る帳簿書類その他の物件も質問検査等の対象となることに留意する。
> (注) 例えば,事前通知した課税期間の調査のために,その課税期間より前又は後の課税期間における経理処理を確認する必要があるときは,法第74条の9第4項によることなく必要な範囲で当該確認する必要がある課税期間の帳簿書類その他の物件の質問検査等を行うことは可能であることに留意する。

❹ ただし,実務上においては調査対象に追加する課税期間等についてできるだけ説明し,納税者の理解と協力を得るようにしています(一般納税者向けFAQ問30前部)。

ちなみに,そこでは次のように記されています(該当部分のみ掲載)。

> **一般納税者向けFAQ**
> 問30 調査の過程で,事前通知を受けた税目・課税期間以外にも調査が及ぶこととなった場合には,調査の対象を拡大する旨や理由は説明してもらえるのですか。
>
> 実地の調査を行う過程で,把握された非違と同様の誤りが事前通知をした調査対象期間より以前にも発生していることが疑われる場合のように,事前通知した事項以外の事項について非違が疑われた場合には,事前通知した事項以外の事項について調査を行うことがあります。
> この場合には,納税者の方に対し,調査対象に追加する税目,課税期間等について説明し理解と協力を得た上で行いますが,当初の調査の場合と同様,追加する理由については説明することはありません。

4-2-2 事前通知をした調査日時等の変更

Question 65　調査通知をした調査日時等の変更

事前通知を受けた場合，納税義務のある者等は調査日時や調査場所の変更を求めることはできるのでしょうか？

また，税務代理人がいる場合，その者を通じて日程変更を求めることができるのでしょうか？

Point
1. 合理的な理由があれば可
2. 代理人からも可

Answer

1　納税義務者は，税務署長等から事前通知を受けた場合においても，合理的な理由があるときには，その理由を付した上で，調査日時又は調査開始場所の変更を求めることができることとされています（通則法74の9②）。

> **通則法**（納税義務者に対する調査の事前通知等）
> 第74条の9　省略
> 2　税務署長等は，前項の規定による通知を受けた納税義務者から合理的な理由を付して同項第1号又は第2号に掲げる事項について変更するよう求めがあつた場合には，当該事項について協議するよう努めるものとする。
> 3・4　省略

2　そして，納税義務者からそのような要請があった場合，税務当局はこれについて個々の事案における事実関係に即して，納税者の利益と行政目的を比較衡量のうえ適切に判断することとされています（同前，手続通達4－6，事務運営指針第2章2(2)）。

ちなみに，事務運営指針では，この点について次のような指示がなされています。

第4章
第1部　税務調査関係

> **事務運営指針**　第2章　基本的な事務手続及び留意事項
> 2　事前通知に関する手続
> (2)　調査開始日時等の変更の求めがあった場合の手続
> 　事前通知を行った後，納税義務者から，調査開始日前に，合理的な理由を付して事前通知した調査開始日時又は調査開始場所の変更の求めがあった場合には，個々の事案における事実関係に即して，納税義務者の私的利益と実地の調査の適正かつ円滑な実施の必要性という行政目的とを比較衡量の上，変更の適否を適切に判断する（手続通達4－6）。
> （注）　税務代理人の事情により，調査開始日時又は調査開始場所を変更する求めがあった場合についても同様に取り扱うことに留意する（手続通達7－2）。

③　なお，税務代理人がある場合には，日程変更の求めに当該代理人を通じて行うことも可能とされています（手続通達7－1）。※　詳細はQ103参照。

Question 66　開始日時等の変更ができる合理的理由

　納税義務者は合理的な理由がある場合には，税務当局からなされた事前通知の内容について変更を求めることができるとのことですが，そこでいう「合理的な理由」とは，例えばどのようなものがそれに当たるのでしょうか？

Point
　納税者の病気，ケガによる入院，親族の葬儀への参列等が典型例（それ以外でも変更協議可能）

Answer
①　調査開始等の日時等の変更の申し出をする場合における合理的な理由とは，例えば納税義務者の病気やケガによる入院，親族の葬儀への出席などがそれに該当すると思われます（通則法74の9②，手続通達4－6）。
　ちなみに，手続通達4－6では，次のように規定されています。

－101－

> **手続通達** （事前通知した日時等の変更に係る合理的な理由）
> 4－6 法第74条の9第2項の規定（筆者注：調査日時，場所の変更協議）の適用に当たり，調査を開始する日時又は調査を行う場所の変更を求める理由が合理的であるか否かは，個々の事案における事実関係に即して，当該納税義務者の私的利益と実地の調査の適正かつ円滑な実施の必要性という行政目的とを比較衡量の上判断するが，例えば，納税義務者等（税務代理人を含む。以下，4－6において同じ。）の病気・怪我等による一時的な入院や親族の葬儀等の一身上のやむを得ない事情，納税義務者等の業務上やむを得ない事情がある場合は，合理的な理由があるものとして取り扱うことに留意する。
> （注） 法第74条の9第2項の規定による協議の結果，法第74条の9第1項第1号又は同項第2号に掲げる事項を変更することとなった場合には，当該変更を納税義務者に通知するほか，当該納税義務者に税務代理人がある場合には，当該税務代理人にも通知するものとする。

② これは税務代理人が行う変更要請の場合にあっても同様です（同前）。

③ なお，それ以外でも理由が合理的なものであれば，変更可能としています（一般納税者向けFAQ問15）。

　ちなみに，そこでは次のように記されています。

> **一般納税者向けFAQ**
> 　問15　事前通知を受けた調査開始日時については，どのような場合に変更してもらえるのですか。
>
> 　税務調査の事前通知に際しては，あらかじめ納税者の方や税務代理人の方のご都合をお尋ねすることとしていますので，その時点でご都合が悪い日時が分かっている場合には，お申し出ください。お申し出のあったご都合や申告業務，決算業務等の納税者の方や税務代理人の方の事務の繁閑にも配慮して，調査開始日時を調整することとしています。
> 　また，事前通知後においても，通知した日時について，例えば，一時的な入院，親族の葬儀，業務上やむを得ない事情が生じた場合等には，申し出ていただければ変更を協議します。
> 　なお，例示した場合以外でも，理由が合理的と考えられれば変更を協議しますので，調査担当者までお申し出ください。

第4章
第1部 税務調査関係

Question 67 調査対象拡大に関する理由説明

実地調査着手後に，事前通知された税目や課税期間以外に調査対象を拡大したいといわれました。それ自体については受け入れるつもりですが，理由等について説明は受けられるのでしょうか？

Point

1．理由説明はなし
2．不服申立てはできない

Answer

1 事前通知なしに調査をする場合，事前通知を行わなかった理由の説明はしないこととしています（一般納税者向けＦＡＱ問19前段）。

2 それと同じく，調査対象拡大に当たっても，その理由についての説明はしないこととしています（同ＦＡＱ問30前段）。

> **通則法**（国税に関する処分についての不服申立て）
> 第75条　国税に関する法律に基づく処分で次の各号に掲げるものに不服がある者は，当該各号に掲げる不服申立てをすることができる。
> 一　税務署長がした処分（次項に規定する処分を除く。）　その処分をした税務署長に対する異議申立て
> 二　国税局長がした処分　次に掲げる不服申立てのうちその処分に不服がある者の選択するいずれかの不服申立て
> 　イ　その処分をした国税局長に対する異議申立て
> 　ロ　国税不服審判所長に対する審査請求
> 三　国税庁長官がした処分　国税庁長官に対する異議申立て
> 四　税関長がした処分　その処分をした税関長に対する異議申立て
> 五　国税庁，国税局，税務署及び税関以外の行政機関の長又はその職員がした処分　国税不服審判所長に対する審査請求
> 2　国税に関する法律に基づき税務署長がした処分で，その処分に係る事項に関する調査が次の各号に掲げる職員によつてされた旨の記載がある書面により通知されたものに不服がある者は，当該各号に掲げる行政機関の長がその処分をしたも

のとみなして，当該行政機関の長に対して異議申立てをすることができる。
　一　国税局の当該職員　その処分をした税務署長の管轄区域を所轄する国税局長
　二　国税庁の当該職員　国税庁長官
3　第1項第1号，第2号イ若しくは第4号又は前項第1号の規定による異議申立て（法定の異議申立期間経過後にされたものその他その申立てが適法にされていないものを除く。第5項において同じ。）についての決定があつた場合において，当該異議申立てをした者が当該決定を経た後の処分になお不服があるときは，その者は，国税不服審判所長に対して審査請求をすることができる。
4　第1項第1号若しくは第4号又は第2項第1号の規定により異議申立てをすることができる者は，次の各号のいずれかに該当するときは，その選択により，異議申立てをしないで，国税不服審判所長に対して審査請求をすることができる。
　一　所得税法若しくは法人税法に規定する青色申告書，同法第130条第1項（青色申告書等に係る更正）に規定する連結確定申告書等又は地方法人税法第27条第2項（青色申告）に規定する青色申告書に係る更正（その更正に係る国税を基礎として課される加算税の賦課決定を含む。）に不服があるとき。
　二　その処分をした者が，その処分につき異議申立てをすることができる旨の行政不服審査法（昭和37年法律第160号）の規定による教示をしなかつたとき。
　三　その他異議申立てをしないで審査請求をすることにつき正当な理由があるとき。
5　第1項第1号，第2号イ若しくは第4号又は第2項第1号の規定による異議申立てをしている者は，異議申立てをした日の翌日から起算して3月を経過しても異議申立てについての決定がないときは，当該異議申立てに係る処分について，決定を経ないで，国税不服審判所長に対して審査請求をすることができる。
6　国税に関する法律に基づく処分で国税庁，国税局，税務署又は税関の職員がしたものに不服がある場合には，それぞれその職員の所属する国税庁，国税局，税務署又は税関の長がその処分をしたものとみなして，第1項の規定を適用する。

3　ちなみに，一般納税者向けＦＡＱ問30前段ではこの点について次のように述べられています。

-104-

> **一般納税者向けFAQ**
>
> 問30　調査の過程で，事前通知を受けた税目・課税期間以外にも調査が及ぶこととなった場合には，調査の対象を拡大する旨や理由は説明してもらえるのですか。（また，調査の対象が拡大することに対して納得できない場合には，不服を申し立てられますか。）
>
> 　実地の調査を行う過程で，把握された非違と同様の誤りが事前通知をした調査対象期間より以前にも発生していることが疑われる場合のように，事前通知した事項以外の事項について非違が疑われた場合には，事前通知した事項以外の事項について調査を行うことがあります。
> 　この場合には，納税者の方に対し，調査対象に追加する税目，課税期間等について説明し理解と協力を得た上で行いますが，当初の調査の場合と同様，追加する理由については説明することはありません。
> 　また，調査を行うこと自体は不服申立てを行うことのできる処分には当たりませんから，仮に事前通知事項以外の事項を調査することの必要性についてご納得いただけない場合でも，不服申立てを行うことはできません。

4-2-3　事前通知をしない場合

Question 68　事前通知不要制度が法制化された理由

　税務調査に際しては事前通知が原則となっているものの，例外的に事前通知不要とする制度も法制化されましたが，どうしてそのようになったのでしょうか？

Point

　実務上の必要性（ただし，あくまで例外的措置としての位置付け）

Answer

1　税務調査の実施に当たっては，事前通知をすることが原則となっていますが，例外的に「事前通知を要しない場合」（事前通知の除外事由）を法制化した理由について，平成23年3月25日に開催された衆議院の財務金融委員会にお

ける五十嵐副大臣(当時)の次のような答弁で制度設計の意図が示されています。

「例えば、事前通知することにより、帳簿書類の破棄が行われる、あるいは正確な課税標準や税額の把握を困難にするような行為が行われるおそれがあるという場合に限って事前通知は行わないものとするということでございまして、例外事由が法律上明確化されることに伴い、国税当局においては、例外事由に該当するかどうかについて適切に判断がなされるものと考えております。」

2 ちなみに、国税通則法74条の10では事前通知を要しない場合について、次のように規定しています。

> **通則法** （事前通知を要しない場合）
> 第74条の10　前条第1項の規定にかかわらず、税務署長等が調査の相手方である同条第3項第1号に掲げる納税義務者の申告若しくは過去の調査結果の内容又はその営む事業内容に関する情報その他国税庁等若しくは税関が保有する情報に鑑み、違法又は不当な行為を容易にし、正確な課税標準等又は税額等の把握を困難にするおそれその他国税に関する調査の適正な遂行に支障を及ぼすおそれがあると認める場合には、同条第1項の規定による通知を要しない。

3 なお、事前通知制度が法定化される前の時代ですが、事前通知をすることなく調査を行ったことが問題となったケースに係る、次のような裁判例があります。

> **参考**　事前通知なしの調査が認められた事例
> 　　　　最高裁（一小）昭和61年3月20日判決（昭和56年（行ツ）第26号）
> **課税処分取消請求事件**
> 「（筆者注：納税者は）質問検査権行使に係る事前通知についての明確な規定はないが、被調査者の私生活や営業をできるだけ妨げないようにするために事前通知を出すことがのぞまれるものであり、これ（筆者注：事前通知）がなされず行われた調査は違法である旨主張するが、<u>納税申告に係る所得率が同業者のそれに対比して過小であり</u>、かつ、（当局が）<u>収集</u>

ずみの取引資料の内容からみて収入金額が過少であると見込まれ，しかも，納税者の協力が得られない本件のような状況下において，納税者に事前通知をすることなく調査を行ったとしても，調査実施の日時を事前に通知しなければ納税者に対し適切な答弁や帳簿書類の充分な提示を期待することが困難となり調査目的の達成が阻害されるというような事情も認められないから，（筆者注：納税者に事前通知をすることなくなされた）本件調査は適法である。」

Question 69 事前通知なしに調査を行う場合の手続

国税通則法では，原則として事前通知を行うものの，あわせて事前通知を行わない場合についても規定されたとのことですが，「事前通知を行わない場合」には，具体的にどのような手続が取られることになるのでしょうか？

Point

臨場後速やかに通知

Answer

1 国税通則法74条の10では，事前通知を要しない場合として，次のような例をあげています。
　① 納税義務者の申告若しくは過去の調査結果の内容
　② その営む事業内容に関する情報その他国税庁等若しくは税関が保有する情報

2 ただし，そのような場合であっても，調査の対象となる納税義務者に対しては，臨場後速やかに調査対象税目，調査目的等について説明することとしています（事務運営指針2章2(3)注2，一般納税者向けFAQ問19）。
　ちなみに，そこでは次のように記されています。

－107－

事務運営指針 第2章　基本的な事務手続及び留意事項
2　事前通知に関する手続
(3)　事前通知を行わない場合の手続

　実地の調査を行う場合において，納税義務者の申告若しくは過去の調査結果の内容又はその営む事業内容に関する情報その他国税庁，国税局又は税務署がその時点で保有する情報に鑑み，
① 　違法又は不当な行為を容易にし，正確な課税標準等又は税額等の把握を困難にするおそれ
② 　その他国税に関する調査の適正な遂行に支障を及ぼすおそれがあると認める場合には，事前通知を行わないものとする。

　この場合，事前通知を行わないことについては，法令及び手続通達に基づき，個々の事案の事実関係に即してその適法性を適切に判断する（手続通達4－7，4－8，4－9，4－10）。
（注）
1　複数の納税義務者に対して同時に調査を行う場合においても，事前通知を行わないことについては，個々の納税義務者ごとに判断することに留意する。
2　事前通知を行うことなく実地の調査を実施する場合であっても，調査の対象となる納税義務者に対し，臨場後速やかに，「調査の目的」，「調査の対象となる税目」，「調査の対象となる期間」，「調査の対象となる帳簿書類その他の物件」，「調査対象者の氏名又は名称及び住所又は居所」，「調査担当者の氏名及び所属官署」を通知するとともに，それらの事項（調査の目的，調査の対象となる税目，調査の対象となる期間等）以外の事項についても，調査の途中で非違が疑われることとなった場合には，質問検査等の対象となる旨を説明し，納税義務者の理解と協力を得て調査を開始することに留意する。

一般納税者向けFAQ

　問19　事前通知なしに実地の調査が行われた場合，事前通知が行われなかった理由の説明はありますか。（また，事前通知をしないことに納得できない場合には不服を申し立てられますか。）

　法令上，事前通知を行わないこととした理由を説明することとはされていません。ただし，事前通知が行われない場合でも，運用上，調査の対象となる税目・課税期間や調査の目的などについては，臨場後速やかに説明することとしています。

> また，事前通知をしないこと自体は不服申立てを行うことのできる処分には当たりませんから，事前通知が行われなかったことについて納得いただけない場合でも，不服申立てを行うことはできません。

Question 70 納税義務者の申告内容

事前通知を行わない場合として，国税通則法では「納税義務者の申告内容」があげられていますが，これは新たに法制化されたものなのでしょうか？ また，そこでいう「納税義務者の申告内容」とは，どのようなものをいうのでしょうか？

Point

1. 今回の改正で新たに法制化
2. 過去の申告状況等も含んだ概念

Answer

1 国税通則法74条の10では，事前通知をしない場合として，①納税義務者の申告，②過去の調査結果の内容，③その営む事業内容に関する情報，④その他国税庁等若しくは税関が保有する情報等をあげています。これは，従前実務で行われてきたことが法制化されたものです。

ちなみに，過去の事務運営指針（平成13年3月27日）では，事前通知について次のような指示がなされていました（同指針1）。

> ① 業種・業態，資料情報及び過去の調査状況等からみて，帳簿書類等による申告内容等の適否の確認が困難であると想定されるため，事前通知を行わない調査（無予告調査）により在りのままの事業実態等を確認しなければ，申告内容等に係る事実の把握が困難であると想定される場合
> ② 事前通知することにより，調査に対する忌避・妨害，あるいは帳簿

書類等の破棄・隠ぺい等が予想される場合

❷　しかし，今回国税通則法で「納税義務者の申告」が明記されたことから，そこでいう「納税義務者の申告」とはどのようなものをいうのかが問題となってきます。

❸　この点については，手続通達でも新事務運営指針でも特に触れられていませんが，国税庁の担当官によって書かれた『国税通則法（税務調査手続関係）通達逐条解説』（大蔵財務協会）108頁では，申告の内容として，適正な納税申告書が提出されているか，申告事績の趨勢等から申告内容に不審点がないか等の情報がそれに当たるとしています。

Question 71　過去の調査結果の内容

　事前通知をしない場合として，法律では「過去の申告内容」に加え，「過去の調査結果の内容」があげられています。ということは，例えば過去に重加算税の適用を受けたような場合は，事前通知なしということになるのでしょうか？

Point
前回重加算税の適用を受けたという理由だけではならない。

Answer

❶　国税通則法74条の10では，事前通知を行わない理由のひとつとして，「過去の申告内容」と併せて「過去の調査結果の内容」も掲げられています(注)。

（注）　事務運営指針第2章2(3)では，それらの情報に加え，下記が必要とされています。
　　①　違法または不当な行為を容易にし，正確な課税標準等又は税額等の把握が困難になるおそれがあること
　　②　その他国税に関する調査の適正な遂行に支障を及ぼすおそれがあること

❷　なお，「過去の調査結果の内容」には，過去の調査において検査忌避，仮装隠蔽，取引先と通謀して不正な行為が行われた事変があるか否か，第三者の

－110－

立会いを要することにより調査の適正な遂行に支障が生じた事変があるか，記帳帳簿保存義務が遵守されていたか等の情報などが入るとしています（「国税通則法（税務調査手続関係）通達逐条解説」（大蔵財務協会）108・109頁）。

Question 72　その営む事業内容に関する情報

国税通則法では，事前通知を要しない場合の3番目の理由として「その営む事業内容に関する情報，その他国税庁等が保有する情報に鑑み」という規定が設けられていますが，そこでいう「その営む事業内容に関する情報」とはどのような情報をいうのでしょうか？
（現金決済取引をしていたら事前通知されないということになるのでしょうか？）

Point
決済手段等も考慮されるが，現金取引をしているという理由のみでは事前通知不要とはならない。

Answer

1　国税通則法74条の10で規定する「その営む事業内容に関する情報」の典型例として考えられるのは，現金商売かもしれません。しかし，現金商売をしている人達が全て事前通知を要しない調査の対象になるというわけではありません。少なくとも，課税庁が保存する情報等を十分勘案した上で事前通知を要するか否かの判定がなされるはずです。

2　この点を明らかにするため，手続通達4－7では，次のような形でその範囲を明らかにしています。

> 手続通達　（「その営む事業内容に関する情報」の範囲等）
> 4－7　法第74条の10に規定する「その営む事業内容に関する情報」には，事業の規模又は取引内容若しくは決済手段などの具体的な営業形態も含まれるが，単に不特定多数の取引先との間において現金決済による取引をしているというこ

とのみをもって事前通知を要しない場合に該当するとはいえないことに留意する。

Question 73 違法又は不当な行為

事前通知をしない場合の例として，申告内容，その営む事業内容に関する情報等に加え，事前通知をすることにより「違法又は不当な行為」を容易にし，「正確な課税標準等又は税額等の把握を困難にするおそれがあると認められる場合」があげられていますが，そこでいう「違法又は不当な行為」とは具体的にどのようなことをいうのでしょうか？

Point
違法又は不当な行為のみでなく，それらと同じと評価される行為も含まれる。

Answer

1 国税通則法74条の10に規定する事前通知をしない「違法又は不当な行為」の典型例は，調査を困難にさせる目的で行われる事前通知後における書類の破棄などですが，それ以外にも資料の隠匿など種々の方法が考えられます。

2 そこで，その点を明らかにするため，手続通達4-8では，事前通知後に違法又は不当な行為を行ったと評価される状態を生じさせる行為が含まれることを念のため明らかにしています。

ちなみに，そこでは次のように述べられています。

> **手続通達**　（「違法又は不当な行為」の範囲）
> 4-8　法第74条の10に規定する「違法又は不当な行為」には，事前通知をすることにより，事前通知前に行った違法又は不当な行為の発見を困難にする目的で，事前通知後は，このような行為を行わず，又は，適法な状態を作出することにより，結果として，事前通知後に，違法又は不当な行為を行ったと評価される状態を生じさせる行為が含まれることに留意する。

第4章
第1部　税務調査関係

Question 74　正確な課税標準等又は税額等の把握が困難

事前通知をしない場合の例として，法律では「違法又は不当な行為」を容易にし，「正確な課税標準等又は税額等の把握を困難にするおそれがあると認める場合」があげられていますが，具体的にどのようなことがあれば「正確な課税標準等又は税額等の把握を困難にするおそれがあると認められる」と判断されることになるのでしょうか？

Point

回答例参照

Answer

1　国税通則法74条の10に規定する「違法又は不当な行為を容易にし，正確な課税標準等又は税額等の把握を困難にするおそれがあると認める場合」について，手続通達では，例えば次のような場合をいうこととされています（手続通達4－9）。

> **手続通達**　（「違法又は不当な行為を容易にし，正確な課税標準等又は税額等の把握を困難にするおそれ」があると認める場合の例示）
> 4－9　法第74条の10に規定する「違法又は不当な行為を容易にし，正確な課税標準等又は税額等の把握を困難にするおそれ」があると認める場合とは，例えば，次の(1)から(5)までに掲げるような場合をいう。
> (1)　事前通知をすることにより，納税義務者において，法第127条第2号又は同条第3号に掲げる行為を行うことを助長することが合理的に推認される場合。
> (2)　事前通知をすることにより，納税義務者において，調査の実施を困難にすることを意図し逃亡することが合理的に推認される場合。
> (3)　事前通知をすることにより，納税義務者において，調査に必要な帳簿書類その他の物件を破棄し，移動し，隠匿し，改ざんし，変造し，又は偽造することが合理的に推認される場合。
> (4)　事前通知をすることにより，納税義務者において，過去の違法又は不当な行為の発見を困難にする目的で，質問検査等を行う時点において適正な記帳又は書類の適正な記載と保存を行っている状態を作出することが合理的に推認される場合。

－113－

> (5) 事前通知をすることにより，納税義務者において，その使用人その他の従業者若しくは取引先又はその他の第三者に対し，上記(1)から(4)までに掲げる行為を行うよう，又は調査への協力を控えるよう要請する（強要し，買収し又は共謀することを含む。）ことが合理的に推認される場合。

❷ ただし，単にこれらのひとつにあてはまるというだけで事前通知をしない理由になるものではなく，これらは判断要因のひとつであり，最終的にはこれらを総合的に判断したうえで事前通知をしないことになるかどうかが判定されることになります（同通達4-7）。

Question 75　その他国税に関する調査の適正な遂行に支障を及ぼすおそれがある場合

> 事前通知をしない場合の例として，法律では「その他国税に関する調査の適正な遂行に支障を及ぼすおそれがある場合」があげられていますが，そこでいう「その他国税に関する調査の適正な遂行に支障を及ぼすおそれがある場合」とは，具体的にどのような場合をいうのでしょうか？

Point

回答例参照

Answer

　事前通知をしない場合として，国税通則法74条の10で規定しているのは，「違法又は不当な行為を容易にし，正確な課税標準等又は税額等の把握を困難にすると認められる場合」と「その他国税に関する調査の適正な遂行に支障を及ぼすおそれがあると認められる場合」の2つです。

　このうち後者の「その他国税に関する調査の適正な遂行に支障を及ぼすおそれがある場合」とは，違法又は不当とまでに至らないものの，事前通知をすることにより，かえって適正な調査を困難にするものです。

　例えば手続通達4-10では，次のような場合がそれに当たるとしています。

第4章
第1部　税務調査関係

> **手続通達**　（「その他国税に関する調査の適正な遂行に支障を及ぼすおそれ」があると認める場合の例示）
> 4-10　法第74条の10に規定する「その他国税に関する調査の適正な遂行に支障を及ぼすおそれ」があると認める場合とは，例えば，次の(1)から(3)までに掲げるような場合をいう。
> (1)　事前通知をすることにより，税務代理人以外の第三者が調査立会いを求め，それにより調査の適正な遂行に支障を及ぼすことが合理的に推認される場合。
> (2)　事前通知を行うため相応の努力をして電話等による連絡を行おうとしたものの，応答を拒否され，又は応答がなかった場合。
> (3)　事業実態が不明であるため，実地に臨場した上で確認しないと事前通知先が判明しない等，事前通知を行うことが困難な場合。

Question 76　実地の調査以外の調査と事前通知

税務調査には，「実地の調査」以外の調査もあるとのことですが，そのような調査が行われる場合も事前通知は受けられるのでしょうか？

Point

法令上義務化されたものではないが，原則として受けられる。

Answer

❶　税務調査には，実地調査以外にも，当局が収集した資料等に基づいて納税者に税務署に来てもらった上で行う調査（いわゆる机上調査）等がありますが，今回法令上事前通知が法制化されたのは，「実地の調査」に限られています。したがって，それ以外の調査については事前通知は原則とされていません。

❷　しかし，「実地調査」とのバランスを維持するため，運用上できる限りそれに近い形での通知を行うよう努めることとしています（一般納税者向けFAQ問20）。

ちなみに，そこでは次のように述べられています。

-115-

一般納税者向けＦＡＱ

問20 実地の調査以外の調査が行われる場合には，調査の対象となる税目・課税期間や調査の目的等についての説明は受けられないのですか。

　税務当局では，実地の調査以外にも，税務署にお越しいただいて申告内容を確認するなどの方法で調査を行う場合があります。このような実地の調査以外の調査を行う場合は，法令上は事前通知は求められていませんが，運用上の対応として，来署等を依頼するための連絡の際などに，調査の対象となる税目・課税期間や調査の目的等を説明することとしています。

Question 77　事前通知を行わない場合の手続

　事前通知に当たっては，開始日時，調査対象，税目，調査担当者名等が納税義務者等に通知されることとなっているようですが，事前通知がない場合にはそれらの通知もなされないのでしょうか？
　もしなされるとしたら，どのような手続で行われるのでしょうか？

Point

臨場後速やかに通知される。

Answer

1　事前通知を行うことなく実地の調査を実施する場合であっても，調査の対象となる納税義務者に対し，臨場後速やかに，「調査の目的」，「調査の対象となる税目」，「調査の対象となる期間」，「調査の対象となる帳簿書類その他の物件」，「調査対象者の氏名又は名称及び住所又は居所」，「調査担当者の氏名及び所属官署」を通知するとともに，それらの事項（調査の目的，調査の対象となる税目，調査の対象となる期間等）以外の事項についても，調査の途中で非違が疑われることとなった場合には，質問検査等の対象となる旨を説明し，納税義務者の理解と協力を得て調査を開始することとされています（事務運営指針第2章2(3)）。

－116－

第4章
第1部　税務調査関係

❷　なお、税務代理人がある場合は、当該税務代理人に対しても、臨場後速やかにこれらの事項を通知することとされています（事務運営指針2章2(3)(注)2なお書き）。

ちなみに、事務運営指針2章2(3)では、次のように記されています。

> **事務運営指針**　第2章　基本的な事務手続及び留意事項
> 2　事前通知に関する手続
> (3)　事前通知を行わない場合の手続
> (注)
> 1　複数の納税義務者に対して同時に調査を行う場合においても、事前通知を行わないことについては、個々の納税義務者ごとに判断することに留意する。
> 2　事前通知を行うことなく実地の調査を実施する場合であっても、調査の対象となる納税義務者に対し、臨場後速やかに、「調査の目的」、「調査の対象となる税目」、「調査の対象となる期間」、「調査の対象となる帳簿書類その他の物件」、「調査対象者の氏名又は名称及び住所又は居所」、「調査担当者の氏名及び所属官署」を通知するとともに、それらの事項（調査の目的、調査の対象となる税目、調査の対象となる期間等）以外の事項についても、調査の途中で非違が疑われることとなった場合には、質問検査等の対象となる旨を説明し、納税義務者の理解と協力を得て調査を開始することに留意する。なお、税務代理人がある場合は、当該代理人に対しても、臨場後速やかにこれらの事項を通知することに留意する。

❸　また、一般納税者向けFAQでも、事前通知を行わない場合について、次のような形で具体的に述べられています。

> **一般納税者向けFAQ**
>
> 問18　実地の調査が行われる場合には必ず事前通知がなされるのですか。
>
> 　実地の調査を行う場合には、原則として、調査の対象となる納税者の方に対して、調査開始前に相当の時間的余裕を置いて、電話等により、実地の調査を行う旨、調査を開始する日時・場所や調査の対象となる税目・課税期間、調査の目的などを通知します。
> 　ただし、法令の規定に従い、申告内容、過去の調査結果、事業内容などから、事前通知をすると、①違法又は不当な行為を容易にし、正確な課税標準等又は税額等の把握を困難にするおそれ、又は、②その他、調査の適正な遂行に支障を及ぼすお

それがあると判断した場合には，事前通知をしないこともあります。

なお，事前通知が行われない場合でも，運用上，調査の対象となる税目・課税期間や調査の目的などについては，臨場後速やかに説明することとしています。

Question 78　事前通知のない調査と不服申立て

事前通知なしに実地調査が行われた場合，それに納得しなかったときは不服申立て等による救済を受けることができるのでしょうか？

Point
行政処分ではないので不服申立てをすることは不可能

Answer

1　不服申立てができるのは，国税に関する処分に限定されています（通則法75）。したがって，事前通知をすることなく税務調査が行われたとしても，そのような調査は不服申立ての対象となる行政処分ではありませんので，不服申立てはできません。

ちなみに，国税通則法75条では次のように規定されています。

> **通則法**　（国税に関する処分についての不服申立て）
> 第75条　国税に関する法律に基づく処分で次の各号に掲げるものに不服がある者は，当該各号に掲げる不服申立てをすることができる。
> 　一　税務署長がした処分（次項に規定する処分を除く。）　その処分をした税務署長に対する異議申立て
> 　二　国税局長がした処分　次に掲げる不服申立てのうちその処分に不服がある者の選択するいずれかの不服申立て
> 　　イ　その処分をした国税局長に対する異議申立て
> 　　ロ　国税不服審判所長に対する審査請求
> 　三　国税庁長官がした処分　国税庁長官に対する異議申立て
> 　四　税関長がした処分　その処分をした税関長に対する異議申立て
> 　五　国税庁，国税局，税務署及び税関以外の行政機関の長又はその職員がした処分　国税不服審判所長に対する審査請求

第4章
第1部　税務調査関係

❷　なお，この点を明らかにするため，一般納税者向けＦＡＱ問19後段で次のように述べられています。

> **一般納税者向けＦＡＱ**
>
> 問19　事前通知なしに実地の調査が行われた場合，事前通知が行われなかった理由の説明はありますか。また，事前通知をしないことに納得できない場合には不服を申し立てられますか。
>
> 　法令上，事前通知を行わないこととした理由を説明することとはされていません。ただし，事前通知が行われない場合でも，運用上，調査の対象となる税目・課税期間や調査の目的などについては，臨場後速やかに説明することとしています。
> 　また，事前通知をしないこと自体は不服申立てを行うことのできる処分には当たりませんから，事前通知が行われなかったことについて納得いただけない場合でも，不服申立てを行うことはできません。

4-3　調査終了時の手続等

4-3-1　調査終了時の手続

Question 79　更正決定等をすべきと認められない場合

　実地の調査の結果，「更正決定等をすべきと認められないこととなった場合」に該当すると判定された場合には，具体的にどのような手続が取られることになるのでしょうか？

Point

　書面により申告是認を通知

Answer

❶　実地調査の結果，「更正決定等をすべきと認められなかった場合」には，質問検査等の相手方に対し「書面によりその旨を通知する」こととされています（通則法74の11①）。

－119－

❷　これを受けて、事務運営指針2章4(1)では、次の要領により、その旨の通知を書面で行うこととしています。

> **事務運営指針**　第2章　基本的な事務手続及び留意事項
> 4　調査終了の際の手続
> (1) 更正決定等をすべきと認められない旨の通知
> 　実地の調査の結果、更正決定等をすべきと認められないと判断される税目、課税期間がある場合には、法第74条の11第1項に基づき、質問検査等の相手方となった納税義務者に対して、当該税目、課税期間について更正決定等をすべきと認められない旨の通知を書面により行う。

❸　また、実地調査以外の調査における通知は次により行うこととされています（同上注書き）。

> （注）　実地の調査以外の調査において納税義務者に対し質問検査等を行い、その結果、調査の対象となった全ての税目、課税期間について更正決定等をすべきと認められない場合には、更正決定等をすべきと認められない旨の通知は行わないが、調査が終了した際には、調査が終了した旨を口頭により当該納税義務者に連絡することに留意する。

Question 80　更正決定等をすべきと認められる非違がある場合

　実地の調査の結果、更正決定等をすべき非違があると認められる場合の通知も書面でなされることになるのでしょうか？

Point
　口頭で説明

Answer
❶　実地調査の結果、更正決定等をすべき非違がみつかった場合、調査担当官はその旨を口頭で説明することとされています。
　ちなみに、事務運営指針2章4(2)では、この点について次のような指示がな

されています。

> **事務運営指針** 第2章 基本的な事務手続及び留意事項
> 4 調査終了の際の手続
> (2) 調査結果の内容の説明等
> 　調査の結果，更正決定等をすべきと認められる非違がある場合には，法第74条の11第2項に基づき，納税義務者に対し，当該非違の内容等（税目，課税期間，更正決定等をすべきと認める金額，その理由等）について原則として口頭により説明する。
> 　その際には，必要に応じ，非違の項目や金額を整理した資料など参考となる資料を示すなどして，納税義務者の理解が得られるよう十分な説明を行うとともに，納税義務者から質問等があった場合には分かりやすく回答するよう努める。また，併せて，納付すべき税額及び加算税のほか，納付すべき税額によっては延滞税が生じることを説明するとともに，当該調査結果の内容の説明等（下記(3)に規定する修正申告等の勧奨を行う場合は，修正申告等の勧奨及び修正申告等の法的効果の教示を含む。）をもって原則として一連の調査手続が終了する旨を説明する。
> (注) 電話又は書面による調査（実地の調査以外の調査）を行った結果については，更正決定等をすべきと認められる非違事項が少なく，非違の内容等を記載した書面を送付することにより，その内容について納税義務者の理解が十分に得られると認められるような簡易なものである場合には，口頭による説明に代えて書面による調査結果の内容の説明を行って差し支えないことに留意する。
> 　なお，その場合であっても，納税義務者から調査結果の内容について質問があった場合には，分かりやすく回答を行うことに留意する。

2　ただし，これらの説明は原則として口頭でなされることとなっていることから，書面の交付等は予定されていません。

　この点を明らかにするため，一般納税者向けＦＡＱ問22では次のように述べられています。

> **一般納税者向けＦＡＱ**
> 問22　更正決定等をすべきと認める場合は調査結果の内容が説明されることとなっていますが，その内容を記載した書面をもらうことはできますか。
> 　調査の結果，更正決定等をすべきと認められる非違がある場合には，納税者の方

に対し，更正決定等をすべきと認める額やその理由など非違の内容を説明します。

　法令上は説明の方法は明示されておらず，説明は原則として口頭で行いますが，必要に応じて，非違の項目や金額を整理した資料など参考となるものを示すなどして，納税者の方に正しく理解いただけるよう十分な説明を行うとともに，納税者の方から質問等があった場合には分かりやすい説明に努めます。

　なお，調査が電話等によるもので，非違の内容が書面での説明でも十分にご理解いただけるような簡易なものである場合には，納税者の方にその内容を記載した書面を送付することにより調査結果の内容説明を行うこともありますが，納税者の方からの要望に応じて調査結果の内容を記載した書面を交付することはありません。

Question 81　調査終了時に内容説明等を行わない調査（通則法74の11第1項及び2項の適用範囲）

調査終了時には原則として調査結果の内容について通知が受けられるとのことですが，場合によっては調査結果の内容等について説明を行わないことがあると聞きました。どのような調査がそれに該当するのでしょうか？

Point

　異議決定や申請等の審査のために行う調査など更正決定等を目的としない調査

Answer

1　国税通則法74条の11で規定する調査結果の説明は，「更正決定等をすべきと認められない場合」又は「更正決定等をすべきと認められる場合」のいずれかとされています。

2　このことからも明らかなように，そこで想定されている「調査」は，更正や決定等を目的としたものです。

3　したがって，異議決定や申請等の審査のために行う調査など更正決定等を目的としない調査については，調査結果についての説明がなされることはありません。

この点を明らかにするため，手続通達5－1では次のように記されています。

> **手続通達**（法第74条の11第1項又は第2項の規定の適用範囲）
> 5－1　法第74条の11第1項又は同条第2項の規定（筆者注：調査終了の際の手続で，1項は申告是認の場合，2項は更正決定等をする際の内容説明）は，異議決定や申請等の審査のために行う調査など更正決定等を目的としない調査には適用されないことに留意する。

Question 82　更正決定等の範囲（源泉徴収に係る不納付告知）

更正決定等をする場合には，その額及び内容等について納税者に説明するとのことですが，源泉徴収義務者が法定納期限までに納付しなかった場合になされる不納付告知についてはどうなるのでしょうか？

Point
更正決定等の範囲に含まれる（額及び内容等について説明がなされる）。

Answer

1　改正国税通則法74条の11で規定する「調査の終了の際の手続」でいう国税に関する実地の調査終了時における更正決定等があるかないか，及び，ある場合における内容説明の対象となる「更正決定等」には，同法36条に規定する納税の告知も含まれます（通則法74の11①かっこ書き）。

ちなみに，国税通則法74条の11第1項かっこ書きでは次のように規定されています（下線部分：該当部分）。

> **通則法**（調査の終了の際の手続）
> 第74条の11　税務署長等は，国税に関する実地の調査を行つた結果，更正決定等（第36条第1項（納税の告知）に規定する納税の告知（同項第2号に係るものに限る。）を含む。以下この条において同じ。）をすべきと認められない場合には，納税義務者（第74条の9第3項第1号（納税義務者に対する調査の事前通知等）に掲げる納税義務者をいう。以下この条において同じ。）であつて当該調査において

> 質問検査等の相手方となつた者に対し，その時点において更正決定等をすべきと認められない旨を書面により通知するものとする。

2 この点をより明らかにするため，手続通達5-2では次のように記されています。

> **手続通達** (「更正決定等」の範囲)
> 5-2 法第74条の11に規定する「更正決定等」には，法第24条《更正》若しくは法第26条《再更正》の規定による更正若しくは法第25条《決定》の規定による決定又は法第32条《賦課決定》の規定による賦課決定（過少申告加算税，無申告加算税，不納付加算税，重加算税及び過怠税の賦課決定を含む。）のほか，源泉徴収に係る所得税でその法定納期限までに納付されなかったものに係る法第36条《納税の告知》に規定する納税の告知が含まれることに留意する。

Question 83 更正決定等をすべきと認めた額

更正決定等をすべきと認められた場合には，その理由等だけでなく課税当局が更正をすべきと認めた額についても説明が受けられるとのことですが，そこでいう「更正をすべきと認めた額」とは，本税だけなのでしょうか，それとも加算税や延滞税などの附帯税等も含んだ額になるのでしょうか？

Point
附帯税等も含んだ額（ただし，延滞税は含まない）

Answer
1 改正国税通則法74条の11第2項では，国税に関する調査の結果，更正決定等をすべきと認める場合には，当該職員は，納税義務者に対し，その調査結果の内容（「更正決定等をすべきと認めた額」及びその理由を含む）を説明することとしています。

第4章
第1部　税務調査関係

> **通則法**　（調査の終了の際の手続）
> 第74条の11
> 2　国税に関する調査の結果，更正決定等をすべきと認める場合には，当該職員は，当該納税義務者に対し，その調査結果の内容（更正決定等をすべきと認めた額及びその理由を含む。）を説明するものとする。

2　そして，そこでいう「更正決定をすべきと認めた額」には，課税標準等及び税額等に加え，加算税又は過怠税を含むとしています（手続通達5－3）。

この点を明らかにするため，手続通達5－3では次のように記されています。

> **手続通達**　（「更正決定等をすべきと認めた額」の意義）
> 5－3　法第74条の11第2項に規定する「更正決定等をすべきと認めた額」とは，当該職員が調査結果の内容の説明をする時点において得ている情報に基づいて合理的に算定した課税標準等，税額等，加算税又は過怠税の額をいう。
> （注）　課税標準等，税額等，加算税又は過怠税の額の合理的な算定とは，例えば，次のようなことをいう。
> イ　法人税の所得の金額の計算上当該事業年度の直前の事業年度分の事業税の額を損金の額に算入する場合において，課税標準等，税額等，加算税又は過怠税の額を標準税率により算出すること。
> ロ　相続税において未分割の相続財産等がある場合において，課税標準等，税額等，加算税又は過怠税の額を相続税法第55条《未分割遺産に対する課税》の規定に基づき計算し，算出すること。

3　ただし，延滞税については，納付日がいつになるかによってその金額が変わってきます。そのため，延滞税は，そこでいう説明金額の対象とはされていません。

Question 84　調査結果の説明と修正申告の勧奨等

税務調査が終了した場合において，申告内容に誤りがあった場合はどうなるのでしょうか？

Point
調査結果の説明と修正申告の勧奨等がなされる。

Answer

1 税務調査において，申告内容に誤りが認められた場合や，申告する義務がありながら申告していなかったことが判明した場合には，「調査結果の内容（誤りの内容，金額，理由）を説明し，修正申告や期限後申告（以下「修正申告等」といいます）を勧奨する。」こととしています（通則法74の11③）。

ちなみに，そこでは次のように規定されています。

> **通則法**（調査の終了の際の手続）
> 第74条の11
> 　3　前項の規定による説明をする場合において，当該職員は，当該納税義務者に対し修正申告又は期限後申告を勧奨することができる。この場合において，当該調査の結果に関し当該納税義務者が納税申告書を提出した場合には不服申立てをすることはできないが更正の請求をすることはできる旨を説明するとともに，その旨を記載した書面を交付しなければならない。

2 また，「修正申告等を勧奨する場合においては，修正申告等をした場合にはその修正申告等に係る異議申立てや審査請求はできませんが更正の請求はできることを説明し，その旨を記載した書面を渡す。」こととしています（国税庁パンフ4(6)）。

ちなみに，この点について事務運営指針第2章4(3)では次のような指示がなされています。

> **事務運営指針**　第2章　基本的な事務手続及び留意事項
> 4　調査終了の際の手続
> (3)　修正申告等の勧奨
> 　納税義務者に対し，更正決定等をすべきと認められる非違の内容を説明した場合には，原則として修正申告又は期限後申告（以下「修正申告等」という。）を勧奨することとする。
> （一部省略）

> （注）
> 1　教示文は，国税に関する法律の規定に基づき交付する書面であることから，教示文を対面で交付する場合は，納税義務者に対し交付送達の手続としての署名・押印を求めることに留意する。
> 2　書面を送付することにより調査結果の内容の説明を行う場合に，書面により修正申告等を勧奨するときは，教示文を同封することに留意する。
> 　なお，この場合，交付送達に該当しないことから，教示文の受領に関して納税義務者に署名・押印を求める必要はないことに留意する。

❸　しかし，修正申告の勧奨に応じるか否かは納税者の任意であり，それに応じなかったからといって不利な扱いを受けることはありません。

その点を明らかにするため，一般納税者向けＦＡＱ問23では次のように記されています。

> **一般納税者向けＦＡＱ**
>
> 問23　調査結果の内容説明を受けた後，調査担当者から修正申告を行うよう勧奨されましたが，勧奨には応じなければいけませんか。また，勧奨に応じないために不利な取扱いを受けることはないのでしょうか。
>
> 　調査の結果，更正決定等をすべきと認められる非違がある場合には，その内容を説明する際に，原則として，修正申告（又は期限後申告）を勧奨することとしています。これは，申告に問題がある場合には，納税者の方が自ら是正することが今後の適正申告に資することとなり，申告納税制度の趣旨に適うものと考えられるためです。
> 　この修正申告の勧奨に応じるかどうかは，あくまでも納税者の方の任意の判断であり，修正申告の勧奨に応じていただけない場合には，調査結果に基づき更正等の処分を行うこととなりますが，修正申告の勧奨に応じなかったからといって，修正申告に応じた場合と比較して不利な取扱いを受けることは基本的にはありません。
> 　なお，修正申告を行った場合には，更正の請求をすることはできますが，不服申立てをすることはできませんので，こうした点をご理解いただいた上で修正申告を行ってください。

Question 85 調査結果の内容の説明後の調査の再開

私は先般税務調査を受け，調査結果の説明があったことから，修正申告書を提出する準備を進めていましたが，このほど調査が再開されました。調査結果の説明を受けているのに，このようなことがあるのでしょうか？

Point
ある（当該説明の前提となった事実が異なるなど）。

Answer

1 調査が終了した場合，更正決定等をすべきと認められない場合にはその旨を書面により通知し，更正決定等をすべきと認められる場合には，その調査結果の内容及び更正理由等について納税義務者に説明することとされています（通則法74の11①②）。

2 ただし，当該説明の前提となった事実が異なるなど，当該説明の根拠が失われた場合において，その調査を担当した当該職員が必要と認めたときは，必要に応じ調査を再開することもあり得ます(注)。

(注) なお，再開した調査についても結果説明はなされます。

これらの点を明らかにするため，手続通達5－4では次のように記されています。

> **手続通達**（調査結果の内容の説明後の調査の再開及び再度の説明）
> 5－4 国税に関する調査の結果，法第74条の11第2項の規定に基づき調査結果の内容の説明を行った後，当該調査について納税義務者から修正申告書若しくは期限後申告書の提出若しくは源泉徴収に係る所得税の納付がなされるまでの間又は更正決定等を行うまでの間において，当該説明の前提となった事実が異なることが明らかとなり当該説明の根拠が失われた場合など当該職員が当該説明に係る内容の全部又は一部を修正する必要があると認めた場合には，必要に応じ調査を再開した上で，その結果に基づき，再度，調査結果の内容の説明を行うことができることに留意する。

第4章
第1部 税務調査関係

Question 86 修正申告と不服申立て又は更正の請求との関係

調査が終了し，調査結果の説明を受けた際，修正申告を勧奨されました。その際，修正申告をすると不服申立てをすることはできないが，更正の請求はできるといわれました。勧奨に応じて修正申告を行ったら不服申立てができないということになると，勧奨に応じた方が実質的に不利になるということはないのでしょうか？

Point

1. 不利になることはない（修正申告をするか更正処分を受けるかは納税者の判断）
2. 修正申告をした場合でも更正の請求をすることは可能

Answer

1 修正申告の勧奨をする場合には，当該調査の結果について修正申告書又は期限後申告書を提出した場合には不服申立てをすることはできないが更正の請求はできる旨を確実に説明するとともに，その旨を記載した書面（いわゆる「教示文」）を納税義務者に交付することとしています（事務運営指針第2章4(3)なお書き）。

ちなみに，そこでは次のように記されています。

> **事務運営指針** 第2章 基本的な事務手続及び留意事項
> 4 調査終了の際の手続
> (3) 修正申告等の勧奨
> （前段省略）
> なお，修正申告等を勧奨する場合には，当該調査の結果について修正申告書又は期限後申告書（以下「修正申告書等」という。）を提出した場合には不服申立てをすることはできないが更正の請求をすることはできる旨を確実に説明（以下「修正申告等の法的効果の教示」という。）するとともに，その旨を記載した書面（以下「教示文」という。）を交付する。

(注)
1　教示文は，国税に関する法律の規定に基づき交付する書面であることから，教示文を対面で交付する場合は，納税義務者に対し交付送達の手続としての署名・押印を求めることに留意する。
2　書面を送付することにより調査結果の内容の説明を行う場合に，書面により修正申告等を勧奨するときは，教示文を同封することに留意する。
　なお，この場合，交付送達に該当しないことから，教示文の受領に関して納税義務者に署名・押印を求める必要はないことに留意する。

2　そもそも，修正申告書又は期限後申告書は，税務当局から何らかのアクションがなくても，納税者が自発的に行うという前提で法律ができあがっています（通則法18，19）。したがって，それらの行為は当局による処分ではありませんので，何らかの処分があったことを前提とする不服申立て制度（通則法75以下）にはなじみません。そこで，事務運営指針でも，そのような表現ぶりとなっているわけです。

3　他方，更正の請求は修正申告書や期限後申告書と同じく，納税者自身によるアクションです。そのため，前記のような表現になっています。

　この点を明らかにするため，一般納税者向けＦＡＱ問24では次のように述べられています。

　　一般納税者向けＦＡＱ

　　問24　調査が終了し，修正申告の勧奨を受けた際に，修正申告をすると不服の申立てはできないが，更正の請求をすることはできる旨の説明を受けました。これはどういう意味ですか。

　不服申立ては，税務当局が行った更正等の処分の課税標準等又は税額等が過大であると納税者の方が考える場合に，税務当局に対し処分の取消しなどを求めるための手段です。一方，更正の請求は，納税者の方が行った申告の課税標準等又は税額等が過大であったと納税者の方が考える場合に，当局に対し，申告した課税標準等又は税額等を減額する更正を行うことを求めるための手段です。

　例えば，いったんは調査結果の内容説明に納得して修正申告を行ったものの，その後にその修正申告に誤りがあると考えられる場合，その修正申告は税務当局の処

分によるものではありませんから,不服申立てという手段はとれませんが,一定期間内であれば,更正の請求という手段をとることはできます。

なお,更正の請求に際しては,例えば,正しいと考える税額や更正の請求をする理由など法令で定められた事項を「更正の請求書」に記載するとともに,請求の理由の基礎となる「事実を証明する書類」を併せて提出していただく必要がありますので,ご留意ください。

Question 87 理由附記

従来,青色申告書に対する更正処分等に限られていた更正処分等の理由附記が,改正国税通則法の下では大幅に拡大されたと聞きましたが,具体的にどのようになったのでしょうか?

Point
原則として全ての処分について理由附記がなされる。

Answer

1 更正の理由附記は,処分の適正化と納税者の予見可能性を高めるために実施されるものです。

そこで,改正国税通則法では,原則として全ての処分(申請に対する拒否処分及び不利益処分)について理由附記がなされることとされています(通則法74の11②,事務運営指針5)。

ちなみに,そこではそれぞれ次のように規定されています。

> **通則法**(調査の終了の際の手続)
> 第74条の11
> 2 国税に関する調査の結果,更正決定等をすべきと認める場合には,当該職員は,当該納税義務者に対し,その調査結果の内容(更正決定等をすべきと認めた額及びその理由を含む。)を説明するものとする。

― 131 ―

> 事務運営指針 第2章　基本的な事務手続及び留意事項
> 　5　理由附記の実施
> 　　行政手続法第2章に規定する申請に対する拒否処分又は同法第3章に規定する不利益処分（同法第3条第1項に定めるものを除く。）を行う場合に必要となる同法第8条又は第14条の規定に基づく処分の理由の提示（理由附記）を行うに当たっては，処分の適正性を担保するとともに処分の理由を相手方に知らせて不服申立ての便宜を図るとの理由附記が求められる趣旨が確保されるよう，適切にこれを行う。
> 　（注）　所得税法第155条（青色申告書に係る更正），法人税法第130条（青色申告書等に係る更正）等の各税法に理由附記をすることが規定されている処分については，従前のとおり当該規定に基づき適切に理由附記を行うことに留意する。

❷　なお，これまでの理由附記との差異について，一般納税者向けＦＡＱ問28では次のような解説がなされています。

> 一般納税者向けＦＡＱ
>
> 　問28　国税通則法の改正により処分の理由附記の対象が拡大されたとのことですが，具体的にはこれまでとどのような違いがありますか。
>
> 　　これまで処分の理由附記は，所得税及び法人税の青色申告者に対する更正処分など一定の処分が対象とされていましたが，今般の国税通則法の改正により，理由附記の対象が，国税に関する法律に基づく申請に対する拒否処分又は不利益処分全体に拡大されました。
> 　　したがって，今後は，例えば，白色申告者等に対する更正処分を行う場合（推計による更正の場合を含みます。）にも，理由が附記されることになります。また，加算税の賦課決定については，従来は青色申告者に対する場合でも理由附記の対象とはなっていませんでしたが，今後は白色申告者等に対する場合を含め理由が附記されることとなります。
> 　　なお，この理由附記の対象が拡大される時期は，原則として，平成25年1月1日以後に行われる更正処分や加算税の賦課決定処分から対象となりますが，個人の白色申告者等に対しては経過措置があり，個人の白色申告者等のうち，①平成20年から25年までのいずれかの年において記帳義務・記録保存義務があった方等は平成25年1月から，②それ以外の方は平成26年1月から，理由附記を実施する

> こととされています。

❸ したがって，本書が刊行される時点では，全ての個人納税者に対する更正処分について理由附記がなされることとなっています。

Question 88 白色申告者に対する理由附記

改正国税通則法では，白色申告者に対しても理由附記がなされるとのことですが，具体的にどのような内容のものになるのでしょうか？

Point

記帳や帳簿等の保存の程度に応じ，納税者がその記載内容を予知し得る程度

Answer

❶ 改正国税通則法では，原則として当局の行う全ての処分について理由附記を行うこととしています。それは，納税者が白色申告者の場合であっても同様です（通則法74の11②，国税庁広報広聴官ペーパー）。

❷ しかし，白色申告者のなかには，記帳及び帳簿書類の保存等が義務付けられている者（旧所法231の2①）だけでなく，従来はその義務がなく今回の法改正で新たにその義務が課されるようになった者（新所法231の2①）など多岐にわたっています。

そのため，白色申告者に対する理由附記の内容も記帳・帳簿の保存状況に応じたものとする必要があります。

❸ この点を明らかにするため，一般納税者向けFAQ問29では，次のように述べられています。

> **一般納税者向けＦＡＱ**
>
> 問29 「記帳・帳簿等の保存が十分でない白色申告者に対しては，その記帳・帳簿等の保存状況に応じて理由を記載する」（平成23年度税制改正大綱）とありますが，どのように記載されるのですか。
>
> 　理由の記載に当たっては，記帳や帳簿等の保存が十分な事業所得者等の場合には，帳簿等と対比して，具体的な取引内容を明らかにして，根拠を示すことになる一方で，記帳・帳簿等の保存が十分でない白色申告者に対しては，例えば，勘定科目ごとに申告漏れ総額を根拠とともに示すなど，平成23年度税制改正大綱の趣旨等を踏まえ，記帳や帳簿等の保存の程度に応じて，納税者の方がその記載内容から了知し得る程度に理由附記することとしています。

4-3-2　再調査

Question 89　再調査の要件

調査が終了し，「更正決定等をすべきと認められない」旨の通知を受け取った場合，同一年度又は同一税目等に対する調査が再び行われることはないのでしょうか？

Point

原則としてなし。ただし，新たな情報に照らし非違があると認められるときは再調査。

Answer

1　新法の下において，調査の結果「更正決定等をすべきと認められない」旨の通知を受けた場合，原則として再調査はありません。ただし，調査終了後に「新たに得られた情報に照らし非違があると認める」ときは，当該職員はたとえ調査終了後であっても，当該納税者に対し，再度質問検査等を行うことができることとされています（通則法74の11⑥，手続通達5－6）。

2　この点をより明らかにするため，手続通達5－6及び一般納税者向けＦＡ

Q　問26では次のように述べています。

> **手続通達**　（法第74条の11第6項の規定の適用）
> 5－6　更正決定等を目的とする調査の結果，法第74条の11第1項の通知を行った後，又は同条第2項の調査の結果につき納税義務者から修正申告書若しくは期限後申告書の提出若しくは源泉徴収に係る所得税の納付がなされた後若しくは更正決定等を行った後において，新たに得られた情報に照らして非違があると認めるときは，当該職員は当該調査（以下，5－6において「前回の調査」という。）の対象となった納税義務者に対し，前回の調査に係る納税義務に関して，再び質問検査等（以下，第3章第3節において「再調査」という。）を行うことができることに留意する。
>
> （注）
> 1　前回の調査は，更正決定等を目的とする調査であることから，前回の調査には，5－1に規定するように異議決定又は申請等の審査のために行う調査は含まれないことに留意する。
> 2　3－1(4)の取扱いによる場合（筆者注：例えば移転価格調査とそれ以外の調査を区分して調査を行うような場合）には，例えば，同一の納税義務者に対し，移転価格調査を行った後に移転価格調査以外の部分の調査を行うときは，両方の調査が同一の納税義務に関するものであっても，移転価格調査以外の部分の調査は再調査には当たらないことに留意する。

> **一般納税者向けFAQ**
>
> 問26　実地の調査が終了し，「更正決定等をすべきと認められない」旨を通知する書面を受け取りましたが，今後は調査を受けることはないのでしょうか。
>
> 　ある税目・課税期間について調査を行った場合には，調査の結果，更正決定等をすべきと認められなかったか否かにかかわらず，原則として，その税目・課税期間について再度の調査を実施することはありません。
> 　ただし，例えば，調査終了後に行われた取引先の税務調査で，当初の調査の際には把握されていなかった非違があることが明らかになった場合のように，法令上定められている「新たに得られた情報に照らして非違があると認めるとき」との要件に該当する場合（筆者注：通則法74の11⑥該当の場合）は，既に調査の対象となった税目・課税期間であっても再調査を実施することがあります。

Question 90	再調査を行うか否かの判定

再調査を行うか否かの判定はどのようにされるのでしょうか？
また，前回の調査が実地調査以外の調査で更正決定等をすべきと認められなかった場合はどうなるのでしょうか？

Point
1．個別に判断
2．法改正の趣旨を踏まえ，その必要性を十分検討した上で実施

Answer

1 再調査を行うか否かは，新たに得られた情報に照らし，非違があると認められるか否かによって判断されることになります（事務運営指針第2章4(6)）。

2 また，前回の調査が実地の調査以外の調査であり，その調査の結果，更正決定等をすべきと認められなかった後に新たに得られた情報等から調査を行うこととなった場合においても，法改正の趣旨を踏まえ，その必要性を十分検討した上で，実質的な再調査が実施されることになります。

3 これらの点を明らかにするため，事務運営指針第2章4(6)では，次のような指示がなされています。

事務運営指針 第2章　基本的な事務手続及び留意事項
4　調査終了の際の手続
(6)　再調査の判定

更正決定等をすべきと認められない旨の通知をした後又は調査の結果につき納税義務者から修正申告書等の提出若しくは源泉徴収に係る所得税の納付があった後若しくは更正決定等をした後に，当該調査の対象となった税目，課税期間について質問検査等を行う場合には，<u>新たに得られた情報に照らして非違があると認める場合</u>に該当するか否かについて，法令及び手続通達に基づき，<u>個々の事案の事実関係に即してその適法性を適切に判断する</u>（手続通達5－7，5－8，5－9）。

（注）　実地の調査以外の調査を実施した結果，更正決定等をすべきと認められなかった後に，当該調査の対象となった税目，課税期間について質問検査等を行

う場合についても，法改正の趣旨を踏まえ，その必要性を十分検討した上で，実施することに留意する。

Question 91 新たに得られた情報

国税通則法74条の11第6項に規定する再調査を行うためには，「新たに得られた情報」が必要とされていますが，そこでいう「新たに得られた情報」とはどのようなものをいうのでしょうか？

Point

前回の調査時において説明を行った時点において有していた情報以外の情報

Answer

1 国税通則法74条の11第6項に規定する「新たに得られた情報」とは，調査を行った結果，同条1項に規定する更正決定等をすべきと認められない旨の通知又は同条2項に規定する更正決定等をすべきと認められる場合において質問検査等を行った当該職員が，当該通知又は説明を行った時点において有していた情報以外の情報をいうこととされています（手続通達5-7）。

2 なお，調査担当者が調査終了前に変更となった場合は，変更の前後のいずれかの調査担当者が有していた情報以外の情報をいうこととされています（同前注書き）。

3 ちなみに，手続通達5-7では次のように記されています。

> **手続通達**（「新たに得られた情報」の意義）
> 5-7　法第74条の11第6項に規定する「新たに得られた情報」とは，同条第1項の通知又は同条第2項の説明（5-4の「再度の説明」を含む。）に係る国税の調査において質問検査等を行った当該職員が，当該通知又は当該説明を行った時点において有していた情報以外の情報をいう。
> （注）調査担当者が調査の終了前に変更となった場合は，変更の前後のいずれかの調査担当者が有していた情報以外の情報をいう。

| Question 92 | 新たに得られた情報に照らし「非違があると認めるとき」 |

　再調査の要件として，国税通則法74条の11第6項では，「新たに得られた情報に照らし非違があると認めるとき」であることが必要とされていますが，そこでいう「新たに得られた情報に照らし非違があると認めるとき」とは，具体的にどのような場合をいうのでしょうか？

Point

　非違があると直接に認められる情報だけでなく，新たに得られた情報とそれ以外の情報とを総合的に勘案した結果非違があると合理的に推認される場合を含む。

Answer

　国税通則法74条の11第6項に規定する再調査のための要件である「新たに得られた情報に照らし非違があると認めるとき」には，新たに得られた情報から非違があると直接的に認められる場合のみならず，新たに得られた情報が直接的に非違に結びつかない場合であっても，新たに得られた情報とそれ以外の情報とを総合勘案した結果として非違があると合理的に推認される場合も含まれます（手続通達5-8）。

　ちなみに，そこでは次のように述べられています。

> **手続通達**（「新たに得られた情報に照らし非違があると認めるとき」の範囲）
> 5-8　法第74条の11第6項に規定する「新たに得られた情報に照らし非違があると認めるとき」には，新たに得られた情報から非違があると<u>直接的に認められる場合のみならず</u>，新たに得られた情報が<u>直接的に非違に結びつかない場合で</u>あっても，<u>新たに得られた情報とそれ以外の情報とを総合勘案した結果として非違があると合理的に推認される場合も含まれる</u>ことに留意する。

- 138 -

第4章
第1部 税務調査関係

Question 93 事前通知以外の事項に係る再調査

再調査は，前回の調査において事前通知のあった税目又は課税期間等に係るものに限られるのでしょうか？
（前回の調査で事前通知がなかったものについては，再調査の対象とはならないのでしょうか？）

Point

前回事前通知をしていないものについても適用あり。ただし，新たに得られた情報に照らし非違があると認められることが必要。

Answer

1 再調査を行うか否かの判定に当たっては，前回事前通知をしたか否かは関係ありません。

2 しかし，だからといって安易に再調査が行われるということになれば納税者の信頼が失われてしまう恐れがあります。

3 このようなことから，前回事前通知なしの調査が行われた場合であっても，それを再調査の対象とするためには，新たに得られた情報に照らし非違があると認められる場合に限定しています。

この点を明らかにするため，手続通達5－9では次のように述べられています。

> **手続通達**（事前通知事項以外の事項について調査を行う場合の法第74条の11第6項の規定の適用）
> 5－9 法第74条の9第4項の規定により事前通知した税目及び課税期間以外の税目及び課税期間について質問検査等を行おうとする場合において，当該質問検査等が再調査に当たるときは，法第74条の11第6項の規定により，新たに得られた情報に照らし非違があると認められることが必要であることに留意する。

| Question 94 | 再調査に関する事前通知及び調査理由の説明 |

再調査が行われることとなった場合，当初の調査と同じく事前通知がなされるのでしょうか？
また，再調査を行う理由についてはどうなるのでしょうか？

Point

1．なされる。
2．ただし，再調査開始の理由については説明なし。

Answer

1 国税に関する調査結果について内容説明等があった後再調査が行われることになった場合においても，当初の調査の場合と同じく原則として事前通知がなされます。

2 ただし，再調査を行う理由について，納税義務者に説明することはありません。この点は当初の調査と同じです。

この点について，一般納税者向けＦＡＱ問27では次のように述べられています。

> **一般納税者向けＦＡＱ**
>
> 問27 過去に調査対象となった税目・課税期間について再調査が行われる場合，なぜ再調査が行われるのかについて説明してもらえるのでしょうか。
>
> 過去に調査を行った税目・課税期間であっても，例えば，取引先の税務調査により非違につながる情報を把握した場合には，再度，同じ税目・課税期間について調査を行うことがあります。このような場合には，<u>再調査</u>することにつき<u>原則として事前通知を行います</u>が，当初の調査の場合と同様，<u>再調査を行う理由については説明することはありません</u>。

第4章
第1部 税務調査関係

Question 95　事前通知事項以外の事項に関する調査と再調査

当社は，前回の調査では事前通知なしに実地の調査が行われました。

今回同じ年度について調査したいということで事前通知がありましたが，このような調査は「再調査」なのでしょうか？　それとも通常の調査なのでしょうか？

ちなみに，前回の調査では非違なしとの通知を受けています。

Point

再調査に当たる。

Answer

1　前回の調査で非違事項がなかったとしても，新たに得られた情報に照らして非違があると認めるときは，前回の調査（注）の対象となった者に対し，再度調査を行うことができることとされています（通則法74の11⑥，手続通達5－6）。

(注)　ちなみに，ここでいう前回の調査とは，次のようなものをいうこととされています（同前手続通達注書き）。
 (1) 更正決定等を目的とした「実地の調査」であって，
    ① 更正決定等をすべきと認められない旨の通知をしたもの，又は
    ② 更正決定等をすべきと認め，調査結果の内容説明を経て，修正申告書の提出若しくは期限後申告書の提出若しくは源泉徴収に係る所得税の納付若しくは更正決定等（(2)において「修正申告等又は更正決定等」という。）が行われたもの
 (2) 更正決定等を目的とした「実地の調査以外の調査」であって，更正決定等をすべきと認め，調査結果の内容説明を経て，修正申告等又は更正決定等が行われたもの

2　そして，そこでいう「前回の調査」から除かれているのは，①異議決定又は申請等の審査のために行う調査と②同一の納税義務者に対して移転価格調査を行った後に行う通常の法人税調査などに限られています（同前通達(注)書き）。

3　したがって，前回事前通知を行ったか否か又は調査の結果更正等をすべきでない旨の通知又は更正等をすべきとしてその内容説明等があったか否かにか

－141－

かわらず，新たに得られた情報に照らして非違があると認められる場合には，再調査を行うこととなります。

4 この点を明らかにするため，手続通達5－9では次のように記されています。

> **手続通達** （事前通知事項以外の事項について調査を行う場合の法第74条の11第6項の規定の適用）
> 5－9 法第74条の9第4項の規定により事前通知した税目及び課税期間以外の税目及び課税期間について質問検査等を行おうとする場合において，当該質問検査等が再調査に当たるときは，法第74条の11第6項の規定により，新たに得られた情報に照らし非違があると認められることが必要であることに留意する。

4-4 連結納税法人の取扱い

Question 96 連結法人の連結所得に対する法人税の調査

連結納税を選択している法人の場合，納税義務者は連結親法人だけになるのでしょうか？

Point
連結親法人，連結子法人それぞれが別個の納税義務者となる。

Answer

1 連結納税を選択している法人に対し実地の調査を行う場合，当該連結グループ全体を納税義務者と考えるのか，連結親法人及び連結子法人をそれぞれ別個の納税義務者と考えるのかという点が問題となってきます。

2 連結納税を選択した場合，連結親法人が連結グループ全体の所得について申告・納税の義務を負うこととされています。法人税法4条の2では，これを連結納税義務者と称しています。したがって，法人税法でいう納税義務者は連結親法人のみということになります。

❸　しかし，国税通則法74条の9及び74条の11の規定を適用する場合の納税義務者は，連結親法人だけでなく連結子法人を含む「個々の連結法人」を指すこととされています（手続通達6－1，6－2）。

具体的には，次のようなイメージです。

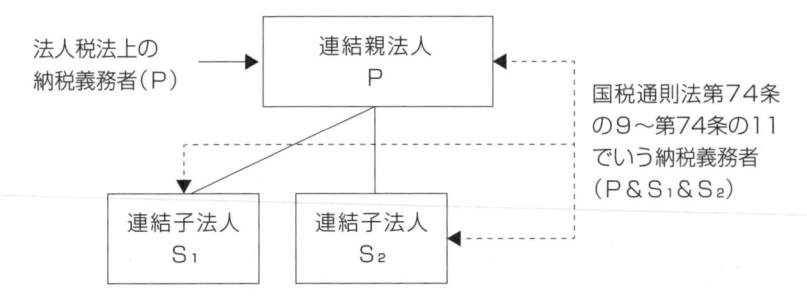

```
法人税法上の            連結親法人
納税義務者(P)  ───→     P          ◄┄┄┄┐
                       ／  ＼           ┊  国税通則法第74条
                      ／    ＼          ┊  の9～第74条の11
                    ┊         ┊         ┊  でいう納税義務者
                    ▼         ▼         ┊  （P＆$S_1$＆$S_2$）
                 連結子法人  連結子法人  ◄┄┘
                   $S_1$       $S_2$
```

この点を明らかにするため，手続通達6－1では次のように記されています。

> **手続通達**　（法第74条の9又は法第74条の10の規定の適用関係）
> 6－1　連結所得に対する法人税の調査の場合には，各連結法人が，それぞれ法第74条の9第3項第1号に規定する「納税義務者」に当たることから，法第74条の9又は法第74条の10の規定は，連結法人の場合には，連結親法人，連結子法人の区別を問わず，当該職員による質問検査等の対象となる各連結法人ごとに適用することに留意する。

Question 97　調査対象外となる連結子法人への事前通知

　連結納税を選択している法人については，連結親法人だけでなく各連結子法人も実地の調査では納税義務者になるとのことですが，そうなると連結グループのうち調査対象とならない法人に対しても事前通知がなされることになるのでしょうか？

Point

実地の調査対象外であれば事前通知不要

Answer

1 事前通知の対象とされている法人は，あくまで実地の調査を行うことが予定されている納税義務者です。

2 そして，連結納税を選択している法人の場合，国税通則法74条の9及び同74条の10の規定の適用に当たっては，連結親法人と各連結子法人はそれぞれ別個の納税義務者として扱うこととされています（手続通達6−1）。

3 したがって，実地の調査が行われない連結子法人に対しては事前通知も行われません（手続通達6−2）。

この点を明らかにするため，手続通達6−2では次のように記されています。

> **手続通達**　（連結子法人に対する事前通知）
> 6−2　法第74条の9第1項の規定による事前通知は，実地の調査において質問検査等の対象となる納税義務者に対して行うものであるから，連結所得に対する法人税の調査の場合には，実地の調査を行わない連結子法人に対しては，事前通知を行うことを要しないことに留意する。

Question 98　連結納税をしている法人に対する調査結果の通知

連結納税によっている法人に対して行われた実地の調査の結果，連結法人については非違がなかったものの子法人の一部に非違事項が発見された場合における調査結果の通知はどのような形で行われることになるのでしょうか？

Point

1. 更正決定等をすべきと認められない旨の通知
    → 連結法人のいずれについても非違事項が発見されない場合
2. 更正決定等をすべきと認められる旨の通知
    → 連結法人のいずれかについて非違事項が発見された場合

第4章
第1部　税務調査関係

Answer

1　連結納税によっている法人に対して行われた調査の結果、連結親法人及び調査対象となった各連結子法人のいずれについても非違事項が発見されなかった場合には、「更正決定等をすべきと認められない」旨の通知を行うことになります（手続通達6－3(1)）。

2　他方、連結親法人又は調査対象となった各連結子法人のいずれかについて非違事項が発見された場合には、「更正決定等をすべきと認められる」旨の通知を行うことになります（手続通達6－3(2)(3)）。

3　なお、連結子法人（例えばA社、B社）のうち非違事項が認められなかった（A社）場合には、たとえ他の連結子法人（B社）に非違があり連結親法人に更正決定等がなされることになったとしても、当該連結子法人（A社）に対しては更正決定等をすべきと認められない旨の通知がなされることとなっています（手続通達6－3（注）書き）。

具体的には、次のようなイメージです。

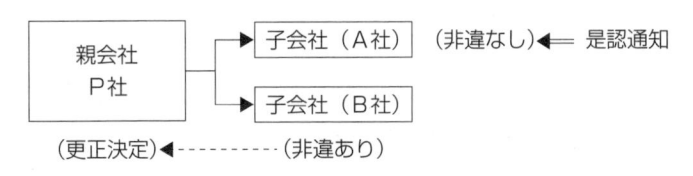

```
親会社 ──→ 子会社（A社）　（非違なし） ←── 是認通知
P社  ──→ 子会社（B社）
（更正決定）◀----------（非違あり）
```

ちなみに、手続通達6－3では次のように述べられています。

> **手続通達**　（法第74条の11第1項又は第2項の規定の適用関係）
> 6－3
> (1) 連結親法人に対する更正決定等をすべきと認められない旨の通知
>   連結親法人に対する法第74条の11第1項の規定による<u>更正決定等をすべきと認められない旨の通知</u>については、国税に関する実地の調査の結果、<u>当該連結親法人及び連結子法人のいずれにも非違事項が認められない場合</u>に通知することに留意する。
> (2) 連結親法人に対する調査結果の内容の説明
>   連結親法人に対する法第74条の11第2項の規定による調査結果の内容の説明については、国税に関する調査の結果、<u>当該連結親法人において認められた非</u>

－145－

違事項のほか，連結子法人において認められた非違事項についても説明することに留意する。
(3) 連結子法人に対する調査の終了の際の手続
　連結子法人について，法第74条の11第2項に規定する「更正決定等をすべきと認める場合」に該当するか否かは，国税に関する調査の結果，当該連結子法人に係る法人税法第81条の25《連結子法人の個別帰属額等の届出》の規定による個別帰属額の届出書に記載された内容について，連結親法人に対して更正決定等をすべきと認められることとなる非違事項（以下，6－3(3)において単に「非違事項」という。）があるかどうかにより判定することに留意する。
（注）　連結子法人に対する実地の調査の結果，非違事項が認められない場合には，他の連結子法人に対する調査の結果，非違事項が認められ，連結親法人に対して更正決定等を行うこととなっても，当該非違事項が認められない連結子法人に対しては更正決定等をすべきと認められない旨を通知することとなることに留意する。

Question 99　一部の連結子法人の同意がない場合における連結親法人への通知等

連結法人に対する調査結果について，一部の連結子法人の同意がない場合，連結親法人に対する通知はどのような形で行われることになるのでしょうか？

Point

同意のない連結子法人に対し，国税通則法74条の11第1項に規定する通知，同条2項に規定する説明を行う。

Answer

1　連結納税によっている法人に対する調査は，連結親法人及び各連結子法人があたかも各納税義務者であるかのようにみなして行うこととされています（通則法74の11，手続通達6－1）。

すなわち，連結子法人の同意があったか否かについても，各連結子法人によってその有無を判断することになります。すなわち，国税通則法74条の11第

4項の規定の適用上，連結子法人の同意があるか否かは各連結子法人ごとに判断することになるということです。

ちなみに，国税通則法74条の11第4項では，次のように規定されています。

> **通則法** （調査の終了の際の手続）
> 第74条の11
> 　1～3　省略（筆者注：個別法人への調査結果の通知）
> 　4　前3項に規定する納税義務者が連結子法人である場合において，当該連結子法人及び連結親法人の同意がある場合には，当該連結子法人へのこれらの項に規定する通知，説明又は交付（以下この項及び次項において「通知等」という。）に代えて，当該連結親法人への通知等を行うことができる。
> 　5・6　省略

❷　その結果，同意がない連結子法人に対しては，原則どおり，その者に対し同条1項及び2項に規定する通知を行うことになります。

この点を明らかにするため，手続通達では次のように述べられています。

> **手続通達** （一部の連結子法人の同意がない場合における連結親法人への通知等）
> 6-4　法第74条の11第4項の規定の適用上，連結子法人の同意があるかどうかは，各連結法人ごとに判断することとなるが，2以上の連結子法人のうち，一部の連結子法人について同項の同意がない場合においては，当該同意がない連結子法人に対する同条第1項の通知又は同条第2項に規定する説明については，当該同意がない連結子法人に対して行うことに留意する。

Question 100　前回調査の対象とならなかった連結子法人に対する同一事業年度の調査

　前回調査の対象とならなかった連結子法人に対し，前回の調査と同じ事業年度について調査を行う場合は新たな調査になるのでしょうか？

Point
原則として再調査

-147-

Answer

1 実地の調査は，納税義務者について，税目，課税期間によって特定される納税義務に関してなされるものです（手続通達3-1）が，法人税法上，連結法人税の納税義務は連結親法人が負うこととされています（法法4の2）。

2 したがって，たとえ前回その連結子法人が実地の調査の対象外だったとしても，連結法人に対しては，前回と同じ税目，同じ課税期間に対する再調査ということになります。

この点を明らかにするため，手続通達6-5では次のように述べられています。

> **手続通達** （法第74条の11第6項の規定の適用関係）
> 6-5 連結法人に対して，国税に関する調査（以下，6-5において「前回の調査」という。）を行った後において，前回の調査における質問検査等の相手方とならなかった連結子法人に対して，前回の調査における課税期間を対象として国税に関する調査を行おうとする場合には，法第74条の11第6項（筆者注：再調査）の適用があることに留意する（3-1(4)ロの取扱いによる場合を除く。）。

3 ただし，手続通達3-1(4)では，納税義務者の同意を得た上で，連結子法人を複数の調査に区分して適用することができることとされています（したがって，前回の調査においてこのような手続が取られている場合には，再調査には当たらないということになります）。

ちなみに，手続通達3-1(4)では次のように述べられています。

> **手続通達** （一の調査）
> 3-1
> (4) 次のイ又はロに掲げる場合において，納税義務者の事前の同意があるときは，納税義務者の負担軽減の観点から，一の納税義務に関してなされる一の調査を複数に区分して，法第74条の9から法第74条の11までの各条の規定を適用することができることに留意する。
>   イ 同一課税期間の法人税の調査について，移転価格調査とそれ以外の部分の調査に区分する場合。

□ 連結子法人が複数の連結法人に係る同一課税期間の法人税の調査について，連結子法人の調査を複数の調査に区分する場合。

第5章 税務代理人との関係

5-1 税務代理人

Question 101 事前通知の対象となる税務代理人

事前通知の対象者には，「納税義務者」のみでなく，その者の「税務代理人」も含まれるとのことですが，そこでいう「税務代理人」とはどのような者をいうのでしょうか？
また，その場合何か特別の手続が必要になるのでしょうか？

Point

1．税務代理書面を提出している税理士（税理士法人を含む）及び通知弁護士（弁護士法人を含む）
2．特別の手続不要

Answer

１ 事前通知の対象者たる「税務代理人」とは，「納税者の税務代理権限を有することを証する書面（税理士法30，48の16）を提出している『税理士』若しくは『税理士法人』」又は「税理士業務を行う旨の通知（税理士法51①③）をした『弁護士』若しくは『弁護士法人』」です（通則法74の9③二）(注)。

(注) なお，現行の税理士法においても，納税者に事前通知する場合において，その者の税務代理権限を有することを証する書面（税理士法30）を提出している税理士があるときは，あわせて当該税理士に対し事前通知をすることとされています（同法34）ので，法制化による実質的な変更はありません。

２ したがって，税務代理権限証書を提出している税理士等であれば特別の手続は不要です（一般納税者向けＦＡＱ問14）。

ちなみに，そこでは次のように述べられています。

第5章
第1部　税務調査関係

一般納税者向けFAQ　　　　　　　　【平成26年4月一部改訂】

問14　税務代理をお願いしている税理士がいるので，事前通知については，その税理士に行うようお願いしたいのですが，何か手続が必要でしょうか。

　平成26年7月1日以後に行う事前通知については，納税者の方の事前の同意がある場合には，税務代理権限証書を提出している税理士等（以下「税務代理人」といいます。）に行えば足りることとされました。
　この場合には，税務代理人が税務署に提出する税務代理権限証書に，納税者の方の同意を記載しておく必要があります。詳細については，ご自身の税務代理人にお尋ねください。
　なお，この同意が記載されていない場合には，納税者の方と税務代理人の双方に事前通知を行うこととなります。

（注）　なお，ここでいう「税務代理人」には，税務代理人本人に代わって単独で調査の立会いをしたり，意見・陳述をすることができるいわゆる補助税理士も含むとする運用がなされています。

Question 102　税務代理人を通じた事前通知

　税務代理人が顧客である納税者本人から税務調査への対応を全て任されている場合，税務代理人がいったん事前通知を受けた後に，納税義務者本人に連絡することは可能なのでしょうか？

Point
　当局からの事前通知はあくまで納税者本人宛てとされているが，平成26年度税制改正で可能に

Answer
1　税務当局からの事前通知は，原則として納税義務者本人に対して行うこととされています（通則法74の9①）。

2　平成26年度の税制改正で，当該納税義務者について，税務代理人がある場合において，納税義務者からの同意がある場合には，この通知は，当該納税代

－151－

理人に対して行えばよいこととなりました（同条⑤）。

3 この点を明らかにするため，手続通達7-1，事務運営指針第1章2⑴及び税理士向けFAQ問1＆2では，それぞれ次のように述べられています。

> ※ 平成26年度の法改正前，以下本問において同じ
>
> **手続通達** （税務代理人を通じた事前通知事項の通知）
>
> 7-1 実地の調査の対象となる納税義務者について税務代理人がある場合における法第74条の9第1項の規定による通知については，同条第5項に規定する「納税義務者の同意がある場合」を除き，納税義務者及び税務代理人の双方に対して行うことに留意する。
>
> 　ただし，納税義務者から同項各号に掲げる事項について税務代理人を通じて当該納税義務者に通知して差し支えない旨の申立てがあったときは，当該税務代理人を通じて当該納税義務者へ当該事項を通知することとして差し支えないことに留意する。
>
> （注）
>
> 1 同条第5項に規定する「納税義務者の同意がある場合として財務省令で定める場合」には，平成26年6月30日以前に提出された税理士法第30条《税務代理の権限の明示》に規定する税務代理権限証書に，同項に規定する同意が記載されている場合を含むことに留意する。
>
> 2 ただし書による場合においても，「実地の調査において質問検査等を行わせる」旨の通知については直接納税義務者に対して行う必要があることに留意する。
>
> **事務運営指針** 第2章　基本的な事務手続及び留意事項
>
> 2 事前通知に関する手続
>
> ⑴ 事前通知の実施
>
> （注）
>
> 1 納税義務者に税務代理人がある場合において，当該税務代理人が提出した税務代理権限証書に，当該納税義務者への事前通知は当該税務代理人に対して行われることについて同意する旨の記載があるときは，当該納税義務者への事前通知は，当該税務代理人に対して行えば足りることに留意する。
>
> 2 納税義務者に対して事前通知を行う場合であっても，納税義務者から，事前通知の詳細は税務代理人を通じて通知して差し支えない旨の申立てがあったと

きは，納税義務者には実地の調査を行うことのみを通知し，その他の通知事項は税務代理人を通じて通知することとして差し支えないことに留意する（手続通達7－1）。

税理士向けFAQ　　　　　　　　　　　　　　　【平成26年4月一部改訂】

問1　平成26年度税制改正において事前通知に関する規定が改正されましたが，その概要を教えてください。

平成26年度税制改正において，国税通則法及び税理士法の一部が改正されました。
これにより，①納税者の方に，税務代理権限証書を提出している税理士等（以下「税務代理人」といいます。）がいる場合で，②提出された税務代理権限証書に，納税者の方への事前通知は当該税務代理人に対して行われることについて同意する旨（以下「事前通知に関する同意」といいます。）の記載があるときには，納税者の方への事前通知は，当該税務代理人に対して行えば足りることとされました（以下，この改正による新たな事前通知の方法を「本制度」といいます。）。
今後，税務代理権限証書を作成する際には，納税者の方に「本制度」を説明し，納税者の方から「事前通知に関する同意」が示された場合には，税務代理権限証書にその旨を確実に記載してください。
（注）1　「本制度」は，平成26年7月1日以後に行う事前通知から適用されます。
　　　2　「事前通知に関する同意」については，法令上，税務代理権限証書に記載することとされています。このため，税務代理権限証書以外の書面や口頭により「事前通知に関する同意」を示しても，有効なものとは認められません。

【平成26年4月追加】

問2　「本制度」については，平成26年7月1日以後に行われる事前通知から適用することとされていますが，それ以前（例えば，平成26年5月に平成26年3月決算法人の申告書を提出する場合）でも，「事前通知に関する同意」を記載した税務代理権限証書を提出することができますか。

「事前通知に関する同意」を記載した税務代理権限証書（以下「同意を記載した税務代理権限証書」といいます。）については，平成26年6月30日以前であっても提出できます。

したがって，例えば，平成26年3月決算法人の申告の際にも，「同意を記載した税務代理権限証書」を提出することができます。
　なお，税理士法施行規則の改正により，税務代理権限証書の様式が改訂されており，税務代理権限証書の提出日によって，使用する税務代理権限証書の様式が異なりますのでご注意ください。
　≪平成26年7月1日以後に提出する場合≫
　　改訂後の税務代理権限証書を使用してください（改訂前の様式も，当分の間は使用可）。
　≪平成26年6月30日以前に提出する場合≫
　　改訂前の税務代理権限証書を使用してください。

Question 103　「事前通知に関する同意」の記載がない場合の手続

　平成26年度の税制改正で，税務代理権限証書を提出し，かつ，同証書に「事前通知に関する同意」の記載がある場合には，納税者に対する事前通知は代理人にすれば足りることになったとのことですが，税務代理権限証書は提出しているものの，その証書に「事前通知に関する同意」の記載がない場合はどのようにすればよいのでしょうか？　再提出が必要なのでしょうか？

Point
原則として次回申告時に同意書を提出

Answer

1　この改正は平成26年7月1日以後に行われる事前通知から適用することとされています。そのため，次のような新しい税務代理権限証書が作られました。

2　従前の税務代理権限証書は旧法時代のものですので，「事前通知に関する同意」は予定されていませんでした。
　このようなことから，過年度に税務代理権限証書を提出していたとしても，「事前通知に関する同意」については記載がありませんので，原則的には改め

てその旨を記載した証書の提出が必要となります。

しかし，簡便手続として，納税者本人から同意が示されたときは，原則として次回の申告の際に過年度分の同意を含む旨の記載があればよいこととされています。

この点を明らかにするため，税理士向けＦＡＱ問３では次のような説明がなされています。

> **税理士向けＦＡＱ**　　　　　　　　　　　　　　【平成26年４月追加】
>
> 問３　これまでに提出した所得税（法人税）に関する税務代理権限証書には，「事前通知に関する同意」を記載していませんでしたが，顧客納税者の方から「事前通知に関する同意」が示されたので，次回の申告の際には，「同意を記載した税務代理権限証書」を提出することを予定しています。その際には，これまでに税務代理権限証書を提出した過去の年分等についても，「同意を記載した税務代理権限証書」を再提出する必要がありますか。
>
> 　次回の申告の際に，過去に税務代理権限証書を提出した年分・事業年度等（以下「年分等」といいます。）も含めることを明らかにして，「同意を記載した税務代理権限証書」を提出する場合には，過去の年分等については，「同意を記載した税務代理権限証書」を再提出する必要はありません。
> 　なお，このケースでは，次回の申告（「同意を記載した税務代理権限証書」の提出）の前に事前通知を行う場合は，納税者の方と税務代理人の双方がその対象となります。納税者の方から「次回の申告の前であっても，私への事前通知は税務代理人に行ってほしい。」という要望があったときには，直近に申告した年分等について，速やかに「同意を記載した税務代理権限証書」を再提出してください。
> （注）　新たに税務代理を委任されたため，それより前の年分等について税務代理権限証書を提出していなかったケースは，問７を参照してください。

－155－

Question 104 顧客から「同意」が示された場合の具体的手続

顧客である納税者から「事前通知に関する同意」が示された場合における税務代理人が取るべき具体的手続はどのようになるのでしょうか？

Point

税務代理権限証書の「調査の通知に関する同意」欄にチェックマークを付したうえで提出

Answer

顧客である納税者から「事前通知に関する同意」が示された場合には，税務代理権限証書の「事前通知に関する同意」欄にレ印を記載して提出することになります（税理士向けFAQ問4＆5）。

ちなみに，そこでは次のように述べられています。

税理士向けFAQ　　　　　　　　　　　　　　【平成26年4月追加】

> 問4　相続税の申告の際に税務代理権限証書を提出しましたが，この税務代理権限証書には「事前通知に関する同意」を記載していませんでした。その後に顧客納税者の方から「事前通知に関する同意」があった場合，「同意を記載した税務代理権限証書」を再提出する必要がありますか。

相続税については，翌年分等の申告がありませんので，申告書及び税務代理権限証書を提出した後に，納税者の方から「事前通知に関する同意」が示された場合には，速やかに「同意を記載した税務代理権限証書」を再提出してください。

【平成26年4月追加】

> 問5　顧客納税者の方から「事前通知に関する同意」が示された場合，税務代理権限証書にどのように記載すればよいですか。

なお，平成26年7月1日以後に使用する税務代理権限証書には，納税者の方から「事前通知に関する同意」があった場合にチェックする欄が設けられていますが，平成26年6月30日以前に使用する税務代理権限証書にはこうした欄がありませ

第5章
第1部 税務調査関係

> んので，「事前通知に関する同意」が記載漏れとならないようご注意ください。
> ≪平成26年7月1日以後に提出する場合≫
> 　改訂後の税務代理権限証書の「調査の通知に関する同意」欄にレ印を記載してください（改訂前の様式も，当分の間は使用可）。
> ≪平成26年6月30日以前に提出する場合≫
> 　改訂前の税務代理権限証書の「2　その他の事項」欄に，「上記の代理人に税務代理を委任した事項（過年分の税務代理権限証書において委任した事項を含みます。）に関して調査が行われる場合には，私（当法人）への調査の通知は，当該代理人に対して行われることに同意します。」と記載してください。
> （注）一の年分等について複数の税務代理人が税務代理を委任されている場合には，それぞれの税務代理人が提出する税務代理権限証書に「事前通知に関する同意」を記載してください。

Question 105　他税目で同意を得ている場合の手続

特定の税目（例えば法人税）について「事前通知に関する同意」があった場合，他税目についても同様の届出が必要になるのでしょうか？

Point

要提出

Answer

1　税務調査は特定の税目だけでなく，複数の税目について行われる可能性があります。

2　そこで，特定の税目について同意があった場合において，他の税目についても納税者から「事前通知に関する同意」が示されている場合には，その旨を記載した税務代理権限証書を提出するようすすめています（税理士向けFAQ問6）。

ちなみに，そこでは次のように記されています。

-157-

> 税理士向けＦＡＱ　　　　　　　　　　　　【平成26年4月追加】
>
> 問6　税務代理の委任を受けている法人から「事前通知に関する同意」があった場合には，法人税以外の税目についても「同意を記載した税務代理権限証書」を提出する必要がありますか。
>
> 　法人の調査においては，一般的には，法人税，消費税（地方消費税を含みます。以下この問について同じ。）及び源泉所得税（源泉徴収に係る復興特別所得税を含みます。以下この問について同じ。）の調査が同時に行われます。
> 　このため，消費税や源泉所得税についても，納税者の方から「事前通知に関する同意」が示されているのであれば，その旨を記載した税務代理権限証書を提出してください。
> 　なお，個人の事業者等の調査においても，一般的には，所得税（申告に係る復興特別所得税を含みます。），消費税及び源泉所得税の調査が同時に行われますので，上記の場合と同様に税務代理権限証書を提出してください。
> （注）源泉所得税についても税務代理を委任されている場合には，税務代理権限証書の「1　税務代理の対象に関する事項」欄に，「所得税（復興特別所得税を含む。）※源泉徴収に係るもの」を記載する必要があります。

Question 106　税務代理人変更の場合における同意の届出

　税務代理人が変更になった場合，新たに代理人となった者は「事前通知に関する同意」の届出が必要なのでしょうか？

Point
　必要

Answer

❶　新たに代理人に選定された場合，税務代理権限証書の届出とともに，「事前通知に関する同意」の届出が必要となります。

❷　また，代理権が過年分に及ぶときには，その旨の届出も必要となります。この点を明らかにするため，税理士向けＦＡＱ問7では次のように述べられて

います。

> **税理士向けFAQ**　　　　　　　　　　　　　　　　【平成26年4月追加】
>
> 問7　納税者の方から新たに税務代理を委任されましたが、それより前の年分等については、別の税務代理人が「同意を記載した税務代理権限証書」を提出していました。納税者の方への事前通知については、それより前の年分等を含めて私に行っていただきたいのですが、どのような手続が必要ですか。
>
> 　お尋ねのケースでは、納税者の方の意向を確認の上、提出する税務代理権限証書の「過年分に関する税務代理」欄及び「調査の通知に関する同意」欄にレ印を記載してください。
> 　税務代理権限証書の「過年分に関する税務代理」欄にレ印を記載することで、税務代理を委任されていなかった過去の年分等（前任の税務代理人が税務代理権限証書を提出していた年分等を含みます。）についても、調査が行われる場合の税務代理を委任することができます。
> 　なお、過去の年分等について税務代理権限証書の提出を失念していた場合にも、同様に記載してください。
> （注）　上記の回答は、平成26年7月1日以後に税務代理権限証書を提出する場合を想定しています。平成26年6月30日以前に税務代理権限証書を提出する場合には、改訂前の税務代理権限証書の「2　その他の事項」欄に、「上記の税目に関して調査がある場合には、上記の年分等より前の年分等についても税務代理を委任します。また、上記の代理人に税務代理を委任した事項（過年分の税務代理権限証書において委任した事項を含みます。）に関して調査が行われる場合には、私（当法人）への調査の通知は、当該代理人に対して行われることに同意します。」と記載してください。

Question 107　「事前通知に関する同意」の記載失念

　税務代理権限証書は提出しているものの、「事前通知に関する同意」の記載を失念したような場合はどうなるのでしょうか？

Point
1. 原則に戻る（双方に通知）
2. 再提出も可

Answer

1 調査時点において直近年分等につき税務代理権限証書を継続して提出していたとしても，そこに「事前通知に関する同意」の記載がないときは，原則に戻り，納税者と税務代理人の双方に通知が行われることとなります。

2 なお，提出した税務代理権限証書に「事前通知に関する同意」の記載がない場合であっても，再提出は認められています。

3 これらの点を明らかにするため，税理士向けＦＡＱ問８では次のように述べられています。

税理士向けＦＡＱ　　　　　　　　　　　　　　　　　【平成26年4月追加】

問８　昨年までは，所得税の申告について「同意を記載した税務代理権限証書」を継続して提出していましたが，今年提出した税務代理権限証書には，「事前通知に関する同意」の記載を失念してしまいました。この場合の事前通知は，納税者の方と税務代理人の双方に行われますか。

　調査時点における直近の年分等の税務代理権限証書に「事前通知に関する同意」が記載されていない場合には，それより前の年分等について「同意を記載した税務代理権限証書」が提出されていたとしても，事前通知は，原則として納税者の方と税務代理人の双方に行うこととなります。
　このため，納税者の方から「事前通知に関する同意」が示された場合には，その後，納税者の方の意思に変更がない限り，「同意を記載した税務代理権限証書」を継続して提出してください。
　なお，提出した税務代理権限証書に「事前通知に関する同意」を記載していなかったことに気付いた場合には，速やかに「同意を記載した税務代理権限証書」を再提出してください。

第5章
第1部　税務調査関係

Question 108　同意取止めに伴う手続

「事前通知に関する同意」の届出をしている場合において，納税者からそれを取り止めたいという申出があったときは，どのような手続を取ればよいのでしょうか？

Point

その旨の再提出（調査担当者から事前通知があった際にその旨を通知することでも可）

Answer

税務代理権限証書に「事前通知に関する同意」の記載をしている場合において，納税者から「事前通知は自分で受けたい」ので同意を解消したいと言われる事態が生じる可能性もあります。

その場合には，その旨の税務代理権限証書を再提出することになります。ただし，調査担当者から事前通知があったときにその旨を担当者に伝えてもよいとしています（税理士向けFAQ問9）。

ちなみに，そこでは次のように述べられています。

税理士向けFAQ　【平成26年4月追加】

問9　「同意を記載した税務代理権限証書」を提出した後，顧客納税者の方から「税務代理は引き続きお願いするが，事前通知は自らが受けたい。」という申出がありました。この場合，どのような手続が必要となりますか。

「同意を記載した税務代理権限証書」を提出した後に納税者の方の意思に変更があった場合，「事前通知に関する同意」を記載しない税務代理権限証書を再提出することもできますが，調査担当者が税務代理人に事前通知のための連絡をした際に，その旨をお伝えいただいても差し支えありません。

Question 109 納税者から税務代理人を通じた事前通知の要請があった場合

従前に提出していた税務代理権限証書に「事前通知に関する同意」の記載がない場合において，納税者から事前通知を納税代理人を通じて行ってほしいとの要望があったときはどのような扱いになるのでしょうか？

Point

納税者本人には調査を行う旨の通知のみ行い，その他の部分は税務代理人を通じて通知

Answer

1 提出されている税務代理権限証書に「事前通知に関する同意」が記載されていない場合には，納税者及び税務代理人の双方に事前通知を行うこととされていますが，納税義務者から事前通知の詳細は税務代理人を通じて行ってほしい旨の要請があったときは，納税義務者には実地の調査を行うことのみを通知し，その他の通知事項は税務代理人を通じて通知することとして差し支えないこととされています（手続通達7－1ただし書き，事務運営指針第2章2(1)注書き2 ※詳細はQ102参照）。

2 また，この点をより明らかにするため，税理士向けFAQ問10では次のように述べられています。

税理士向けFAQ　　　　　　　　　　　　【平成26年4月一部改訂】

> 問10 これまでに提出した税務代理権限証書には「事前通知に関する同意」を記載していませんでした。このため，実地の調査があった場合には，顧客納税者の方にも事前通知が行われると思いますが，その際に，顧客納税者の方から事前通知は税務代理人を通じて行ってほしいという要望があった場合には，税務代理人を通じて行ってもらうことは可能ですか。

提出された税務代理権限証書に「事前通知に関する同意」が記載されていない場合には，納税者の方にも事前通知を行うこととなりますが，その際に，納税者の方から事前通知事項の詳細は税務代理人を通じて通知しても差し支えない旨の申立て

> があったときには，納税者の方には実地の調査を行うことのみを通知し，その他の事前通知事項は税務代理人を通じて通知することとしています。

Question 110 税務代理人からの調査日時等の変更要請

納税義務者は，相当の理由がある場合には，事前通知のあった調査日時等について変更を求めることができることとされているようですが，税務代理人からも調査日時の変更を求めることはできないのでしょうか？

Point
1. できる
2. ただし，税務代理人の都合による変更要請には合理的理由の存在が必要

Answer

❶ 納税義務者に税務代理人がいる場合，国税通則法74条の9第2項の規定による調査日時等の変更の求めは，納税義務者本人のみでなく，税務代理人からもすることができることとされています（手続通達7-2）。

ちなみに，そこでは次のように記されています。

> **手続通達**（税務代理人からの事前通知した日時等の変更の求め）
> 7-2 実地の調査の対象となる納税義務者について税務代理人がある場合において，法第74条の9第2項の規定による変更の求めは，当該納税義務者のほか当該税務代理人も行うことができることに留意する。

❷ 事前通知を行った後，調査開始日前に税務代理人から調査開始日時又は調査開始場所の変更の求めがあった場合には，税務当局は納税義務がある者等から求めがあった場合と同様に，個々の事案における事実関係に即して変更の適否を適切に判断することとしています（事務運営指針第2章2（注）書き）。

ちなみに，そこでは次のように記されています。

> 事務運営指針　第2章　基本的な事務手続及び留意事項
> 2　事前通知に関する手続
> (2)　調査開始日時等の変更の求めがあった場合の手続
> 　（注）　税務代理人の事情により，調査開始日時又は調査開始場所を変更する求めがあった場合についても同様に取り扱うことに留意する（手続通達7－2）。

3　なお，日程変更があった場合における通知は，原則として納税義務者及び税務代理人の双方に対してなされますが，平成26年の法改正に伴い，「事前通知に関する同意書」の提出がある場合には，税務代理人への通知のみを行えば足りることとされています（手続通達4－6注書き）。

Question 111　事前通知と税理士法34条との関係

国税通則法に基づく事前通知がなされる場合，税理士法34条（調査の通知）との関係はどのようになるのでしょうか？

Point
税理士法に基づく通知がなされたとして扱われる。

Answer

1　税理士法34条では，当該職員が税務調査を実施する場合には，同条30条に規定する税務代理権限に関する書面を提出している者に対しても通知を行うこととしています。

ちなみに，税理士法34条では次のように規定されています。

> 税理士法　（調査の通知）
> 第34条　税務官公署の当該職員は，租税の課税標準等を記載した申告書を提出した者について，当該申告書に係る租税に関しあらかじめその者に日時場所を通知してその帳簿書類（その作成又は保存に代えて電磁的記録の作成又は保存がされている場合における当該電磁的記録を含む。以下同じ。）を調査する場合において，当該租税に関し第30条の規定による書面を提出している税理士があるときは，あ

> わせて当該税理士に対しその調査の日時場所を通知しなければならない。

　そのため，国税通則法74条の9に基づく事前通知との関係をどのように調整するのかという点が問題となってきます。

2　この点を明らかにするため，手続通達では，税務代理人に対し国税通則法74条の9の規定に基づく通知を行った場合には，税理士法34条（調査の通知）の規定による通知を併せて行ったものとして取り扱うこととしています（同通達7－4）。

　ちなみに，手続通達7－4では次のように記されています。

> **手続通達**　（法に基づく事前通知と税理士法第34条《調査の通知》に基づく調査の通知との関係）
> 7－4　実地の調査の対象となる納税義務者について税務代理人がある場合において，当該税務代理人に対して法第74条の9第1項の規定に基づく通知を行った場合には，税理士法第34条《調査の通知》の規定による通知を併せて行ったものと取り扱うことに留意する。

Question 112　新たに選任された税務代理人への通知

　税務申告書に署名してはいなかったものの，その後税務代理人に選任された場合，税務代理人として追加的に事前通知を受けられることになるのでしょうか？

　また，もし受けられるとしたら，調査開始日時の変更を求めることもできるのでしょうか？

Point
1．事前通知した調査開始日前であれば受けられる
2．その場合には調査開始日時等の変更協議も可能

Answer

1 税務当局としては，税務代理権限証書が提出されていなければ，その人が税務代理人であるかどうか知ることができません。

2 そのため，追加的な事前通知の連絡を受けられるのは，税務代理権限証書が提出された時点か，納税者の方になされた事前通知に示された調査開始日時よりも前の段階に限られます。

3 なお，追加的に事前通知を受けた税務代理人から調査開始日時等の変更を求める旨の要請がなされ，かつ，（当該）変更を求める合理的な理由がある場合には，当局は変更について協議に応じることとしています（税理士向けFAQ問12）。

ちなみに，そこでは次のように記されています。

> **税理士向けFAQ**
>
> 問12　納税者の方に対し事前通知がなされた後に税務代理の委嘱を受けた場合，税務代理人として追加的に事前通知を受けられますか。また，その場合でも，税務代理人につき合理的な理由があれば調査開始日時等の変更を求めることができますか。
>
> 　税務代理権限証書が提出された時点が，納税者の方に対して事前通知した調査開始日時より前である場合には，新たに税務代理人となった方にも事前通知を行うこととしています。また，新たに税務代理人となった方に関し，調査開始日時等の変更を求める合理的な理由がある場合には，申し出ていただければ，変更を協議します。

Question 113　書面添付をしている税務代理人の意見陳述権

書面添付制度に基づく書面が申告書に添付されている場合，税務代理人には事前通知の前にその記載事項等について意見陳述の機会は与えられるのでしょうか？

Point
与えられる。

Answer

1 税理士法に定められている書面添付制度に基づく書面が申告書に添付されている場合には，納税者に税務調査の事前通知を行う前に，税務代理権限証書を提出している税理士に対して添付された書面の記載事項に関する意見陳述の機会が与えられています（国税通則法改正に関する国税庁パンフ4(1)（参考1））。

2 なお，税務調査の際には，税務代理人を委任した税理士に立会いを求めることができます（同前（参考2））。

ちなみに，これらの点を明らかにするため，国税庁パンフ4(1)では，次のような記載がなされています。

国税庁パンフ　4．税務調査手続

(1) 事前通知

税務調査に際しては，原則として，納税者に対し調査の開始日時・開始場所・調査対象税目・調査対象期間などを事前に通知します。その際，税務代理を委任された税理士に対しても同様に通知します。

なお，合理的な理由がある場合には，調査日時の変更の協議を求めることができます。

ただし，税務署等が保有する情報から，事前通知をすることにより正確な事実の把握を困難にする，又は調査の適正な遂行に支障を及ぼすおそれがあると認められる場合には，通知せずに税務調査を行うことがあります。

（参考1）　税理士法に定められている書面添付制度に基づく書面が申告書に添付されている場合には，納税者に税務調査の事前通知を行う前に，税務代理権限証書を提出している税理士に対して添付された書面の記載事項に関する意見陳述の機会が与えられます。

（参考2）　税務調査の際には，税務代理を委任した税理士に立会いを求めることができます。

Question 114 印紙税調査

税理士法では，印紙税について税務代理できる旨の規定がないと聞きましたが，他の税目で税務代理人になっていれば，印紙税においても他の税目と同じような扱い（税務代理，事前通知及び調査結果の説明等）を受けることができるのでしょうか？
（特に，「同意を記載した税務代理権限証書」を提出している場合）

Point
できない。

Answer

1 税理士法では，印紙税，登録免許税，関税及び法定外普通税については，税務代理権は付与されていません（同法2①かっこ書き）。

2 したがって，「同意を記載した税務代理権限証書」を提出しているか否かにかかわらず，事前通知及び調査結果の内容説明等についても，納税者本人のみに対して行うことになります。

この点を明らかにするため，税理士向けFAQ問13で，次のような形で注意喚起がされています。

【税理士向けFAQ】　　　　　　　　　　　　　　【平成26年4月一部改訂】

問13　印紙税についても，「同意を記載した税務代理権限証書」を提出した場合には，納税者の方への事前通知は税務代理人に対して行われますか。また，調査結果の内容の説明についてはどうですか。

　税理士法においては，印紙税は税理士業務の対象税目とされていませんので，税理士が，印紙税に関して国税通則法に規定する「税務代理人」に該当することはありません。
　したがって，印紙税について「同意を記載した税務代理権限証書」を提出したとしても，印紙税の調査に関する事前通知については，納税者の方に対して行うこととなります。

また，調査結果の内容の説明についても，同様に納税者の方に対して行います。

Question 115 税理士等以外の者の立会いと意見陳述

顧問税理士はいませんが，記帳や決算事務を手伝ってもらっている人がいます。その人（顧問税理士でない人）に事前通知をしてもらうことは可能なのでしょうか？ また，調査時にその人に立ち会ってもらい，必要に応じ意見をいってもらうことはできるのでしょうか？

Point

原則不可。

ただし，調査を円滑に進めるため調査担当者が必要と認めた場合は同席もあり得る。

Answer

1 事前通知を受けたり，調査に立ち会い，税務当局に対し納税者に代わって調査につき主張・陳述を行うことは税務代理行為に当たりますので，税務代理権限証書を提出している者しかできません（税理士法2①，30，34）。

2 ただし，その人が，日頃納税者の方の記帳事務を担当しているような場合には，調査時において調査を円滑に進めるために，調査担当者が必要と認めた範囲で調査に同席してもらうことはあります（一般納税者向けFAQ問31）。

ちなみに，一般納税者向けFAQ問31では次のように記されています。

> **一般納税者向けFAQ**
>
> 問31 税務代理をお願いしている税理士はいませんが，日頃，記帳事務を手伝ってもらっている方（記帳補助者）がいます。その方に調査の現場に立ち会ってもらうことはできますか。

調査に立ち会って，税務当局に対して納税者の方の代わりに調査につき主張・陳

述を行うことは税務代理行為に当たりますから,原則として,税務代理人しか行うことはできません。

また,単に調査に立ち会うだけであっても,第三者が同席している状態で調査を行うことで調査担当者に課せられている守秘義務に抵触する可能性がある場合には,税務代理人以外の第三者の立会いはお断りしています。

ただし,その方が,日頃,納税者の方の記帳事務等を担当しているような場合には,調査を円滑に進めるために,調査担当者が必要と認めた範囲で調査に同席いただくことはあります。

5-2 税務代理人への説明 ■■■■■■■■■■■

Question 116 実地の調査終了時における税務代理人への説明

調査結果については,納税義務者だけでなく税務代理人にも説明されるのでしょうか?

Point

される(ただし,納税義務者の同意が前提)。

Answer

1 その納税義務者に税務代理人がある場合において,当該納税義務者の同意がある場合には,調査を行った当該職員は,「納税義務者本人への調査結果説明及び通知等に代えて,当該税務代理人への通知等を行うことができる。」とされています(通則法74の11⑤,税理士法2)。

2 これを受けて,事務運営指針では,「調査担当者は,税務代理権限証書が提出されている場合であっても,調査結果の内容説明等を行う前に,納税者に直接同意の事実を確認する方法又は税務代理人を通じて同意の事実を証する書面の提出を求める方法により,納税者の同意があることを確認する。」こととしています(事務運営指針2章4(5))。

3 また,仮に税務代理権限証書に「同意」する旨が明記されていても,「改

-170-

めて，調査結果の内容説明等を行う時点で同意の有無を確認する。」こととしています（同前）。

ちなみに，事務運営指針2章4(5)及び税理士向けFAQ問14では次のように記されています。

> 事務運営指針　第2章　基本的な事務手続及び留意事項
> 4　調査終了の際の手続
> (5)　税務代理人がある場合の調査結果の内容の説明等
> 　実地の調査における更正決定等をすべきと認められない旨の書面の通知，調査結果の内容の説明，修正申告等の勧奨，修正申告等の法的効果の教示及び教示文の交付（以下「通知等」という。）については，原則として納税義務者に対して行うのであるが，納税義務者の同意がある場合には，納税義務者に代えて，税務代理人に対して当該通知等を行うことができる。
> （以下略）

> 税理士向けFAQ
>> 問14　納税者の方の同意がある場合には，税務代理人は顧客納税者の代わりに調査結果の内容説明等を受けられることとなっていますが，税務代理権限証書を提出していれば同意があるとされるのでしょうか。税務代理権限証書に同意がある旨を明記した場合はどうでしょうか。
>
> 　調査結果の内容説明等は，納税者の方に税務代理人がいる場合でも，原則として納税者の方ご本人に対して行います。
> 　ただし，当該調査結果の内容の説明を，納税者の方に代わって税務代理人に説明して欲しいという納税者の方の明確な意思表示がある場合には，納税者の方に代わって税務代理人に調査結果の内容の説明を行うこととしています。
> 　したがって，調査担当者は，税務代理権限証書が提出されている場合であっても，調査結果の内容説明等を行う前に，納税者の方に直接同意の事実を確認する方法，又は税務代理人を通じて同意の事実を証する書面の提出を求める方法により，納税者の方の同意があることを確認することとしています。また，仮に税務代理権限証書に同意する旨が明記されていても，改めて，調査結果の内容説明等を行う時点で同意の有無を確認します。
> 　なお，実地の調査以外の調査の場合には，調査結果の内容説明等の時点で納税者

の方の同意を直接確認することが困難なときもありますから，そのようなときには，税務代理人を通じて納税者の方の意向を確認できれば，税務代理人に対して説明を行うこととしています。

4 なお，この点についても，平成26年度の税制改正で，納税者本人の同意がある一定の場合に該当するときには，その申告書を提出した者への通知は，その租税に関し，税理士法30条の書面を提出している税理士に対して行えば足りることとされています（税理士法34）(注)。

(注) ただし，この規定が適用されるのは平成26年7月1日以後の通知からとなります（改正法附則136条）。

Question 117 税務代理人に調査結果の説明を行う場合における納税者の同意の確認

納税義務者の同意があれば，調査結果の説明は税務代理人が受けることもできるとのことですが，納税義務者の同意があったか否かは，どのような方法で確認されるのでしょうか？

Point

本人に直接面接又は書面のいずれかで

Answer

1 調査結果の内容の説明，修正申告の勧奨，修正申告等の法的効果の教示等については，原則として納税義務者に対して行われるのですが，「納税義務者の同意のある場合」には，「納税義務者に代えて税務代理人に説明等を行うことができる」こととされています。

2 そして，その場合における納税義務者の同意の有無については，前問でもみましたように，次により確認することとされています（事務運営指針2章4(5)）。

① 電話又は臨場により納税義務者に直接同意の意思を確認する方法

② 税務代理人から納税義務者の同意を得ている旨の申出があった場合には，

-172-

同意の事実が確認できる書面の提出を求める方法

ちなみに，一般納税者向けＦＡＱ問25では，次のように記されています。

> **一般納税者向けＦＡＱ**
>
> 問25　税務代理をお願いしている税理士がいるので，調査結果の内容の説明等はその税理士に対して行ってほしいのですが，何か手続は必要でしょうか。
>
> 　調査結果の内容の説明等は，納税者の方に税務代理人がいる場合でも，原則として，納税者の方に対して行いますが，納税者の方の同意があれば，税務代理人に対してのみ説明等を行うこともあります。
> 　したがって，税務代理人のみへの説明等を希望する場合には，調査担当者に対し，電話又は対面によりその旨をお伝えいただくか，税務代理人を通じて税務代理人への説明を同意する書面を提出していただくことが必要になります。
> 　なお，納税者の方に調査結果の内容の説明を行う場合でも，税務代理人の同席のもとに調査結果の内容の説明を行うことや，別途，税務代理人にも調査結果の内容の説明を行うことも可能です。

Question 118　一部の納税者の同意がない場合における税務代理人への説明等

　相続税等においては，相続人間でモメているため，調査結果の説明等をする場合，一部の者から同意が得られない場合があります。
　そのような場合，税務代理人は，調査結果等に関する説明等を受けられないということになるのでしょうか？

Point

個々の納税義務者ごとに判断

Answer

❶　おっしゃるように，例えば相続税の調査等においては，複数の納税義務者が存在しているだけでなく，相続人間でモメていることなどのため，一部の納税義務者から調査結果の説明について同意を得られない場合もあります。

❷　そのような場合に備えるため，手続通達では「調査結果の税務代理人への

-173-

説明」に「納税義務者の同意があるか否か」は,「個々の納税義務者ごとに判断する」こととしています(手続通達7-5)。
ちなみに,そこでは次のように記されています。

> **手続通達** (一部の納税義務者の同意がない場合における税務代理人への説明等)
> 7-5 法第74条の11第5項(筆者注:実地の調査結果について納税者の同意がある場合に行う税務代理人への通知)の規定の適用上,納税義務者の同意があるかどうかは,個々の納税義務者ごとに判断することに留意する。
> (注) 例えば,相続税の調査において,複数の納税義務者がある場合における法第74条の11第5項の規定の適用については,個々の納税義務者ごとにその納税義務者の同意の有無により,その納税義務者に通知等を行うかその税務代理人に通知等を行うかを判断することに留意する。

Question 119 複数の税務代理人がいる場合の調査結果の説明

一人の納税者に複数の税務代理人がいる場合,事前通知は全ての税務代理人に行われるのでしょうか?
そのような場合,調査結果の内容説明等は誰になされるのでしょうか?

Point
1. 事前通知は全ての税務代理人に対して行う
2. 調査結果の内容説明は指名された税務代理人のみ

Answer

1 実地の調査の相手方となる納税者に税務代理人が複数ある場合には,納税者の方への事前通知と併せて,「全ての税務代理人」に事前通知を行うこととしています(税理士向けFAQ問15前段)。

2 それに対し,「調査結果の内容説明等」については,国税通則法74条の11第5項に基づき,「納税者の方に,いずれの税務代理人に対して説明等を行うべきかを併せて確認し,指名された税務代理人に対して調査結果の内容説明等を行う。」こととされています(同前後段)。

第5章
第1部 税務調査関係

ちなみに，税理士向けＦＡＱ問15では次のように述べられています。

> **税理士向けＦＡＱ**
>
> 問15　一人の納税者の方に複数の税務代理人がいる場合，事前通知は全ての税務代理人に行われるのでしょうか。また，調査結果の内容説明等を税務代理人に行う場合はどうなりますか。
>
> 実地の調査の相手方となる納税者の方に税務代理人が複数ある場合には，納税者の方と併せて，全ての税務代理人に事前通知を行います。
> また，調査結果の内容説明等について，国税通則法第74条の11第5項に基づき，納税者の方への説明等に代えて税務代理人に説明等を行う際は，納税者の方の同意を確認する際に，いずれの税務代理人に対して説明等を行うべきかを併せて確認し，指名された税務代理人に対して調査結果の内容説明等を行います。

Question 120　実地の調査以外の調査結果の税務代理人への説明

実地の調査以外の調査が行われた場合，その結果は税務代理人にも説明されるのでしょうか？

Point

説明される。

Answer

❶　実地の調査以外の調査により質問検査等が行われた場合において，納税義務者に税務代理人があるときには，調査結果の内容は，納税義務者本人だけでなく，税務代理人にも行うこととされています（手続通達7－3，事務運営指針2章4(5)）。

ちなみに，そこでは次のように記されています。

－175－

手続通達（税務代理人がある場合の実地の調査以外の調査結果の内容の説明等）
　7-3　実地の調査以外の調査により質問検査等を行った納税義務者について税務代理人がある場合における法第74条の11第2項に規定する調査結果の内容の説明並びに同条第3項に規定する説明及び交付については，同条第5項に準じて取り扱うこととしても差し支えないことに留意する。

事務運営指針　第2章　基本的な事務手続及び留意事項
4　調査終了の際の手続
(5)　税務代理人がある場合の調査結果の内容の説明等
(注)　実地の調査以外の調査についても，実地の調査の場合に準じて，納税義務者に代えて，税務代理人に対して調査結果の内容の説明，修正申告等の勧奨，修正申告等の法的効果の教示及び教示文の交付を行うことができることに留意する。
　　ただし，実地の調査以外の調査において，上記①又は②により納税義務者の同意の意思を確認することが難しい場合には，税務代理人から調査結果の内容の説明を受けることについて委嘱されている旨の申立てがあることをもって，納税義務者に代えて税務代理人に対して調査結果の内容の説明等を行うことができることに留意する（手続通達7-3）。

❷　また，この場合でも，税務代理人へ説明するためには，「原則として納税者の同意が必要」とされていますが，「同意の有無を直接納税者本人に確認できない場合には，当該職員は税務代理人を通じて納税者の意向を確認した上で税務代理人への説明を行うこと。」とされています（税理士向けＦＡＱ問14：Q116参照）。

第6章 その他

Question 121　身分証明書の携帯等

質問検査権を行使する場合，各個別税法では，当該職員に対し身分証明書の携帯等を義務付けていましたが，それらの規定が統合された国税通則法ではどうなっているのでしょうか？

また，行政指導の場合はどうなるのでしょうか？

Point
1. 同様の義務あり（個別税法時代と変化なし）
2. 行政指導の場合も同様

Answer

1 質問検査権について国税通則法に一本化されたことに伴い，それまで各税法に規定されていた当該職員に対する身分証明書の携帯等に関する義務規定も通則法に規定されました（通則法74の13）。

ちなみに，そこでは次のように規定されています。

> **通則法**　（身分証明書の携帯等）
> 第74条の13　国税庁等又は税関の当該職員は，第74条の2から第74条の6まで（当該職員の質問検査権）の規定による質問，検査，提示若しくは提出の要求，閲覧の要求，採取，移動の禁止若しくは封かんの実施をする場合又は前条の職務を執行する場合には，その身分を示す証明書を携帯し，関係人の請求があつたときは，これを提示しなければならない。

2 また，行政指導目的での納税義務者の事業所等の往訪は実地の調査ではありませんが，身分証明書を携帯・提示し，行政指導である旨を明らかにするよう指示しています（事務運営指針2章3(1)）。

ちなみに，事務運営指針2章3(1)では，次のような指示が出されています。

> **事務運営指針** 第2章 基本的な事務手続及び留意事項
> 3 調査時における手続
> (1) 身分証明書等の携帯等
> 　実地の調査を実施する場合には，身分証明書及び質問検査章を必ず携帯し，質問検査等の相手方となる者に提示して調査のために往訪した旨を明らかにした上で，調査に対する理解と協力を得て質問検査等を行う。
> （注）行政指導の目的で納税義務者の事業所等に往訪する場合であっても身分証明書を携帯・提示し，行政指導で往訪した旨を明らかにすることは必要であることに留意する。

Question 122　資料提出義務不履行と過怠税

　米国などでは，配当，給料，報酬，料金等の支払をする者が支払調書等の提出義務を履行しなかった場合，罰則規定の適用に加え，1件当たり数ドル程度の過怠税が課されることになっているとのことですが，国税通則法ではどのようになっているのでしょうか？

Point

　規定なし（過怠税の適用なし）

Answer

１　おっしゃるように，米国では，所定の期日までに法定調書の提出がなされない場合，1月以内であれば1件当たり30ドル，上限25万ドル（提出義務者が小企業の場合7.5万ドル），それ以後8月1日までにあっては1件当たり60ドル，上限50万ドル（小企業の場合20万ドル），それ以降の分については1件当たり100ドル，上限150万ドル（小企業の場合50万ドル）の過怠税が課されることになっています（内国歳入法第6721条）(注)。

（注）　ただし，提出枚数が10件以内の場合等の場合には，いわゆるデミニマス・ルール（小口免除）により，これらのペナルティは課されないこととされています（同法第6721条（C））。

2 国税通則法制定に先立って昭和36年7月5日に出された税制調査会第二次答申「国税通則法の制定に関する答申」では，これらの資料に基づく的確な課税がされるよう，資料の提出をより一層促進する趣旨から，その義務違反に対し，アメリカの立法例にならって，新たに過怠税の制度を設けることが適当であるとしていました。

しかし，米国などのように不提出1件当たり1か月につき○○ドルというような形での過怠税の制度は設けられませんでした。

3 それは，このような資料提出義務が所得税法など特定の税法において規定されていることから，国税通則法で改めて規定する必要がないと判断されたためです(注)。

(注) ちなみに，例えば所得税法では，配当，給料，報酬・料金等の支払をする者がその提出期限までに支払調書等に関する書類を税務署長に提出せず，又はそれらの書類に偽りの記載若しくは記録をして税務署長に提出した場合には，1年以下の懲役又は50万円以下の罰金に処せられることになっています（所法242五）。しかし，米国ような形でのペナルティ規定は設けられていません。

Question 123 修正申告書の提出と更正の予知との関係

過去の裁判例や裁決例などを見てみますと，申告もれの内容等を具体的に指摘した来署依頼状が出された後に提出された修正申告書は，「更正を予知してなされたもの」だとされているようですが，新法制下ではどのようになるのでしょうか？

Point
従前と同じ（「調査」に該当するとして過少申告加算税の賦課あり）

Answer

1 過去の裁決例の中には，申告もれの土地譲渡について具体的に指摘した来署依頼状の送付後になされた修正申告書の提出は，「更正を予知してなされたものに該当する。」としたものがあります（平成8年9月30日裁決・裁決事例

集No52, 31頁)。

2 ところで，新法の下では，「調査」とは，特定の納税者の課税標準等を認定する目的で行う行為である旨が明記され（同前通達1－1(1), (2)），例えば提出された申告書に計算誤り，転記誤り，記載もれ及び法令の適用誤りがあるのではないかと思われる場合に，税務署の担当官が納税者に対して自発的な見直しを要請した上で必要に応じて修正申告書の自発的な提出を要請するような行為（いわゆる行政指導）は，ここでいう「調査」には該当しないとされています（事務運営指針2章1（注）2，一般納税者向けＦＡＱ問2）。

> **事務運営指針　第2章　基本的な事務手続及び留意事項**
> 1　調査と行政指導の区分の明示
> 　　納税義務者等に対し調査又は行政指導に当たる行為を行う際は，対面，電話，書面等の態様を問わず，いずれの事務として行うかを明示した上で，それぞれの行為を法令等に基づき適正に行う。
> （注）
> 　1　省略
> 　2　当該職員が行う行為であって，特定の納税義務者の課税標準等又は税額等を認定する目的で行う行為に至らないものは，調査には該当しないことに留意する（手続通達1－2）。

> **一般納税者向けＦＡＱ**
> 問2　税務署の担当者から電話で申告書の内容に問題がないか確認して，必要ならば修正申告書を提出するよう連絡を受けましたが，これは調査なのでしょうか。

　調査は，特定の納税者の方の課税標準等又は税額等を認定する目的で，質問検査等を行い申告内容を確認するものですが，税務当局では，税務調査の他に，行政指導の一環として，例えば，提出された申告書に計算誤り，転記誤り，記載漏れ及び法令の適用誤り等の誤りがあるのではないかと思われる場合に，納税者の方に対して自発的な見直しを要請した上で，必要に応じて修正申告書の自発的な提出を要請する場合があります。このような行政指導に基づき，納税者の方が自主的に修正申告書を提出された場合には，延滞税は納付していただく場合がありますが，過少申

第6章
第1部　税務調査関係

> 告加算税は賦課されません（当初申告が期限後申告の場合は，無申告加算税が原則5％賦課されます。）。
> 　なお，税務署の担当者は，納税者の方に調査又は行政指導を行う際には，具体的な手続に入る前に，いずれに当たるのかを納税者の方に明示することとしています。

❸　しかし，いわゆる内部調査に基づく具体的指摘に基づき，納税者が自主的に修正申告書を提出した場合には，過少申告加算税が賦課されることになります。

　また，当初申告が期限後申告である場合には，原則として5％の無申告加算税が課されることになります（同前FAQ問2後段かっこ書き）。

❹　なお，どのような段階までに修正申告書が提出されれば「更正を予知した」としてなされたものでないことになるのかについては，次のような裁判例があります。

参　考

【修正申告書の提出が更正を予知してなされたものでないときに該当するための要件】

①　東京地裁，昭和56年7月16日判決，昭和52年（行ウ）36号
　　　　　　　　　　　　　　　　　　　　　　行裁例集32巻7号1056頁

　「修正申告書の提出が本条2項にいう（筆者注：国税通則法65条2項にいう）「更正があるべきことを予知してなされたものでないとき」に当たるというためには，税務調査により申告が不適正で申告漏れの存することが発覚し更正に至るであろうということが客観的に相当程度の確実性をもつて認められる段階に至る以前に自ら進んで修正申告を確定的に決意して同申告書を提出することを必要とすると解すべきである。」

②　東京高裁，平成14年9月17日判決，平成14年（行コ）51号

　「国税通則法65条5項にいう『調査』とは，修正申告の対象となった特定の国税についての調査でなければならないが，課税庁が納税者を具体的に特定したうえでする直接的調査でなくても，当該調査が客観的にみれば

-181-

当該納税者を対象とするものと評価でき，納税者が自らの申告に対して更正のあるべきことを予知できる可能性があるものである限り，同項の『調査』に該当する。」

③　さいたま地裁，平成16年２月18日判決，平成14年（行ウ）41号

「国税通則法65条５項にいう「その提出が，その申告に係る国税についての調査があったことにより当該国税について更正があるべきことを予知してされたものでないとき」とは，税務署職員が，申告に係る国税についての調査に着手し，その申告が不適正であることを発見するに足りるか又は端緒となる資料を発見し，これによりその後調査が進行して先の申告が不適正で申告漏れの存することが発覚し更正に至るであろうことが客観的に相当程度の確実性をもって認められる段階に達した後に提出したものでないことを要し，逆に上記のような段階に達した後に納税者がやがて更正に至るべきことを認識して修正申告を決意し，修正申告書を提出したものである場合は，これに当たらないと解するのが相当である。」

【修正申告書の提出が更正があるべきことを予知してなされたものでない旨の立証責任】

④　東京地裁，昭和56年７月16日判決，昭和52年（行ウ）36号

行裁例集32巻７号1056頁

「修正申告書の提出が更正があるべきことを予知してされたものでないときに例外的に加算税を賦課しないこととした前記法条（筆者注：国税通則法65条２項）の趣旨からすれば，右の点については，調査により更正があるべきことを予知して修正申告がされたものでないことの主張・立証責任が原告にあるべきというべきである。」

第 2 部

更正の請求等

　平成23年12月改正における国税通則法改正のもう一つの大きなポイントは，更正の請求関係の改正です。

　この改正により，更正等に係る除斥期間（3年又は5年）に比して短すぎるとされていた更正の請求期間が，それまでの1年から除斥期間の延長（5年）に合わせる形で5年に延長されました。

　また，更正の請求範囲についても，当初申告要件の緩和等がなされました。

　他方，内容虚偽の更正請求書を提出した者に対する処罰規定の創設など納税者により厳しくなる改正もなされています。

2

真正の溶氷体

Question 124 更正の請求について見直しがなされた理由

平成23年度の税制改正で,「更正の請求」について見直しが行われたとのことですが,どうしてなのでしょうか？

Point

納税環境整備の一環

Answer

1 「更正の請求」は,申告に係る税額が計算誤り等によって過大となっている場合に,納税者が自ら申告内容の是正を税務当局に請求できるという権利です（通則法23）。

2 申告納税制度の下においては,期限内に適正な申告をするということが大前提になっています。したがって,この制度はいわば例外的措置として位置付けられています。

そのため,納税者が誤りを発見した場合,その発見は次の申告期までにできるという前提で更正の請求期間は法定申告期限から1年以内とされていました。

3 しかし,納税者の視点からしますと,当局による更正は3年（現在は5年）までできるのに,更正の請求が1年以内しか認められないのは,バランスを失しているだけでなく納税者の権利保護にも欠けているのではないかという強い意見がありました。

4 そこで,平成23年度の税制改正で,「更正等の除斥期間」が3年から5年に延長（注1）されたことに伴い,「更正の請求」ができる期間についても,法定申告期限から1年以内であったものが,法定申告期限から5年以内に延長されることになったという次第です（注2）。

(注1) ただし,偽り・不正の行為により税額を免れるなど脱税の場合に税務署長が行う増額更正の期間は従前のとおり7年となっています。

(注2) なお,贈与税及び移転価格税制に係る法人税についての更正の請求ができる期間は6年（改正前：1年）に,法人税の純損失の金額に係る更正の請求ができる期間は9年（改正前：1年）にそれぞれ延長となっています。

また，運輸支局等に対し，自動車重量税を納付した後に自動車検査証の交付等を受けることをやめた場合，又は，過大に自動車重量税を納付して自動車検査証の交付等を受けた場合に，過誤納金の還付に係る証明書の交付を請求できる期間は，その該当することとなった日から5年（改正前：1年）に延長されています。

Question 125 更正の請求

平成23年度の税制改正で，更正の請求関係について大きな改正があったと聞きましたが，そもそも「更正の請求」とはどのようなものなのでしょうか？

Point

回答例参照

Answer

1 ご承知のように，①納税申告書に記載した納付すべき税額が過少であるとき，②還付金に相当する税額が過大であるとき，又は③純損失などのいわゆる赤字金額が過大であるときは，納税者は税務署長からの更正があるまではその申告した課税標準等又は税額等を修正する納税申告書（いわゆる「修正申告書」）を提出することができることとされています（通則法19）。

2 それに対し，申告に係る課税標準又は税額等が過大であったり，純損失（いわゆる赤字）の金額が過少であった場合には，「修正申告」ではなく「更正の請求」という別の手続によらなければならないこととされています（同法23）。

3 「修正申告」も「更正の請求」も当初の申告内容を是正するという点では同じですが，前者（修正申告）が納税者の申告税額が増加（又は還付税額が減少）する方向に働くのに対し，後者（更正の請求）はそれが減少（又は還付税額が増加）する方向に働きます。

すなわち，「修正申告」と「更正の請求」は全く逆方向の動きだということです。

－186－

具体的には次のようなイメージです。

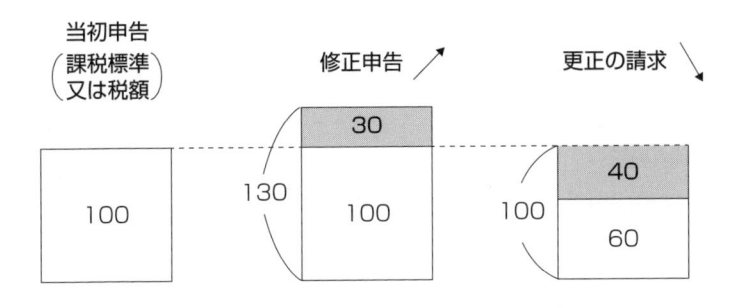

```
当初申告
(課税標準
又は税額)        修正申告 ↗           更正の請求 ↘

                     ┌──30──┐
                     │      │              ┌──40──┐
┌──────┐  130 │      │  100 │      │
│      │        │      │        │  60  │
│ 100  │        │ 100  │        │      │
└──────┘        └──────┘        └──────┘
```

Question 126　修正申告との差（法的効果）

「更正の請求」も「修正申告」も当初の申告税額等を是正するものだとのことですが，両者は法的に同じ効果を有するものなのでしょうか？
また，差が設けられているとすればどうしてなのでしょうか？

Point

1. 異なる（「修正申告」には税額等の確定効果があるが，「更正の請求」にはない）
2. 悪質な納税者による徴税回避防止のため

Answer

① 「更正の請求」も「修正申告」も，当初の申告税額等を是正するものであるという点では共通しています。しかし，法的効果については大きな差があります。

② すなわち，「修正申告」にあっては，その行為によって税額等を確定させる効果があります。したがって，その後当局（税務署長）による是正（更正）がない限り，その税額等がそのまま確定します。

③ それに対し，「更正の請求」にあっては，納税者は税務署長に対し，その是正を請求する権利を行使する手続にとどまります。したがって，納税者の請

-187-

求が認められるためには，税務署長による「更正」という手続が必要になります。

　ちなみに，修正申告と更正の請求の差をイメージ図の形で示すと次のようになります。

（修正申告の場合）

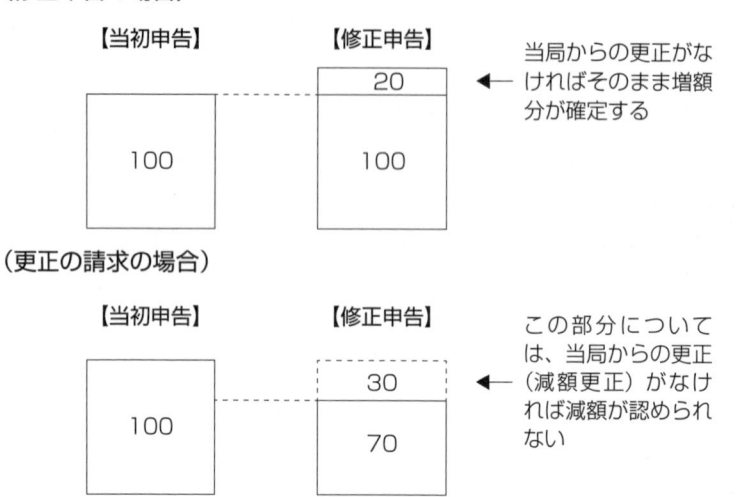

【当初申告】　【修正申告】

100　　　　　20
　　　　　　100

← 当局からの更正がなければそのまま増額分が確定する

（更正の請求の場合）

【当初申告】　【修正申告】

100　　　　　30
　　　　　　70

← この部分については、当局からの更正（減額更正）がなければ減額が認められない

4　「更正の請求」について，「修正申告」の場合のように税額等を確定させる効果を与えないこととしているのは，それが納付すべき税額を減額（又は還付すべき税額を増加）させる修正(注1)であることから，納付すべき税額を増加（又は還付税額を減少）させる行為である「修正申告」と同様の法的確定効果を付与した場合，国税の徴収の安定が得られないだけでなく，悪質な納税者によって徴税回避が行われる恐れがあるためです(注2)。

(注1)　「修正申告」の場合は増額修正
(注2)　税務大学校講本「国税通則法」28頁

第2部　更正の請求等

Question 127　後発的事由に基づく更正の請求

「更正の請求」ができる場合として，法令の適用誤りや税額の計算誤りなどに加え，「後発的事由に基づく更正の請求」も認められているとのことですが，そこでいう「後発的事由に基づく更正の請求」にはどのようなものがあるのでしょうか？

Point

後発的事由及び各税法で規定された特則による場合

Answer

❶　「更正の請求」ができるのは，原則として申告・納付した課税標準若しくは税額等の計算が税法の規定に従っていなかったこと又は当該計算に誤りがあったことにより納付すべき税額を過大に申告した場合（純損失等の金額を過少に申告した場合等及び還付金の額を過少に申告した場合等を含む。）とされています（通則法23①）(注)。

(注)　なお，その課税標準又は税額等が申告に係るものでなく，更正又は決定に係るものである場合には，更正又は決定後の金額となります。

❷　しかし，それ以外であっても，次のいずれかに該当する場合には，「更正の請求」ができることとされています。

①　後発的事由に基づく場合（同条②）

　　例えば，課税標準又は税額の計算の基礎となった事実に関する訴えについての判決により，その事実が当該計算の基礎としたところと異なることが確定したときなど。

②　各税法に特別な規定が設けられている場合（所法63，152，法法80の2，相法32など）(注)

(注)　ちなみに，各税法で規定されている更正の請求の特則には次のようなものがあります。
　　①イ　事業を廃止した後に必要経費に算入されるべき金額が発生したこと（所法

-189-

63)
　　ロ　資産の譲渡代金が回収不能となったこと（所法64）
　等の事実が生じたことにより，上記の通常の場合に掲げる事由が生じたとき（所法152）
② 前年分以前の所得税額又は前事業年度分以前の法人税額等についてされた更正等に伴い，その翌年分以後の所得税額又はその翌事業年度分以後の法人税額等について上記の通常の場合に掲げる事由が生じたとき（所法153，法法80の2・82，消法56）
③ 相続税又は贈与税について，未分割遺産の分割，相続人の異動，遺留分による減殺の請求等の事由が生じたことにより，課税価格及び相続税額又は贈与税額が過大となるとき（相法32）
④ 取得見込価額により居住用財産の買換えの場合の譲渡所得の課税の特例等の規定の適用を受けた場合において，現実に取得した土地等の価額が取得見込価額をこえるとき等（措法36の3②等）

Question 128　更正の請求ができる期間

更正の請求ができるのはいつまでなのでしょうか？

Point

1. 通常の場合…法定申告期限から5年以内
2. 後発的事由に基づく場合…当該事実が生じた日の翌日から2月以内
3. 特別な場合…同上。ただし，相続関係については4月以内

Answer

　更正の請求ができる期限は，更正の請求の種類に応じ，次のようになっています。

① 通常の場合

　国税の法定申告期限から<u>5年以内</u>（通則法23①）(注)

　(注)　ただし，贈与税及び移転価格税制に係る法人税についての更正の請求ができる期間については6年以内に，また，法人税の純損失の金額が過少であるとき，又は当該申告書に純損失等の金額の記載がなかったこと等に基づく更正の請求は，法定申告期限から9年以内まですることができることとされています（同条かっこ書き）。

② 後発的事由に基づく場合
　当該事実が生じた日の翌日から２月以内（通則法23②）
③ 特別の場合
　イ　譲渡代金が回収不能となった場合等及び前年分の異動に伴うものである場合においては，これらの事実が生じた日の翌日から２月以内（所法152・153，法法80の２・82，消法56）
　ロ　相続税法関係及び措置法関係にあっては，その事実が生じた日の翌日から４月以内（相法32，措法28の３⑩等）

ちなみに，これらの関係をタイムテーブルの形で図示すると次のようになります。

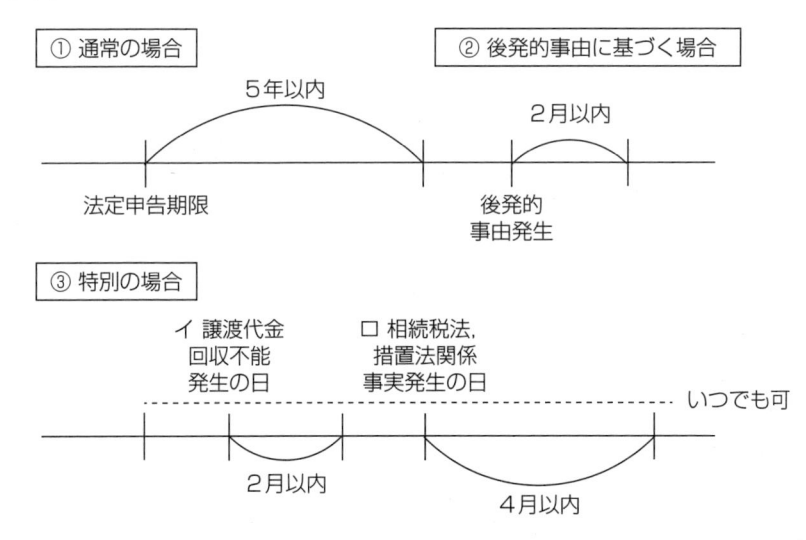

① 通常の場合
　　法定申告期限 ——5年以内——

② 後発的事由に基づく場合
　　後発的事由発生 ——2月以内——

③ 特別の場合
　イ　譲渡代金回収不能発生の日 ——2月以内——
　ロ　相続税法，措置法関係事実発生の日 ——4月以内——　いつでも可

Question 129　更正の請求と立証責任

当局が更正・決定等を行う場合には，当局が立証責任（挙証責任）を負うとのことですが，更正の請求についても同じなのでしょうか？

Point

納税者側に立証責任あり

Answer

1　租税確定処分の取消しを求める訴訟において，課税要件事実について納税者と税務当局のいずれが客観的立証責任を負うかについては2つの見解があるとされていますが，租税行政庁が確定処分を行うためには，課税要件事実の認定が必要とされていることから，少なくとも課税要件事実の存否及び課税標準においては，原則として税務当局が負うべきであると解されています（例えば，金子宏「租税法（第18版）」914頁，弘文堂）。

2　それに対し，更正の請求は，自らが申告した内容等について，それが誤っていたとしても当局にその是正を求める手続です。したがって，更正の請求に係る立証責任は納税者自身にあると解されています（例えば，東京高裁平成14年9月18日判決，税務月報50巻11号3335頁）。

Question 130　旧法時代の請求期限経過後の救済措置

改正法は平成23年12月2日以後に法定申告期限が到来するものから適用になるとのことですが，それより前に法定申告期限が到来するものについては法定申告期限から1年経過後は全く救済が受けられないということになるのでしょうか？

Point

「更正の申出」により救済を受けることが可能

第2部　更正の請求等

Answer

1　更正の請求期間の1年から5年への延長は，平成23年12月2日以後に法定申告期限が到来する国税について適用されることとなっています（平成23年改正法附則36①）。

ちなみに，これらの関係をイメージ図の形で示すと次のようになっています。

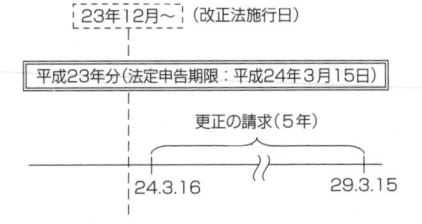

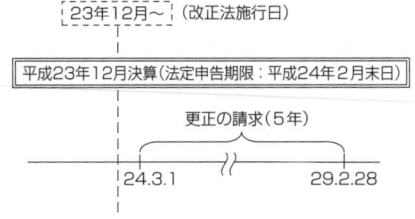

（例）所得税の更正の請求ができる期間　　（例）法人税の更正の請求ができる期間

```
┌23年12月～┐(改正法施行日)           ┌23年12月～┐(改正法施行日)
┌──────────────────────────┐         ┌──────────────────────────────┐
│平成23年分(法定申告期限：平成24年3月15日)│ │平成23年12月決算(法定申告期限：平成24年2月末日)│
└──────────────────────────┘         └──────────────────────────────┘
         更正の請求(5年)                        更正の請求(5年)
     ┌─────〜〜─────┐                    ┌─────〜〜─────┐
   24.3.16         29.3.15              24.3.1          29.2.28
```

（出典）　国税庁パンフレット「平成23年度　更正の請求の改正のあらまし」一部修正

2　しかし，旧法時代においても，更正の請求期限経過後は全くそれらの申出を認めないというわけではなく，更正等の除斥期間内であれば，いわゆる「嘆願書」を提出してもらうという形でそれらの陳情を受け付け，処理するというやり方が採用されていました。

3　このような実務慣行を踏まえ，新法施行後においても税務署長が更正等を行うことができる期間内であれば，「更正の申出」という形で税額の減額や還付金額の増額を求めることができることとされています（注）。

（注）　ただし，これらはあくまで実務上の取扱いです。したがって，たとえ申出のとおりに減額更正がなされなかったとしても，それらについて不服申立ての対象とすることはできませんので注意してください。

-193-

Question 131 更正の請求と調査との関係

更正の請求をすれば自動的に減額更正してもらえるのでしょうか？

Point
調査のプロセスが必要

Answer

1 税務署長又は税関長は，「更正の請求」があった場合には，その請求に係る課税標準又は税額等について調査することとなっています（通則法23④）。そして，その結果，更正の請求に理由があるときは，減額更正の処分を行います（同前）。

2 他方，更正すべき理由がないときは，更正をすべき理由がない旨を通知することとされています（同前）。

3 ちなみに，これら一連の関係をイメージ図の形で示すと次のようになります。

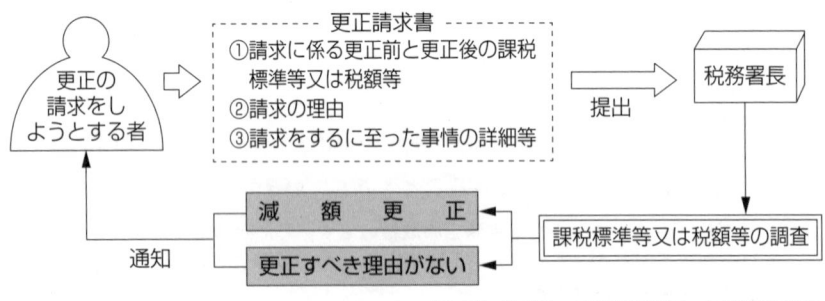

（出典）『図解　国税通則法』大蔵財務協会

Question 132 更正の請求に係る添付書類の明確化

更正の請求をする場合，更正の請求書を提出することになると思うのですが，今回の税制改正で何か変更になった点があるのでしょうか？

Point
証明書類の添付義務が明確化された。

Answer

1 従来の制度においても，「更正の請求書」には，更正の請求をする理由，その他請求するに至った事情の詳細その他参考となるべき事項を記載した更正請求書を提出する（旧通則法23③）ほか，更正の請求をする理由が一定期間の取引に係るものである場合等においては，その事実を証明する書類を添付することとされていました（旧通則令6②）。

しかし，旧国税通則法施行令においては「添付するものとする。」とのみ規定されていたことなどから，実務上若干の混乱も生じていました。

> **参 考** 大阪地裁昭和52年8月2日判決
> 「『事実を証明する書類』の添付のない更正の請求であっても，それを理由に請求を却下することはできないと解すべきである。」

2 そこで，平成23年度の税制改正時に，更正の請求制度自体が改正されたことに伴い，「添付しなければならない。」と規定され，添付義務がより明確化されています。

ちなみに，改正後の国税通則法23条3項では，次のように規定されています。

> **通則法**（更正の請求）
> 第23条　1・2　省略
> 3　更正の請求をしようとする者は，その請求に係る更正前の課税標準等又は税額等，当該更正後の課税標準等又は税額等，その更正の請求をする理由，当該請求をするに至つた事情の詳細その他参考となるべき事項を記載した更正請求書を税

務署長に提出しなければならない。
4～7　省略

Question 133　更正の請求がなされた場合の当局の処理

更正の請求がなされた場合，税務当局側ではどのような処理を行うことになるのでしょうか？

Point

調査をし，更正の請求に理由があれば減額更正，理由がなければ更正をすべき理由がない旨を通知

Answer

1　納税者から更正の請求がなされた場合，請求を受けた税務署長（又は税関長）は，その請求に係る課税標準等又は税額等について調査することとされています（通則法23④）。

2　そして，調査の結果，更正をすべき理由があるときは減額更正をしますし，更正をすべき理由がないときは，更正をすべき理由がない旨を通知することとされています（同前）。

ちなみに，そこでは次のように規定されています。

> **通則法**　（更正の請求）
> 第23条　1～3　省略
> 　4　税務署長は，更正の請求があつた場合には，その請求に係る課税標準等又は税額等について調査し，更正をし，又は更正をすべき理由がない旨をその請求をした者に通知する。
> 　5～7　省略

具体的には，次のようなイメージになります。

```
【申告】 ──→ 【請求】 ──→ 【調査】 ──→ 【結果】
```

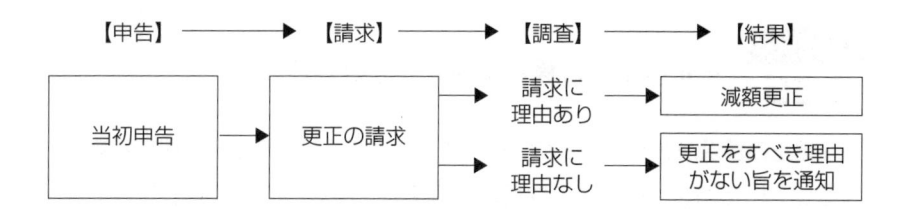

当初申告	→	更正の請求	→	請求に理由あり	→	減額更正
			→	請求に理由なし	→	更正をすべき理由がない旨を通知

Question 134　内容虚偽の更正請求書の提出に対する罰則規定の創設

今般の改正で，内容虚偽の更正請求書を提出した場合，これを処罰する旨の規定が創設されたそうですが，どうしてなのでしょうか？

Point

悪質な不正還付を未然に防止するため

Answer

1　今回の改正で更正の請求期間が延長されたことに伴い，悪質な不正還付請求が増加する可能性もあります。

2　そこで，更正の請求手続を利用した悪質な不正還付請求を防止し，適正かつ円滑な税務行政を確保するという観点から，故意に偽りの記載をした更正請求書を提出する行為について，1年以下の懲役又は50万円以下の罰金を科するという制度が設けられることになった次第です（通則法127一）(注)。

(注)　虚偽の請求を行い，実際に不正還付を受けた場合には，従前の制度においてもいわゆる「脱税犯」として処罰の対象とされていましたが，単に虚偽の更正の請求書を提出しただけでは処罰の対象になっていませんでした。そこで，今回の改正でこのような未遂罪についても処罰の対象に加えることとされたものです。
　　したがって，過失犯に対してはこの罰則は適用されません。

Question 135　更正の請求に係る税務署長等の処理遅滞

更正の請求があったにもかかわらず，税務署長がそれらの処理をせず放置していた場合，納税者には何か救済手段が講じられているのでしょうか？

Point

不作為についての不服申立てができる。

Answer

1　更正の請求があった場合，税務署長は，その請求に係る課税標準又は税額等について調査し，その調査に基づいて全部若しくは一部を更正し又は更正をすべき理由がない旨を納税者に通知することとされています（通則法23④）。

2　また，更正の請求がなされたにもかかわらず，その処理が相当な期間を経過しても行われない場合には，納税者は行政不服審査法に基づき，不作為についての不服申立てをすることができることとされています（同法7，9）。

（注）ちなみに，行政不服審査法7条では次のように規定されています。

> **行政不服審査法**　（不作為についての不服申立て）
> 第7条　行政庁の不作為については，当該不作為に係る処分その他の行為を申請した者は，異議申立て又は<u>当該不作為庁の直近上級行政庁に対する審査請求のいずれか</u>をすることができる。ただし，不作為庁が主任の大臣又は宮内庁長官若しくは外局若しくはこれに置かれる庁の長であるときは，異議申立てのみをすることができる。
> （筆者注：ただし書き以下に示すとおり，国税庁に対するものについては下線部分の適用はない。）

第2部　更正の請求等

Question 136　更正の請求と徴収の猶予

更正の請求をした場合，当該請求に係る部分については徴収が猶予されるのでしょうか？

Point
原則としてならない。

Answer

❶　「更正の請求」があった場合においても，当該請求に係る国税の徴収については通常の不服申立ての場合と同じく猶予の対象にはなりません（通則法23⑤）(注)。

（注）　更正処分等に対して不服申立てがなされた場合でも，当該不服申立て分について徴収の猶予は認められていません。

❷　ただし，税務署長（又は税関長）において相当の理由があると認めるときは，その国税の全部又は一部の徴収を猶予することができることとされています（同前ただし書き）。

第 **3** 部

国税通則法等で用いられている基本用語

　　国税通則法は，個別税法のように独立した形で税理士試験の対象とされていないこと等もあって，体系的に勉強されることの少ない税法です。
　　しかし，国税通則法のなかには各税法に共通する基本的な用語や概念が数多く用いられています。
　　そこで，ここでは国税通則法をはじめ各税法で用いられている基本用語について解説します。

1 国税通則法でいう「国税」の範囲 ■■■■■■■■■■

1 国税通則法で規定する「国税」とは，国が課する税のうち，関税，とん税及び特別とん税以外のものをいうこととされています（通則法2一）(注)。

(注) 「関税」とは，外国から輸入され又は外国に輸出される貨物に対して課税される租税です（関税法3）。この税は，原則として税関で徴収されます。「関税」には，価格に着目して課される「従価税」と数量等に応じて課される「従量税」があります。
　　「とん税（噸税, tonnage dues)」とは，外国貿易船が入港した際に，水の供給や港湾施設の利用に対する税であり，その登録トン数又は積量に応じて課される国税で，流通税の一種とされています。
　　「特別とん税」とは，「とん税」に追加して又は「とん税」に代えて課される税であり，流通税の一種とされています。この税は，国税として徴収はされますが，地方公共団体に譲与されます（特別とん譲与税法1）。

2 具体的には，所得税，法人税，相続税，消費税，印紙税，酒税，揮発油税，たばこ税等がそれに該当します。

2 国税通則法上の当事者 ■■■■■■■■■■■■■■■

　国税通則法でいう「納税者」とは，国税に関する法律の規定により国税を納める義務がある者(注)及び源泉徴収による国税を徴収して国に納付しなければならない者をいうこととされています（通則法2五）。

(注) ただし，国税徴収法に規定する第二次納税義務者及び国税の保証人は，ここでいう納税者には含まれないこととされています（同号かっこ書き）。
　　それは，これらの者は納税義務者ではありますが，それは本来の納税義務者がその義務を履行しない場合，補充的に納税義務を負うものであるとされているためです。

3 納税者と納税義務者 ■■■■■■■■■■■■■■

1 国税通則法で規定する「納税者」とは，税務行政機関に対応する他方の者

を称して用いられています。したがって、ここでいう「納税者」には「源泉徴収義務者」も含まれます。

2 それに対し、各個別税法でいう「納税義務者」とは、国税を納付する義務がある者です（所法5，法法4，相法1ほか）。

3 また、「納税者」と「納税義務者」をあわせて「納税義務者等」ということもあります(注)。

(注) なお、それ以外に納税者の国税に関する事項を処理する「納税管理人」も広義の納税者等に区分されています。

【納税者と納税義務者に関するイメージ】

```
              《納税者等》
                              ┌─ 納 税 義 務 者
 税務行政機関 ←→ 納 税 者 ┤
                              └─ 源泉徴収義務者等
                     │
                  納 税 管 理 人
```

4 税務行政機関

1 「納税者等」に対応する機関は、財務省です（財務省設置法3）。

2 ただし、日常の業務については、国税については国税庁、国税局及び税務署に、関税については財務省の関税局及びその地方支分部局である税関が担当しています(注)。

(注) なお、税関では輸入貨物に対して課される消費税などの内国税の賦課、徴収の義務も併せて行われています。

3 また、登録免許税については登記所や特許認可等を担当する官庁又は団体の長（例えば、税理士登録の場合における日本税理士会連合会会長など）が、自動車重量税については運輸大臣（その下部機関及び軽自動車検査協会を含む）が、その具体的執行を担当しています。

5 期間と期限 ■■■■■■■■■■■■■■■■

❶ 国税通則法でいう「期間」とは，ある時点からある時点までの時の区分をいうこととされています。

例えば，更正の除斥期間等がそれに該当します。

具体的には，次のようなイメージです。

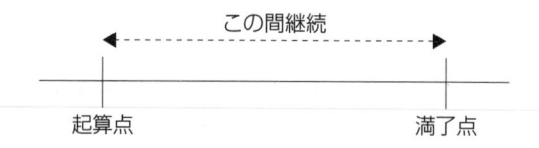

```
         ←------ この間継続 ------→
─────────┬──────────────────────┬─────────
        起算点                  満了点
```

❷ それに対し「期限」とは，法律行為の効力の発生，消滅又はこれらの法律行為と事実行為の履行が一定の日時に決められている場合における，その一定の日時をいうこととされています。

「期限」の代表例は，「申告期限」などです。

6 期間計算の起算点 ■■■■■■■■■■■■■■

❶ 期間の計算をする場合，初日は算入せず翌日から計算するというのが原則です（通則法10①一本文）。

具体的には，次のようなイメージです。

```
  初日  起算日    期間
───┬───┬────────────────▶─────
  11/12 11/13              満了日（点）
```

したがって，例えば，非居住者が滞在期間未定のまま入国（11月12日）した場合，初日は算入しませんので，居住期間の計算の起算日は11月13日からということになります。

❷ ただし，期間が午前０時から始まるとき，又は特に初日を算入する旨の定めがあるときは，初日を算入します（同号ただし書き）。

3 なお,例えば,「2月16日から3月15日まで」(所法120①)のように,確定日から確定日までを定める期間については,改めて期間の計算を行う必要がないことから,期間計算の規定は適用されません。

7 期間の計算

「期間」が月又は年をもって定められているときは,暦に従って計算することとされています(通則法10①二)。

ここで「暦に従う」とは,例えば,1か月といった場合は,翌月における起算日に応当する日(いわゆる応当日)の前日を,1年といった場合には,翌年における起算日の応当日の前日を,それぞれの期間の末尾として計算することをいいます(通則法10①三)。

具体的には,次のようなイメージです。

【期間の計算の具体例】

用語	説明	用例	図解
1 〜日から	原則 初日不算入 (通則法10①一本文)	(1) その理由のやんだ日から2月以内(通則法11)	6/1 理由のやんだ日 — 6/2 起算日 — 2月 — 8/1 満了日(点) — 8/2 応当日
		(2) 納付の日から3日以内 (徴収法131)	8/1 納付の日 — 8/2 起算日 — 3日 — 8/4 満了日(点)
	特例 初日算入 (通則法10①一ただし書)	(1) 終了の日の翌日から2月以内(法法74①) ※ 〜の日の翌日から…午前0時から始まる。	3/31 終了の日 — 4/1 翌日(起算日) — 2月 — 5/31 満了日(点)(最終月の末日)
		(2) 開始の日以後6月を経過した日から2月以内(法法71①) ※ 6月を経過した日…午前0時から始まる。	4/1 開始日 — 6月 — 10/1 6月を経過した日(起算日) — 2月 — 11/30 満了日(点)(最終月の末日)
2 〜日から起算して	期間の初日(起算日)を明確にする場合に用いられる。	督促状を発した日から起算して10日を経過した日(通則法40)	4/27 督促状発送(起算日) — 10日 — 5/6 経過する日 — 5/7 経過した日

第3部　国税通則法で用いられている基本用語

8 満 了 点 ■■■■■■■■■■■■■■■■

　「期間」を計算する場合，その期間は「満了点」という時点をもって完結することになりますが，「満了点」は，その「起算点」がどのような形のものになっているかに応じ，次の2つに区分されます。

　① 月又は年の始めから期間を起算するとき

　　　最後の月又は年の末尾の終了時点（午後12時）が期間の満了点(注)。

　　（注）　したがって，例えば9月1日から起算して6か月ということになりますと，満了日は2月28日ということになります。

　② 月又は年の初めから期間を起算しないとき

　　　最後の月又は年において起算日の応当日前日の終了時点（通則法10①三本文）。この場合，最後の月に応当日がないときは，その月の末尾の終了時点が期間の満了点となります（通則法10①三ただし書き）(注)。

　　（注）　例えば，8月30日から6か月ということになりますと，2月に応当日がありませんので，2月末日が満了日となります。

9 期間の計算が過去にさかのぼる場合の起算点 ■■■■

1　「期間」の計算が過去にさかのぼる場合には，その起算日が特定されている場合(注)を除き，その前日を第1日として過去にさかのぼって期間を計算します（通則法10①）。

（注）　この例として，国税徴収法35条1項に規定する「法定納期限の1年以上前」というものがあります。

2　したがって，例えば公売日を5月25日に設定したとしますと，その公告はその前日（5月24日）から10日目（5月15日）より前の5月14日までに公売公告をしなければならないということになります（徴収法95①）。

　具体的には次のようなイメージです。

- 207 -

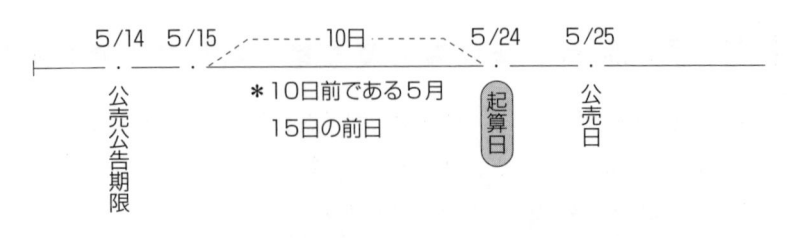

```
 5/14  5/15 ┈┈┈ 10日 ┈┈┈ 5/24  5/25
──┼────┼─────────────┼────┼──
  公   ＊10日前である５月   起  公
  売    15日の前日      算  売
  公                   日  日
  告
  期
  限
```

公売日の前日（5/24）を第１日として，さかのぼって10日目（5/15）に期間が満了します。したがって，その前日の11日目の日（5/14）までに公売広告をしなければならないことになります。

10 期限の意義 ■■■■■■■■■■■■■

1 法律行為に始期を付したときは，その法律行為の履行は，期限が到来するまで，これを請求することができないこととされています（民法135①）。

また，法律行為に終期を付したときは，その法律行為の効力は，期限が到来したとともに消滅することとされています（同条②）。

2 そこでいう「期限」とは，法律行為の効力の発生，消滅又はこれらの法律行為と事実行為の履行が一定の日時をいうこととされています(注)。

(注) なお，期限には，３月15日，７月31日など確定日によるもののほか，期限の末日も含まれます。

3 法人税の確定申告期限は，事業年度終了の日の翌日が起算日となります。したがって，起算日（８月31日）の２月後の応当日である10月31日の前日の10月30日が申告期限ということになります。

なお，会計監査人の監査を受けなければならない法人などのように確定申告書の提出が１月間延長されている法人の場合，３月後の応当日（11月31日）がありませんので，月末である11月30日が申告期限ということになります。

11 期限の延期

1 期限の延期は納税者の便宜を考慮したものですが，そうすることについての法的根拠もあります。

例えば，国税に関する法律に定める申告，申請，請求，届出その他書類の提出，通知，納付又は徴収に関する期限が日曜日，国民の祝日に関する法律に定める休日，その他一般の休日（1月2日，3日）又は政令で定める日（土曜日及び年末の12月29～31日）に当たるときには，これらの日の翌日が期限となります（通則法10②）。

2 ちなみに，例えば確定申告期限の3月15日が休日に当たる場合，その期限は次のように延期されることになります。

```
    3/14            3/15            3/16
    （土）           （日）           （月）
─────────────────────────────────────────
                    期     延長される    期
                    限   ══════════▶   限
```

(注) なお，3月15日が土曜日のときには，3月16日も休日ですので3月17日まで延長（2日延長）されます。
　　ちなみに，平成26年がそのような特別な年に当たっています。

3 ただし，次のような「期限」については，延期はされないこととなっています（通基通10-3）。

①	時をもって定める期限	「出国の時」を期限とする場合 （出国する場合の所得税の申告期限）
②	行政処分により定める期限	申請に基づき納期限の延長を承認する場合 （所法132，133）
③	国税の申告等に関する期限以外の期限	① 課税物件の計算期間の末日（所得税における暦年の末日） ② 課税内容の判断基準日 ③ 一定の事実の判断の基準としている期間の末日
④	政令に定める期限（通則令2①）	引取りに係る消費税の徴収の期限（消法50②）等

12 「経過する日」と「経過した日」

❶ 両者は意味するところが異なります。

❷ 例えば,「経過する日」についてですが,更正又は決定に係る通知書が発せられた場合,納税者はそれらの通知書が発せられた日の翌日から起算して1月を経過する日までに納付しなければならないこととされています(通則法35②二)。

したがって,例えば更正通知書が7月6日に発せられたとしますと,翌日(7月7日)から1月後,すなわち応当日である8月7日の前日の8月6日が納期限ということになります。

具体的には,次のようなイメージです。

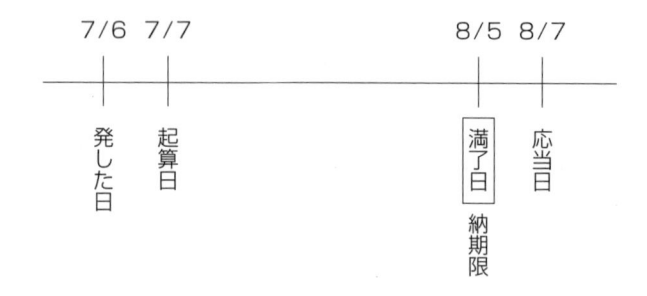

```
     7/6  7/7              8/5  8/7
      |    |                |    |
     発   起               満   応
     し   算               了   当
     た   日               日   日
     日                    |
                          納
                          期
                          限
```

❸ それに対し,「経過した日」とは,例えば国税通則法14条に規定する公示送達の場合のように,「掲示を始めた日から7日を経過した日」となっていますので,例えば5月7日に掲示したとしますと当日が起算日となり,それから7日を経過(5月13日)する日の翌日,すなわち5月14日に送達があったとみなされることになります。

具体には,次のようなイメージです。

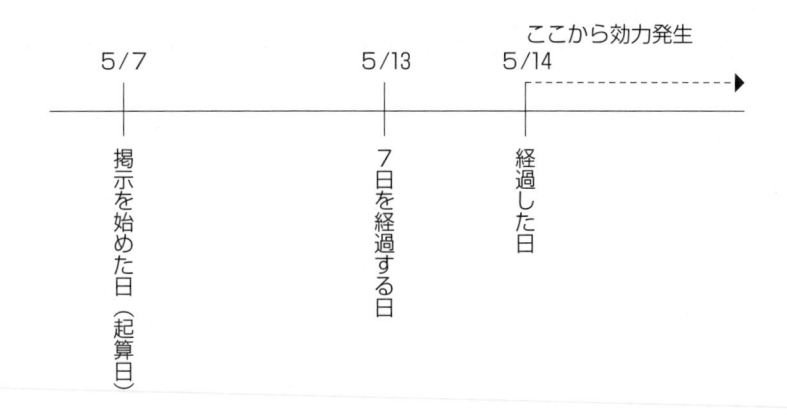

第3部　国税通則法で用いられている基本用語

```
        5/7              5/13        ここから効力発生
                                      5/14
─────────┼────────────────┼───────────┼─ ─ ─ ─ ─ ─ ─ ─ ─▶
         │                │           │
       掲                7            経
       示                日            過
       を                を            し
       始                経            た
       め                過            日
       た                す
       日                る
       （                日
       起
       算
       日
       ）
```

13 以前，以後 ■■■■■■■■■■■■■■■

　期間計算において，「以前」や「以後」という用語が用いられていますが，その場合には，その日を含む概念です。

　例えば，国税徴収法では法定納期限等以前に設定された質権は国税に優先することとされています（同法15）。

　その結果，例えば申告所得税について滞納処分があった場合，法定納期限である3月15日に設定された質権であっても国税に優先することになります。

　具体的には，次のようなイメージです。

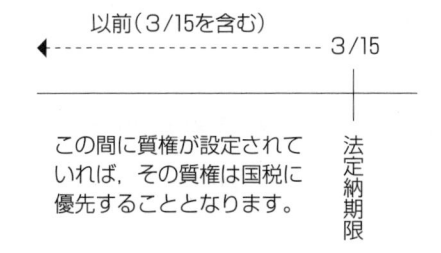

```
              以前（3/15を含む）
       ◀─ ─ ─ ─ ─ ─ ─ ─ ─ ─ ─ ─ ─ ─ ─ ─ ┼───  3/15
                                         │
         この間に質権が設定されて        法
         いれば，その質権は国税に        定
         優先することとなります。        納
                                         期
                                         限
```

-211-

14 以　　内

　「以内」という用語も、「以前」や「以後」と同様にその日を含む概念として用いられています。

　例えば、災害等を受けた場合において、その者がその損失を受けた日以後1年以内に納付すべき国税のうち所定の要件を充たすものについては、その災害のやんだ日から2月以内にされたその者の申請に基づき、その納期限から1年以内に限りその国税の全部又は一部の納税を猶予することができることとされています（通則法46①柱書き）。

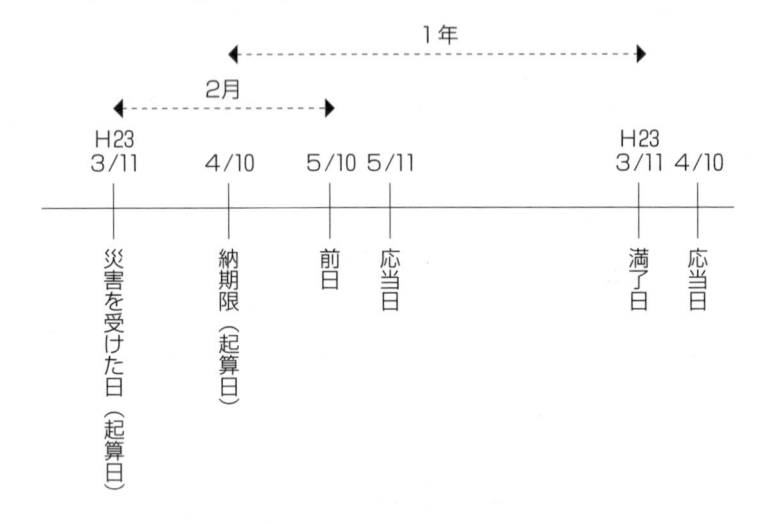

```
                    ←――――――― 1年 ―――――――→
          ←―― 2月 ――→
        H23                              H23
        3/11    4/10   5/10 5/11         3/11  4/10
         |       |      |    |            |     |
    ─────┼───────┼──────┼────┼────────────┼─────┼─────
         災      納     前   応            満    応
         害      期     日   当            了    当
         を      限          日            日    日
         受     （
         け      起
         た      算
         日      日
        （      ）
         起
         算
         日
         ）
```

15 前又は後

❶　「前」又は「後」という用語は、起算点又は満了点となる日時を含まない概念です。

　例えば、差押えした物件について公売をする場合、公売の日の少なくとも10日前までに公告をしなければならないこととされています。したがって、例えば5月25日に公売を予定していたとすると、その前日（5月24日）の10日前で

ある15日の前日（5月14日）までに公告をすることが必要です（徴収法95①）。

2 また、加算税や延滞税などのように、賦課方式により当局が賦課する税については、申告書の提出期限後にその額を決定することとなっています（通則法32①③）。

したがって、例えば提出期限が4月10日となっていた場合、それらの税（加算税等）を賦課できるのは、その翌日、すなわち4月11日からということになります。

具体的には、次のようなイメージです。

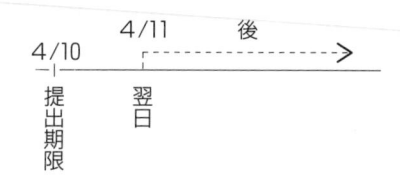

```
        4/11    後
4/10 |┄┄┄┄┄┄┄┄→
 |
提     翌
出     日
期
限
```

16 納税申告書 ■■■■■■■■■■■■■■

国税通則法でいう「納税申告書」とは、申告納税方式による国税に関し国税に関する法律の規定により次のいずれかの事項その他当該事項に関し必要な事項を記載した申告書（還付申告書を含む）のことをいうこととされています（通則法2六）。

① 課税標準
② 課税標準から控除する金額
③ 所得税、法人税、相続税の純損失金額
④ 納付すべき税額
⑤ 還付金の額に相当する金額
⑥ 納付すべき税額の計算上控除する金額又は還付金の額の計算の基礎となる税額

17 法定申告期限と納期限

「法定申告期限」とは，国税に関する法律の規定により納税申告書を提出すべき期限をいうこととされています（通則法２七）。

具体的には，次のようなイメージです。

【申告所得税及び贈与税の場合】

```
        暦年
1/1 ─────────── 12/31    3/15
                  │        │
                納税      申告
                義務      期限
                の成
                立
```

【法人税の場合】

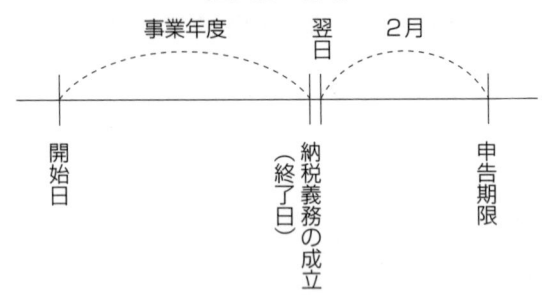

```
   事業年度    翌   2月
              日
開始日      納税義務    申告期限
           の成立
           (終了日)
```

【相続税の場合】

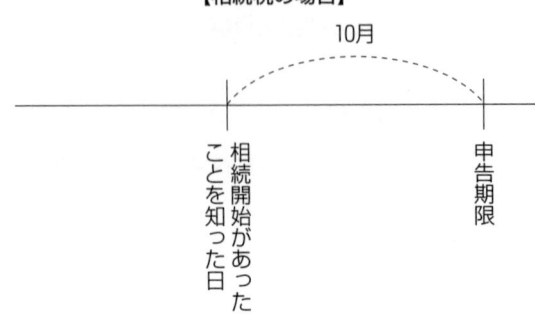

```
              10月
     ┌──────────────┐
     │              │
  相続開始が      申告期限
  あったこと
  を知った日
```

-214-

18 送達の方法

1 税務署から納税者あての連絡は，原則として書類を納税者あてに，郵便若しくは民間事業者により文書を送達（送り届けること）するという形で行われます（通則法12）(注)。

(注) なお，更正，決定などの通知書や差押えに関する書類など重要と認められる書類については，相手方への到達が証明できる簡易書留，書留又は配達証明といった特殊な取扱いによるものもあります。

送達をすべき場所は，送達を受けるべき者の住所又は居所（それに代える事務所又は事業所という場合もあります）となります（同前）。

2 書類の送達の方法としては，「郵便又は信書便による送達」と，税務職員が送達を受けるべき者に対して直接手渡しする形で行う「交付送達」とがあります。

なお，「交付送達」の場合，送達を行う職員は，交付した事績を明確にするため，送達記録書を作成し，これに受領者の署名押印を求めることとされています（通則規1①②）。

(注) ここでいう「信書便」は，民間事業者による信書の送達に関する法律（平成14年7月31日法律99号）の制定により一定の民間事業者が他人の信書を送達する業務を行うことができることとなった，一般信書便事業者（同法2⑥）又は特定信書便事業者（同法2⑨）による信書便（同法2②）です。

ちなみに，これらの関係を一覧表の形で示すと次のようになります。

【書類送達一覧表】

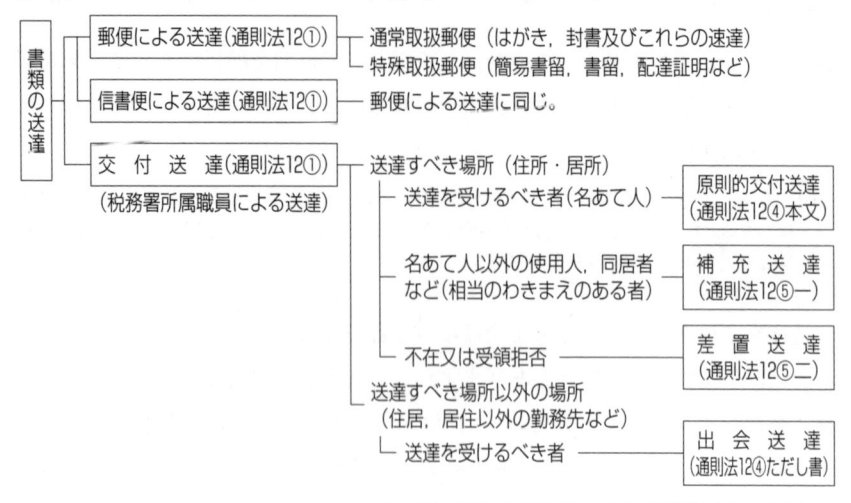

```
書          郵便による送達（通則法12①）─── 通常取扱郵便（はがき，封書及びこれらの速達）
類                                      └ 特殊取扱郵便（簡易書留，書留，配達証明など）
の ─── 信書便による送達（通則法12①）── 郵便による送達に同じ。
送
達 ─── 交 付 送 達（通則法12①）─── 送達すべき場所（住所・居所）
      （税務署所属職員による送達）     ├ 送達を受けるべき者（名あて人）─── 原則的交付送達
                                                                   （通則法12④本文）
                                    ├ 名あて人以外の使用人，同居者 ─── 補 充 送 達
                                    │  など（相当のわきまえのある者）   （通則法12⑤一）
                                    └ 不在又は受領拒否 ─────────── 差 置 送 達
                                                                   （通則法12⑤二）
                                    送達すべき場所以外の場所
                                    （住居，居住以外の勤務先など）
                                    └ 送達を受けるべき者 ─────── 出 会 送 達
                                                                 （通則法12④ただし書）
```

（出典）税務大学校講本「国税通則法」一部修正

19 交付送達 ■■■■■■■■■■■■■■■■

1 交付送達の方法として，国税通則法では次の4つに分類しています（同法12④⑤）。

① 原則的交付送達

　送達を行う職員が，送達すべき場所において，その送達を受けるべき者に書類を交付することである（通則法12④本文）。

② 出 会 送 達

　送達を受けるべき者に異議がない場合で，送達すべき場所以外の相手方と出会った場所，その他相手方の了解した場所（例えば勤務先など）で書類を交付することである（通則法12④ただし書）。

③ 補 充 送 達

　送達すべき場所において，書類の送達を受けるべき者に出会わない場合に，その使用人その他の従業者又は同居の者で，送達の趣旨を了解し，名あて人

に交付することが期待できる者（送達の趣旨を了解できる未成年者を含む）に，書類を交付することである（通則法12⑤一）。

④ 差置送達

送達を受けるべき者，その使用人，従業者若しくは同居の者が送達すべき場所にいない場合，又はこれらの者が正当な理由がなく書類の受領を拒んだ場合に，送達すべき場所の玄関内，郵便受箱などにその書類を差し置くことにより送達することである（通則法12⑤二）。

2 なお，送達をした職員は，交付した事績を明確にするため，「送達記録書」を作成し，これに受領者の署名押印を求めることとされています（通則規1①②）。

20 公示送達

1 「公示送達」とは，書類の送達を受けるべき者の住所及び居所が明らかでない場合又はその者が外国に住んでいることなどにより通常の方法による送達が困難な場合に，税務署の掲示板に公示すること等によって行う送達です（通則法14①②）。

具体的には，次のようなイメージです。

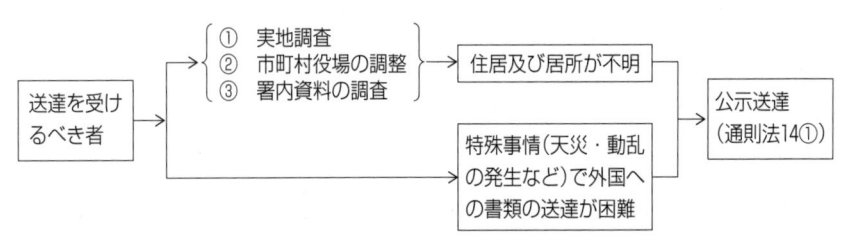

```
送達を受け     ① 実地調査          住居及び居所が不明
るべき者   →   ② 市町村役場の調整  →                    →   公示送達
               ③ 署内資料の調査     特殊事情（天災・動乱       （通則法14①）
                                    の発生など）で外国へ
                                    の書類の送達が困難
```

(注) ただし，郵便物が返戻されてきたという理由だけで，実地調査などの所要の調査をしないで公示送達しても，公示送達の効力は生じません。

2 なお，「公示送達」は，その掲示を始めた日から7日を経過した時に，書類の送達があったものとみなされます（通則法14③）。

具体的には，次のようなイメージです。

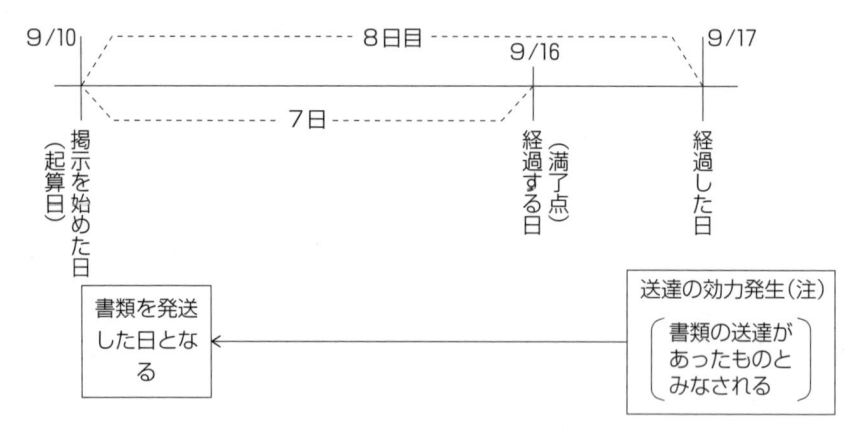

```
9/10 ──────── 8日目 ──────── 9/16        9/17
 │           7日            │           │
掲示を始めた日(起算日)   経過する日(満了点)   経過した日
```

書類を発送した日となる ← 送達の効力発生（注）書類の送達があったものとみなされる

（注） この日が日曜日，休日等であったとしても，延長等になりません。

21 納税者からの書類の提出

1 納税者から税務署などに提出された書類については，それが到達した時に効力を発生することとされています。

ただし，国税庁長官が定める書類については，通信日付印により表示された日を提出日とする，いわゆる「発信主義」が採用されています（通則法22）。

ちなみに，「発信主義」が適用されるのは，確定申告書（所法120①，法法74①，相法27①，消法45①），各種の申請書（所法112，144，217①），届出書（所法16③，151，法法148，法令29②，消法9）などです。

2 なお，次の書類については，e-Taxを利用することも認められています。
① 申　　告
　　所得税，法人税，消費税（地方消費税含む），酒税及び印紙税に係る申告
② 申請，届出等
　　所得税関係，相続税・贈与税，法人税関係，消費税関係，間接諸税関係，酒税関係，納税証明書交付関係，納税関係，法定調書関係，その他（電子帳簿保存法関係，異議申立関係，相互協議関係，納税管理人関係，審査請求関係，災害関係など）

資　料

税務調査手続に関するFAQ

資料1　税務調査手続等に関するFAQ（職員用）【共通】
　　　　　　　　　　　　　　　（平成24年11月）
資料2　税務調査手続に関するFAQ（一般納税者向け）
　　　　　　　　　　　　　　　（平成26年4月改訂）
資料3　税務調査手続に関するFAQ（税理士向け）
　　　　　　　　　　　　　　　（平成26年4月改訂）

資料1

税務調査手続等に関するFAQ（職員用）【共通】
（平成24年11月　国税庁課税総括課）
【情報公開法第9条第1項による開示情報】

> 筆者注：
> 　この文書は，国税庁が部内の職員向けに発したものであり，国税庁ホームページ等で公表されているものではありませんが，税理士情報ネットワークシステム（Tax Accountant Information NetworkSystem：略称TAINS）には掲載されていることから，関係者各位の了承を得たうえでここに紹介するものです。
> 　なお，TAINSに掲載されている職員用FAQには【共通】のほかに，【個人課税編】【法人課税事務関係】【資産課税編】【間接諸税編】【酒税編】等も存在しますが，本書においては紙幅の関係上掲載しておりませんのでご了承ください。

概要

税務調査手続等に関するFAQ（職員用）
【共通】

> ※　本FAQの内容については，改正法施行後（平成25年1月）における手続を前提とした上で，基本的事項（疑義の生じやすい事項）を中心に現段階における考え方を整理したものとなっています。
> 　したがいまして，本資料の内容は，今後の検討により修正される場合があります。
> 　なお，本資料は，国税庁行政文書取扱規則及び行政文書の庁舎外への持ち出し等に係る事務運営指針等に則り，厳正・的確に管理願います。

平成24年11月
国税庁課税総括課

凡　例

本資料において使用している略称及び略語の意義は，次のとおり。

略称・略語	左の意義
改正通則法	「経済社会の構造の変化に対応した税制の構築を図るための所得税等の一部を改正する法律」（平成23年法律第114号）により改正された国税通則法（昭和37年法律第66号）
改正通則法施行令	「国税通則法施行令の一部を改正する政令」（平成23年12月2日政令第382号）により改正された国税通則法施行令（昭和37年4月2日政令第135号）
納税義務者	国税通則法第74条の9第3項第1号に掲げる納税義務者
税務代理人	国税通則法第74条の9第3項第2号に掲げる税務代理人
課税期間	国税通則法第2条第9号に掲げる課税期間
税務代理権限証書	税理士法第30条に規定する書面
手続通達	平成24年9月12日付課総5－9ほか9課共同「国税通則法第7章の2（国税の調査）関係通達の制定について」（法令解釈通達）
行審法	行政不服審査法（昭和37年9月15日法律第160号）

目　次

1　事前通知

（事前通知の方法）

問1－1　事前通知は調査の何日前までに行えばよいのか。

問1－2　納税義務者と電話による連絡が取れないことから，納税地に臨場したところ納税義務者と面接することができた場合，その場で事前通知を行い調査に移行することはできるか。

（事前通知の有無）

問1－3　災害等のやむを得ない事情により調査を中断した後に，改めて実地の調査を行う際には，事前通知は必要か。

問1－4　実地の調査以外の調査として，電話により納税義務者に申告内容の確認を行っていたが，その後，納税義務者の事業所に臨場して調査を実施することとなった場合，改めて事前通知を行うことは必要か。

問1－5　実地の調査の過程で，実質所得者を把握した場合，事前通知は必要か。

問1－6　法定監査の際に，当該監査先の申告内容について非違が疑われた場合，どのような手続で調査に移行すべきか。

資料１／税務調査手続等に関するFAQ（職員用）【共通】

問１－７　納税義務者の取引先等に対して反面調査を行っていたところ、当該取引先等の申告内容について非違が認められた場合、どのような手続で調査に移行すべきか。

問１－８　青色申告承認申請や電子帳簿保存法に係る承認申請等の各種申請の承認の適否の確認のために、納税義務者の納税地に臨場する場合、事前通知は必要か。

問１－９　一般収集又は特別収集を実施する場合において、収集先の事業所等に臨場して資料収集する場合、事前通知は必要か。

問１－10　租税条約に基づく情報交換実施のための調査について、事前通知は必要か。

問１－11　法定監査を実施する場合、事前通知は必要か。

問１－12　消費税の還付申告が提出され、還付保留審査をすることとなったが、還付理由等を確認するために納税義務者の納税地に臨場する場合、事前通知は必要か。

問１－13　異議決定のための手続において、異議申立人の納税地に臨場して、異議申立人の意見陳述を聴くこととなったが、事前通知は必要か。

問１－14　官公署への協力規定に基づき、官公署に臨場する場合、事前通知は必要か。

問１－15　各種団体に対する「諮問」については、事前通知の対象となるのか。

（事前通知の通知事項）

●調査対象場所等

問１－16　調査初日に、複数の場所（自宅と事業所）で調査を行うことを予定しているが、「調査開始場所」はどのように通知すればよいか。

問１－17　「納税義務者の住所又は居所」は、源泉所得税の調査にあっては、「源泉徴収の対象とされている給与等の支払事務を取り扱う事務所や事業所等」を通知することになるのか。

●調査の目的

問１－18　「調査の目的」に、選定理由の通知は含まれるのか。

問１－19　納税義務者から、「調査の目的」である選定理由の説明をしてほしいと言われた場合、どのように対応すればよいのか。

問１－20　無申告者の調査において、「調査の目的」は、どのように通知すればよいのか。

●調査対象税目

問１－21　「調査対象税目」として加算税を通知する必要はないか。

問１－22　所得税や法人税の調査の際には、印紙税についても事前通知を行うのか。

問１－23　源泉所得税は所得税法に規定されていることから、事前通知の段階で「所得税調査」を通知していれば、源泉所得税の調査も含まれていると解してよいか。

●調査対象期間
問1－24　進行期についても,「調査の対象となる期間」として事前通知を行う必要があるのか。
問1－25　所得税と消費税の同時調査を行う際に,調査対象期間が相違する場合（消費税の課税事業者に該当しない年分が含まれている場合）には,どのように通知すればよいのか。
●調査対象物件
問1－26　「調査の対象となる帳簿書類その他の物件」における「その他の物件」というのはどのようなものを指すのか。
問1－27　「調査の対象となる帳簿書類その他の物件」は,どの程度,通知すればよいのか。
問1－28　「調査の対象となる帳簿書類その他の物件」の作成期間や対象期間を通知する必要はあるのか。
問1－29　無申告者に対する調査の場合には,「調査の対象となる帳簿書類その他の物件」についてどのように通知すればよいのか。
問1－30　いわゆる電子帳簿保存法の承認を受けている納税義務者に実地の調査を行う場合,「調査の対象となる帳簿書類その他の物件」は,どのように通知するのか。
問1－31　「その他の物件」には,いわゆる電子帳簿保存法に規定するパソコン,プリンター,操作マニュアル等も含むのか。
問1－32　消費税の基準期間の調査のために,調査対象期間以前の「調査の対象となる帳簿書類その他の物件」を検査する必要があるが,どのように通知すればよいのか。
●調査担当者
問1－33　事前通知は,調査担当者が行う必要があるか（調査に臨場しない統括官等が事前通知を行うことは可能か）。
問1－34　人事異動の結果,繰越事案の「調査担当者」を変更する場合,改めて事前通知を行うのか。
問1－35　調査中に納税義務者が所轄署以外の納税地に転出した場合,転出先の所轄署において改めて臨場するときは,事前通知を改めて行うのか。
問1－36　上席調査官と調査官の2名で調査する場合,「調査を行う当該職員の氏名・所属官署」はどのように通知するのか。
問1－37　一般調査部門の調査に国際税務専門官（又は情報技術専門官）の支援を受けることとなった場合,「調査を行う当該職員の氏名等」はどのように通知する

のか。
問1-38　資料調査課と署との合同事案の場合,「調査を行う当該職員の氏名等」はどのように通知するのか。
問1-39　調査初日に調査担当者がやむを得ず変更となった場合の手続はどうするのか。
問1-40　調査初日や調査中に調査担当者を追加することはできるのか。
問1-41　調査初日に複数の調査場所で同時に調査を行う場合は,その調査場所ごとに,調査を行う職員名等を通知するのか。

(事前通知の相手方)
問1-42　納税義務者の親族に対して,納税義務者に事前通知の内容を伝えるよう依頼することは可能か。
問1-43　納税管理人が選任されている場合は,誰に事前通知を行えばよいのか。
問1-44　納税義務者が国内に住所や居所あるいは法人における事務所・事業所を有していない場合で,納税管理人が選任されていない場合は,納税義務者に対しどのように事前通知を行えばよいのか。
問1-45　未成年者・成年被後見人が納税義務者になっている場合は,誰に事前通知を行えばよいか。
問1-46　納税義務者が被保佐人である場合は,誰に事前通知を行えばよいか。
問1-47　事前通知した法人の代表者が調査中に死亡した場合,改めて事前通知を行う必要があるか。
問1-48　複数税目(所得税,相続税,法人税等)の同時調査(例:法人税の調査と共に,法人代表者に対し所得税,相続税の同時調査を実施する場合など)では,事前通知を行う対象者が同一であるが,それぞれに事前通知が必要か。

(調査日時,調査開始場所の変更)
問1-49　「多忙である」ことは合理的な理由になるのか。
問1-50　合理的な理由が認められなかった場合,不服申立てはできるのか。
問1-51　納税義務者等が調査の開始の日時又は場所の変更を希望する場合は,どのように申し出ればよいのか(納税義務者等が提出すべき書類等はあるのか)。
問1-52　事前通知を行った後において,納税義務者等から調査日時の変更の申出があったが,その申出の理由が合理的なものと認められない場合,担当者が当初通知した調査日時で臨場することは可能か。
問1-53　事前通知後に当局側から調査の開始日時又は場所を変更できるのか。

(調査範囲の拡大)
問1-54　事前通知した事項以外の事項について非違が疑われ,質問検査等を行う場合には,その非違が疑われた内容を納税義務者に説明するのか。

問1-55 事前通知した調査対象税目以外の税目につき，質問検査等を行う場合とは，具体的にどのような場合をいうのか。

問1-56 事前通知した調査対象期間以外の課税期間につき，質問検査等を行う場合とは，具体的にどのような場合をいうのか。

問1-57 「通知した事項以外の事項について非違が疑われることとなった場合」として調査範囲を拡大したが，問題がなかった場合，手続の瑕疵となるのか。

問1-58 調査中に，支店，工場等の調査が必要となった場合も，事前通知した事項以外の調査に当たるのか。

（税理士関係）

問1-59 納税義務者が調査立会いを依頼しないと言っている税務代理人に対しても事前通知が必要か。

問1-60 複数の税務代理人が，税務代理権限証書を提出しているが，全ての税務代理人に対して事前通知が必要か。

問1-61 調査対象期間の中で税務代理人が交代している場合，双方の税務代理人に対して事前通知を行うのか。

問1-62 税務代理人が，納税義務者への調査初日には立ち会わない場合，税務代理人に対する事前通知の「調査開始日時」は，どのように通知するのか。

問1-63 税理士法人の場合には，誰に事前通知を行えばよいか。

問1-64 書面添付制度（税理士法第33条の2）に係る意見聴取を行った場合，事前通知は行うのか。

2 事前通知を行うことなく調査を実施する場合

（事前通知を行うことなく調査を実施する場合の判断）

問2-1 「当該納税義務者の営む事業内容に関する情報」とは，具体的に何を指すのか。

問2-2 「その他国税庁等若しくは税関が保有する情報」とは，具体的に何を指すのか。

問2-3 現金取引を行っていることのみをもって，事前通知を行うことなく調査を実施することは可能か。

問2-4 「過去に不正計算があった」という理由だけで，事前通知を行うことなく調査を実施することは可能か。

問2-5 「同業者に不正計算が多い」という理由だけで，事前通知を行うことなく調査を実施することは可能か。

問2-6 個人事業を営んでいた際に毎回多額の不正があり，原始記録等も破棄してい

た個人事業者が法人成した場合に、その状況をもって事前通知の例外事由に当たると判断できるか（法人成後、調査未実施）。

問2－7　無申告者の実態確認のために、納税義務者の納税地に臨場したところ、納税義務者に会うことができたので、情報の提供等を要請したいと考えているが、可能か（改めて事前通知が必要か）。

（臨場後の対応）

問2－8　事前通知を行うことなく調査を実施する場合に、納税義務者からその理由を問われた場合、どのように説明すればよいか。

問2－9　事前通知を行うことなく調査を実施した結果、特に非違事項が認められなかった場合、事前通知の手続違反となるのか。

問2－10　事前通知を行うことなく調査を実施する場合、臨場後に、税務代理人にも連絡するのか。

3　提出物件の留置き

（総論）

問3－1　「留置き」と「預り」は異なるのか。

（留置きの対象）

問3－2　留め置くこととなる物件に、電子データは含まれるのか。
　　　　　電子データが含まれるのであれば、納税義務者等の了解の下で、税務署の電子記録媒体等に複写したデータも含まれるのか。

（留置きの方法・手続）

問3－3　「国税の調査について必要があるとき」とは、具体的にはどのような場合をいうのか。

問3－4　納税義務者等に対し、留置きを目的として、物件の郵送を依頼することは可能か。

問3－5　局現業部門における実地の調査等において、納税義務者等の事業所等が遠隔地である場合、そこで預かった帳簿書類等をその所轄署で保管する場合があるが、この場合の部内手続（管理者の確認等）はどのように行うのか。

問3－6　複数の店舗に同時に調査を実施する場合などで、各店舗の店長等の責任者から帳簿書類等を預かる場合に、店長等の納税義務者本人以外の者に「預り証」を交付するのか。

問3－7　通帳等の名義が異なる物件を留め置く場合は、どのように対応するのか。

問3－8　留置いた物件をコピーする場合に、事前に納税義務者等の承諾が必要か。

問3－9　留め置いている物件の閲覧の申出があった場合は、閲覧の手続が必要か。

（返還の方法）
問3－10　「留め置く必要がなくなった場合」とはどのような場合か。
問3－11　留め置いた提出物件のうち一部について留め置く必要がなくなった場合には、その都度、返還するのか。
問3－12　納税義務者等から返還請求があった場合、どのように対応するのか。
問3－13　納税義務者等から、「預り証を返還しなければならない法律上の根拠はあるのか」と問われた場合、どのように答えるのか。
問3－14　納税義務者等から、「預り証を今回の税務調査の記録として持っておきたい」と言われた場合、どのように答えるのか。
問3－15　返還をする際の相手方は、納税義務者等（物件の提出者）でなければならないか。税務代理人に返還しても構わないか。または、従業員などの納税義務者等以外の者に返還しても構わないか。

（預り証の記載事項）
問3－16　「名称又は種類」とはどのようなものを指すか。また、「文書」の作成に当たっては、例えば「○○さんから受領した領収証」等と詳細に記載する必要があるか。それとも、「領収証一式」で構わないか。
問3－17　「数量」とはどのように記載すればよいか。領収証が袋いっぱいに入っている場合、枚数を数えるのか。
問3－18　名称及び種類を区分することが困難な場合、納税義務者等の承諾を得て、「事務室机右引き出し上段」といった記載方法は可能か。
問3－19　資料調査課と署との局署合同調査の場合、「預り証」に記載する「調査担当者」はどのようにすればよいのか。
問3－20　留置きを行う際に、不服申立てに関する教示文の交付は必要か。
問3－21　納税義務者からの物件の返還の求めを拒否する場合、不服申立てに関する教示は必要か。

4　調査の終了の際の手続
（更正決定等をすべきと認められない旨の通知書）
　●総論
問4－1　「更正決定等をすべきと認められない旨の通知書」について、具体的な記載内容は現行の「調査結果についてのお知らせ」と変わるのか。
問4－2　「更正決定等をすべきと認められない旨の通知書」の法的効果はどのようなものか。

●「更正決定等をすべきと認められない旨の通知」の有無
問4－3　「更正決定等をすべきと認められない場合」とは，どのような場合を指すのか。
問4－4　無申告者である個人に実地の調査を行った結果，申告書の提出義務がないと判断された場合，「更正決定等をすべきと認められない旨の通知書」を送付するのか。
問4－5　調査対象者の特殊事情（死亡，長期入院等）により，調査を終了（打ち切り）する場合又は延期する場合には，「更正決定等をすべきと認められない旨の通知書」を送付するのか。
問4－6　指導事項があった場合はどのように対応するのか。
問4－7　調査の過程において，把握した非違が事前通知した調査対象期間（例えば3年間）より前（4年前，5年前）にもあるかどうか調べたが，結果として非違がなかった場合，当該4年前，5年前の申告について，「更正決定等をすべきと認められない旨の通知書」を送付するのか。
問4－8　調査の過程で，事前通知した調査対象税目以外の税目につき疑義が生じたことから，質問検査等を行ったが，非違事項が認められなかった場合についても「更正決定等をすべきと認められない旨の通知書」を送付するのか。
問4－9　申請書の内容を審査するため，臨場して質問検査権を行使したが，申請どおりの内容で処理する場合，「更正決定等をすべきと認められない旨の通知書」を送付するのか。
問4－10　更正の請求に対する調査を臨場して行ったが，その結果，「更正をすべき理由がない旨の通知」を行う場合にも，「更正決定等をすべきと認められない旨の通知」を送付するのか。
問4－11　消費税の還付申告について，臨場して調査した結果，申告どおりに還付することとした場合であっても，「更正決定等をすべきと認められない旨の通知書」を送付するのか。
●「更正決定等をすべきと認められない旨の通知書」の内容
問4－12　「更正決定等をすべきと認められない旨の通知書」の発信者名は誰になるのか。（局で行う調査と署で行う調査に違いはあるのか。）
問4－13　改正通則法第74条の11第1項に規定する「その時点」とは，いつのことを指しているのか。
●更正決定等をすべきと認められない旨の通知の手続
問4－14　「更正決定等をすべきと認められない旨の通知書」は，いつ作成し，送付すればよいのか。

問4-15 「更正決定等をすべきと認められない旨の通知書」を送付する際は、調査が終了したことも通知するのか。

(調査結果の内容説明)

●結果説明の有無

問4-16 「更正決定等をすべきと認める場合」とは、どのような場合を指すのか。

問4-17 延滞税、利子税に関する調査結果の内容説明は必要か。

問4-18 調査結果の内容説明後に調査対象者が転出した場合には、転出先の所轄署において改めて調査結果の内容説明を行うのか。

問4-19 調査結果の内容説明を何度試みても行えない場合に、決定処理を行うことは可能か。

問4-20 申告書の督促ハガキを送った結果、自主的に期限後申告書が提出され、無申告加算税を賦課決定する場合においても調査結果の内容説明が必要か。

問4-21 青色申告承認申請の審査の結果についても調査結果の内容説明が必要か。

問4-22 更正の請求に対する調査についても調査結果の内容説明が必要か（全部認容、一部認容、全部否認の場合）。

問4-23 更正の申出書に係る調査結果についても調査結果の内容説明が必要か。

問4-24 法定監査を実施した場合、調査結果の内容説明は必要か。

問4-25 異議調査の結果についても調査結果の内容説明は必要か。

●結果説明の方法・内容

問4-26 調査結果の内容説明は、調査のどの段階で行う必要があるのか。

問4-27 「その調査結果の内容（更正決定等をすべきと認めた額及びその理由を含む。）を説明する」とは、何を、どの程度説明すれば足りるのか。

問4-28 調査結果の内容説明を書面により行うよう納税義務者から申出があった場合は、どのように対応すればよいか。

問4-29 調査結果の内容説明後に、納税義務者から新たな証拠等の提示があった場合は、どのように対応すればよいのか。

問4-30 更正決定等をすべきと認められない旨の通知をした後又は調査結果の内容説明につき修正申告書が提出された後若しくは更正決定等を行った後において、調査の内容、金額に誤りが判明した場合にはどのように対応するのか。

問4-31 調査着手後、調査結果の内容説明を行う前に修正申告書が提出された場合、修正申告書に基づき調査結果の内容説明を行うのか、あるいは当初申告に基づき調査結果の内容説明を行うのか。

●結果説明の対象者

問4-32 納税管理人が選任されている場合は、誰に調査結果の内容説明をすればよい

のか。
問4-33　未成年者・成年被後見人が納税義務者になっている場合は，誰に調査結果の内容説明をすればよいのか。
問4-34　税務代理人から法令上の調査結果の内容説明を求められた場合，どのように対応するのか（条文上，「納税義務者」のみである）。

(修正申告書等の勧奨等)
●勧奨の方法
問4-35　「修正申告等を勧奨することができる。」とあるが，調査において「修正申告の勧奨」は必須事項であるのか。例えば，納税義務者が接触を忌避している場合なども必ず勧奨は行わなければならないのか。
問4-36　更正の請求ができることを説明するに当たって，不正の事実があったため，6・7年前の年分について課税することとなる場合，更正の請求期間を経過している年分についてはどう取り扱うのか。

(同意に基づく税務代理人への説明等)
問4-37　「調査結果の内容説明のみ同意する」といった部分的な同意は可能なのか。
問4-38　税務代理権限証書の提出がない税理士であっても，同意があれば納税義務者に代わって説明等を行ってもよいか。
問4-39　改正通則法第74条の11に規定する調査終了の際の手続（更正決定等をすべきと認められない旨の通知，調査説明の内容説明，修正申告等の勧奨の際の教示文の説明・交付）について，納税義務者に代えて，税務代理人への通知等を行う場合に必要な「同意の事実を証する書面」の記載事項はどのようなものか。

(再調査)
●総論
問4-40　「新たに得られた情報」や「非違が認められる」ことについて，納税義務者へその理由を通知するのか。
問4-41　新たな情報に基づいて再調査可能と判断したが，情報誤りにより，結果，非違が認められなかった場合はどうなるのか。
●再調査の対象
問4-42　同一の納税義務者に対して，異なる税目の調査を実施する場合は，再調査に該当するのか。
問4-43　前回調査で検査した総勘定元帳につき，今回調査においても提示・提出を求めることは，再調査に該当するのか。
問4-44　調査の結果につき修正申告書が提出された年分の取引について，反面調査として質問検査等を行うことは，再調査に該当するのか。

問4-45　実地の調査以外の調査により質問検査等を行った結果，何ら非違が認められなかった場合，その後，同一税目・課税期間について改めて質問検査等を行うことは，再調査に該当するのか。

問4-46　更正の請求書が提出され，当該請求内容につき減額更正を行った後に，同一の年分について質問検査等を行うことは，再調査に該当するのか。

問4-47　個人事業者に対し，申告所得税につき更正を行った後に，源泉所得税の調査のために質問検査等を行うことは，再調査に該当するのか。

問4-48　個人課税部門が所得税における調査を行った後に，同一年分につき資産課税部門が譲渡所得の調査のために質問検査等を行うことは，再調査に該当するのか。

問4-49　連携調査等で，基幹法人と関連法人の同時着手を予定しており，関連法人との取引で基幹法人に不正が想定されるが，関連法人においては非違が想定されない場合において，基幹法人の不正が疑われることをもって，「新たに得られた情報に照らし非違がある」として関連法人の再調査は可能か。

問4-50　調査に基づき行った更正処分に対して異議申立てがなされた場合において，異議調査のために質問検査等を行うことは再調査に該当し，これを行うことは認められないこととなるのか。

問4-51　異議調査により新たな非違事項を把握し，異議申立てを棄却したが，その後，当該非違事項をもとに新たに調査することは，再調査に該当するのか。

問4-52　調査の対象期間に，書面添付制度（税理士法第33の2）に係る意見聴取を実施し，調査に移行しない旨の連絡（「意見聴取結果についてのお知らせ」を送付した場合を含む）をした期間が含まれている場合，再調査に該当するのか。

●再調査の判断

問4-53　「新たに得られた情報」とは，どのようなものをいうのか。

問4-54　調査を中断した場合，改めて実地の調査を行うに当たり，再調査の適否判定は必要か。

5　理由附記

（総論）

問5-1　理由附記が必要となる法令の根拠は何か。

問5-2　平成25年1月1日前に，調査開始した事案にも理由附記が必要か。

問5-3　平成24年12月に更正通知書を送付したが返戻された。平成25年1月に改めて送達する場合に理由附記は必要か。

問5-4　理由附記をせずに行った不利益処分は，直ちに違法として取り消されるのか。

資料1／税務調査手続等に関するFAQ（職員用）【共通】

問5－5　処分の内容は正しいが，理由附記の記載内容に重大な誤りがあった場合，理由附記の記載内容を訂正して再処分を行うことは可能か。

問5－6　不利益処分に係る公示送達を行う場合には，理由附記（理由書）についても公示するのか。

（理由附記の対象）

問5－7　青色申告の承認申請を却下する場合に理由附記は必要か。

問5－8　青色申告の承認の取消し通知に理由附記は必要か。

問5－9　更正の請求の全部を認めない場合又は一部を認めない場合に理由附記は必要か。

問5－10　更正の請求を全部容認する場合にも理由附記は必要か。

問5－11　更正の申出に基づく減額更正（全部認容）に理由附記は必要か。

問5－12　更正の申出の全部を認めない場合又は一部を認めない場合に理由附記は必要か。

問5－13　承認（認定）申請の取下げに理由附記は必要か。

問5－14　白色申告者に対する更正や決定にも理由附記は必要か。

問5－15　減額更正に理由附記は必要か。

問5－16　今回の改正により，青色申告者に対する減額更正は，理由附記不要となるのか。

問5－17　加算税に理由附記は必要か。

問5－18　増額更正を行い，その更正に係る増差税額につき過少申告加算税の賦課決定をした後に，再更正により本税額が減少したため，その減少額に対応する過少申告加算税を再賦課決定により減少させることとなったが，当該加算税の再賦課決定処分に理由附記は必要か。

問5－19　延滞税，利子税に理由附記は必要か。

問5－20　納税地指定に理由附記は必要か。

問5－21　補佐人帯同の不許可通知等に対する不服申立てについての審査手続に係る処分にも，行政手続法に基づく理由附記は必要か。

（記載の程度）

問5－22　理由は，どの程度記載すればよいのか。

問5－23　帳簿の保存・記帳がない場合，どの程度の記載を行えばよいのか。

問5－24　職権による減額更正後に調査による再処理を行う場合，増差税額のうち減額更正後の税額と当初申告の税額との差に相当する部分については加算税が賦課されないが，その旨を理由附記に記載する必要はないか。

問5－25　加算税の賦課決定に当たって，過少対象と重加対象の所得金額がある場合，

－233－

重加算税が小額不徴収（5,000円未満）となるときであっても，「仮装隠ぺいの事実」等について附記する必要はあるのか。

問5-26　理由書において記載する法人の敬称は，「貴法人」に限られるのか。

1　事前通知
（事前通知の方法）

> 問1-1　事前通知は調査の何日前までに行えばよいのか。

（答）
　改正通則法第74条の9第1項には，「あらかじめ，当該納税義務者に対し，…実地の調査を行う旨を…通知するものとする。」と規定されており，何日前までに通知するかについての定めはありませんが，調査手続の透明性と納税者の予見可能性を高めるという本改正の趣旨を踏まえ，調査開始日前に相当の時間的余裕を置いて行うこととします。
　また，事前通知に当たっては，納税義務者等の都合を聴取し，必要に応じて調査日程を調整することとします。
　なお，事前通知の実施に当たっては，納税義務者等に対し，通知事項が正確に伝わるよう分かりやすく丁寧な通知に努めることに留意願います。

> 問1-2　納税義務者と電話による連絡が取れないことから，納税地に臨場したところ納税義務者と面接することができた場合，その場で事前通知を行い調査に移行することはできるか。

（答）
　事前通知の方法は，法令上，特段規定されていませんので，納税地に臨場の上，納税義務者に直接，口頭にて事前通知を行うことは可能ですが，改正通則法第74条の9第1項には，「あらかじめ，当該納税義務者に対し，…実地の調査を行う旨を…通知するものとする。」と規定されていますので，原則として，そのまま調査に移行することはできません。
　また，改正通則法第74条の10に規定する「その他国税に関する調査の適正な遂行に支障を及ぼすおそれ」には，
イ　事前通知を行うため相応の努力をして電話等による連絡を行おうとしたものの，応答を拒否され，又は応答がなかった場合，
ロ　事業実態が不明であるため，実地に臨場した上で確認しないと事前通知先が判明しない等，事前通知を行うことが困難な場合
などが該当しますので（手続通達4-10），質問のような場合は，法令等に基づき，事前通知を要しない調査に該当するかを検討した上で，事前通知を行わずに臨場することも考

-234-

えられます。

（事前通知の有無）

> 問1－3　災害等のやむを得ない事情により調査を中断した後に，改めて実地の調査を行う際には，事前通知は必要か。

（答）

　災害等のやむを得ない事情により調査を一時中断し，その事情が解消された後に再度調査を開始する場合には，法令上の事前通知を行う必要はありませんが，改めて納税義務者等と日程調整を行い，理解と協力を得た上で実施することとします。

> 問1－4　実地の調査以外の調査として，電話により納税義務者に申告内容の確認を行っていたが，その後，納税義務者の事業所に臨場して調査を実施することとなった場合，改めて事前通知を行うことは必要か。

（答）

　法令上，納税義務者に対して臨場して質問検査等を行う場合は，あらかじめ事前通知を行うこととされていますので，実地の調査を行う前に，実地の調査以外の調査として電話による申告内容の確認を行っていたとしても，納税義務者の事業所に臨場して調査を実施することとなった場合は，原則として，事前通知を行った上で実地の調査を実施する必要があります。

> 問1－5　実地の調査の過程で，実質所得者を把握した場合，事前通知は必要か。

（答）

　実地の調査の過程で，その納税義務者たる個人が単なる名義人であり，他に実質所得者と想定される個人がいることを把握し，当該実質所得者たる個人に対して実地の調査を行う場合は，改めて当該実質所得者たる個人に対し，法令上の事前通知を行う必要があります。

　なお，事前通知することにより違法又は不当な行為を容易にし，正確な課税標準等又は税額等の把握を困難にするおそれが認められる場合は，臨場先から統括官等に電話により承諾を得た上で，事前通知を行うことなく実地の調査を実施することになります。

　また，法人に対する調査の過程において，当該代表者が単なる名義上の代表者であり，ほかに実質経営者がいることを把握したため，当該実質経営者に対して質問検査等を行う場合は，その主宰する法人に対する実地の調査を実施していることに変わりはないことから，法令上の事前通知を改めて行う必要はありません。

> 問1-6 法定監査の際に，当該監査先の申告内容について非違が疑われた場合，どのような手続で調査に移行すべきか。

（答）

　法定監査の際に，当該監査先の申告内容について非違が疑われた場合は，改めて当該監査先に対し，法令上の事前通知を行った上で実地の調査を行うことになります。

　この場合，監査担当者においては，「重要資料せん」や「各課部門事務連絡せん」など非違の内容に応じた連絡せん等を作成し，調査担当部門に引き継ぐこととします。

　なお，事前通知することにより違法又は不当な行為を容易にし，正確な課税標準等又は税額等の把握を困難にするおそれが認められる場合は，臨場先から統括官等に電話により承諾を得た上で，事前通知を行うことなく実地の調査を実施することになります。

> 問1-7 納税義務者の取引先等に対して反面調査を行っていたところ，当該取引先等の申告内容について非違が認められた場合，どのような手続で調査に移行すべきか。

（答）

　納税義務者の取引先等に対する反面調査の過程において，当該取引先等の申告内容に非違が認められた場合は，当該取引先等の所轄署の調査担当者が改めて，当該取引先等に対し，法令上の事前通知を行った上で実地の調査を行うことになります。

　なお，この場合において，当該取引先等が，反面調査を実施している調査担当者の所掌であり，事前通知することにより違法又は不当な行為を容易にし，正確な課税標準等又は税額等の把握を困難にするおそれが認められる場合には，上記にかかわらず臨場先から統括官等に電話により承諾を得た上で，事前通知を行うことなく実地の調査を実施することになります。

> 問1-8 青色申告承認申請や電子帳簿保存法に係る承認申請等の各種申請の承認の適否の確認のために，納税義務者の納税地に臨場する場合，事前通知は必要か。

（答）

　納税義務者の事業所等に臨場し，各種申請に対する処分に係る事実の確認等（質問検査等）を行う行為も，実地の調査に該当しますので，法令上の事前通知が必要となります（手続通達1-1(2)）。

> 問１－９　一般収集又は特別収集を実施する場合において，収集先の事業所等に臨場して資料収集する場合，事前通知は必要か。

（答）

　一般収集又は特別収集は，任意の協力依頼（行政指導）により実施しているものであり，調査には該当しませんので，収集先の事業所等に臨場して実地で資料収集する場合であっても，法令上の事前通知は必要ありません。

　なお，運用上は，従前どおり，事前通知を行わないとする特段の事情がない限りは，事前に連絡し，日程調整を行った上で臨場することとなります。

> 問１－10　租税条約に基づく情報交換実施のための調査について，事前通知は必要か。

（答）

　租税条約に基づく情報交換実施のための調査は，改正通則法に規定する質問検査権の対象外となるため，法令上の事前通知を行う必要はありません。

　なお，運用上は，従前どおり，事前通知を行わないとする特段の事情がない限りは，事前に連絡し，日程調整を行った上で臨場することとなります。

> 問１－11　法定監査を実施する場合，事前通知は必要か。

（答）

　法定調書の提出義務者は，改正通則法第74条の９において事前通知の対象となる納税義務者には含まれませんので，監査先に臨場して法定監査を実施する場合であっても，法令上の事前通知を行う必要はありません。

　なお，運用上は，従前どおり，事前通知を行わないとする特段の事情がない限りは，事前に連絡し，日程調整を行った上で臨場することとなります。

> 問１－12　消費税の還付申告が提出され，還付保留審査をすることとなったが，還付理由等を確認するために，納税義務者の納税地に臨場する場合，事前通知は必要か。

（答）

　還付申告書の提出に対して，還付理由等を確認するため納税義務者の納税地に臨場して質問検査等を行う場合は，実地の調査に該当しますので，原則として，法令上の事前通知を行う必要があります。

> 問1-13 異議決定のための手続において、異議申立人の納税地に臨場して、異議申立人の意見陳述を聴くこととなったが、事前通知は必要か。

(答)

改正通則法第84条第2項に基づいて、異議申立人の意見陳述を聴くことは、質問検査権の行使ではないため、法令上の事前通知は必要ありません。

ただし、不服申立事務提要に基づき、意見陳述等の日時等の通知は従前のとおり必要となります。

> 問1-14 官公署への協力規定に基づき、官公署に臨場する場合、事前通知は必要か。

(答)

官公署への協力要請は、改正通則法第74条の12において規定されており、当該規定に基づき官公署において任意の協力依頼に基づき情報の収集を行う場合や、反面調査はいずれも事前通知の対象外であることから、法令上の事前通知を行う必要はありません。

なお、運用上は、従前どおり、事前に連絡する必要があると判断した場合には、連絡します。

> 問1-15 各種団体に対する「諮問」については、事前通知の対象となるのか。

(答)

事業を行う者の組織する団体に対する「諮問」については、改正通則法第74条の12において規定されており、当該規定に基づく諮問は事前通知の対象外であることから、法令上の事前通知を行う必要はありません。

なお、運用上は、従前どおり、特段の支障がない限りは、事前に連絡し、日程調整を行った上で臨場することとなります。

(事前通知の通知事項)

●調査開始場所等

> 問1-16 調査初日に、複数の場所(自宅と事業所)で調査を行うことを予定しているが、「調査開始場所」はどのように通知すればよいか。

(答)

調査開始場所については、改正通則法施行令第30条の4第2項において、「調査を開始する日時において同項に規定する質問検査等を行おうとする場所」と規定されており、初日に複数の場所で同時に調査を行う場合は、臨場する場所を全て通知することになります。

> 問1－17 「納税義務者の住所又は居所」は，源泉所得税の調査にあっては，「源泉徴収の対象とされている給与等の支払事務を取り扱う事務所や事業所等」を通知することになるのか。

(答)
 「住所又は居所」については，改正通則法施行令第4条において，「事務所及び事業所を含む」とされていることから，源泉所得税の調査に当たり，「納税義務者の住所又は居所」について，基本的には源泉徴収の対象とされている給与等の支払事務を取り扱う事務所や事業所等を通知することになります。

●調査の目的

> 問1－18 「調査の目的」に，選定理由の通知は含まれるのか。

(答)
 調査の目的については，改正通則法施行令第30条の4第2項において，「納税申告書の記載内容の確認又は納税申告書の提出がない場合における納税義務の有無の確認その他これらに類する調査の目的」を通知することとされており，選定理由の通知は含まれていません。

> 問1－19 納税義務者から，「調査の目的」である選定理由の説明をしてほしいと言われた場合，どのように対応すればよいのか。

(答)
 「調査の理由」については，法令上の通知事項ではないことを説明した上で，改正通則法施行令第30条の4第2項において，「調査の目的」については「納税申告書の記載内容の確認又は納税申告書の提出がない場合における納税義務の有無の確認その他これらに類する調査の目的」を通知することとされていること，また，判例上も，実定法上特段の定めのない調査の実施の細目については，質問検査の必要があり，かつ，これと相手方の私的利益の衡量において社会通念上相当な範囲にとどまる限り，権限ある税務職員の合理的な選択に委ねられている旨を納税義務者に丁寧に説明の上，調査への理解と協力を求めることとします。

> 問1－20 無申告者の調査において，「調査の目的」は，どのように通知すればよいのか。

－239－

（答）
　無申告者の調査における調査の目的については，改正通則法施行令第30条の4第2項において，「納税義務の有無の確認」とされています。
　なお，無申告法人の調査については，内国法人についてはすべからく申告義務があることから，「申告すべき内容の確認」とします。

●調査対象税目

> 問1－21　「調査対象税目」として加算税を通知する必要はないか。

（答）
　改正通則法第69条において，加算税については，その額の計算の基礎となる税額の属する税目の国税とすることとされていることから，加算税の通知は不要です。

> 問1－22　所得税や法人税の調査の際には，印紙税についても事前通知を行うのか。

（答）
　印紙税については，運用上，同時処理を行うことを前提としていますが，同時処理とは，調査の過程で，印紙の貼付もれ等を把握した場合に，その事実を指摘した上で，納税義務者が自主的な見直しをして不納付の申出を行うものであり，当初から印紙税の調査を行うこととしているものではないため，原則として，法令上の事前通知を行う必要はありません。
　なお，印紙税単独調査を同時に行う場合は，原則として，法令上の事前通知を行う必要があります。

> 問1－23　源泉所得税は所得税法に規定されていることから，事前通知の段階で「所得税調査」を通知していれば，源泉所得税の調査も含まれていると解してよいか。

（答）
　調査手続に関する規定においては，調査は税目・課税期間によって特定される納税義務に関してなされるものであることから，当該納税義務に係る調査を原則として一の調査として取り扱うこととなります（手続通達3－1(1)）。
　したがって，源泉所得税は所得税の一部ですが，源泉徴収に係る所得税の納税義務とそれ以外の所得税の納税義務は別個に成立するものであることから，源泉徴収に係る所得税はそれ以外の所得税の納税義務とは別に，改正通則法第74条の9の事前通知の規定が適用されるものと解されます。そのため，源泉所得税の調査を行う際には，所得税の調査に係

る通知とは別に，源泉所得税の調査を行う旨の通知を行うこととなります（手続通達3－1(2)ハ）。

● 調査対象期間

> **問1－24** 進行期についても，「調査の対象となる期間」として事前通知を行う必要があるのか。

（答）
　進行期については，更正決定等を目的とした調査の対象期間とはなりませんので，事前通知事項である「調査の対象となる期間」には含まれません。
　なお，改正通則法第74条の9第1項の規定により通知を行った「帳簿書類その他の物件」には，調査の目的を達成するために必要であるときは，例えば，「調査の対象となる期間」として事前通知した期間以外の期間（進行年分を含む。）に係る帳簿書類その他の物件も含まれます（手続通達1－5）。
　したがって，事前通知した調査の対象となる期間（年分・事業年度）の納税申告書の記載内容の確認のために，進行期に作成・取得された帳簿書類等を検査することは可能です。

> **問1－25** 所得税と消費税の同時調査を行う際に，調査対象期間が相違する場合（消費税の課税事業者に該当しない年分が含まれている場合）には，どのように通知すればよいのか。

（答）
　所得税と消費税を同時調査する場合において，必ずしも，事前通知を行う調査対象期間が一致していなくとも問題ありません。したがって，それぞれの税目ごとに調査対象期間を通知することとなります。

● 調査対象物件

> **問1－26** 「調査の対象となる帳簿書類その他の物件」における「その他の物件」というのはどのようなものを指すのか。

（答）
　「その他の物件」とは，例えば，金銭，有価証券，棚卸商品，不動産（建物・土地）等の各種資産や，帳簿書類の（作成の）基礎となる原始記録などの当該調査又は徴収の目的を達成するために必要な物件が該当します（手続通達1－5）。

問1-27 「調査の対象となる帳簿書類その他の物件」は、どの程度、通知すればよいのか。

（答）
　調査の対象となる帳簿書類その他の物件について、網羅的に通知することは実際上困難ですので、納税義務者の事前の準備に資するよう、例えば、「仕訳帳、総勘定元帳…などの帳簿や請求書、領収書綴り…などの書類」といった調査開始時に用意しておいていただきたい主な帳簿書類等を明示した上で、「その他〇〇税の申告書の記載内容や納付すべき〇〇税が正しいかどうかを確認するために必要な帳簿書類その他の物件」といった包括的な通知を行うこととします。
　また、この場合、改正通則法施行令第30条の4第2項において、「国税に関する法令の規定により備付け又は保存しなければならないこととされているものである場合にはその旨を併せて通知するものとする。」と規定されていることから、このような帳簿保存義務がある納税義務者の場合には、例えば、「所得税法の規定により保存することとされている仕訳帳、総勘定元帳…などの帳簿や請求書、領収書綴り…などの書類のほか…」といった通知を行う必要があります。

問1-28 「調査の対象となる帳簿書類その他の物件」の作成期間や対象期間を通知する必要はあるのか。

（答）
　法令上、帳簿書類の作成期間や対象期間を通知することとはされていませんが、事前に準備を依頼する場合などは、必要に応じて通知します。
　なお、事前通知した課税期間の調査について必要があるときは、事前通知した当該課税期間以外の課税期間（進行年分を含む。）に係る帳簿書類その他の物件も質問検査等の対象となることに留意してください（手続通達4-5）。

問1-29 無申告者に対する調査の場合には、「調査の対象となる帳簿書類その他の物件」についてどのように通知すればよいのか。

（答）
　調査を実施するに際し、納税義務者に事前に電話で確認できるのであれば、どのような帳簿書類等が保存されているかを聴取した上で、調査開始日に用意しておいていただきたい帳簿書類等を明示し、「その他〇〇税の納税義務の有無（法人税の場合は、「納税義務の有無」に代えて「申告すべき内容」）を確認するために必要な帳簿書類その他の物件」といった包括的な通知を行うこととします。

-242-

> 問1-30 いわゆる電子帳簿保存法の承認を受けている納税義務者に実地の調査を行う場合、「調査の対象となる帳簿書類その他の物件」は、どのように通知するのか。

（答）
　帳簿書類その他の物件については、改正通則法施行令第30条の4第2項において、「国税に関する法令の規定により備付け又は保存しなければならないこととされているものである場合にはその旨を併せて通知するものとする。」と規定されています。
　一方、電子計算機を使用して作成する国税関係帳簿書類の保存方法等の特例に関する法律（以下、「電子帳簿保存法」）においては、国税関係帳簿書類を「国税に関する法律の規定により備付け及び保存をしなければならないこととされている帳簿（又は書類）」と規定し、承認を受けた場合には当該承認を受けた国税関係帳簿に係る電磁的記録の備付け及び保存をもってその備付け及び保存に代えることができるとされていることから、電子帳簿保存法の承認を受けている納税義務者の調査の対象となる物件は、承認を受けた国税関係帳簿書類に係る「電磁的記録」になります。
　したがって、電子帳簿保存法の承認を受けている帳簿書類等については、例えば「所得税法の規定により保存することとされている帳簿書類等に係る電磁的記録…」と通知することとなります。
　この場合、「調査手続チェックシート（事前通知用）」の「調査の対象となる帳簿書類その他の物件」欄には『「電子計算機を使用して作成する国税関係帳簿書類の保存方法等の特例に関する法律」の承認を受けている帳簿書類にあっては、その電磁的記録』と記載することとなります。

> 問1-31 「その他の物件」には、いわゆる電子帳簿保存法に規定するパソコン、プリンター、操作マニュアル等も含むのか。

（答）
　改正通則法第74条の2から法第74条の6までの各条に規定する「帳簿書類その他の物件」には、国税に関する法令の規定により備付け、記帳又は保存をしなければならないこととされている帳簿書類のほか、各条に規定する国税に関する調査又は徴収の目的を達成するために必要と認められる帳簿書類その他の物件も含まれます（手続通達1-5）ので、電子計算機を使用して作成する国税関係帳簿書類の保存方法等の特例に関する法律施行規則（以下、「電子帳簿保存法施行規則」）において備え付けることとされている電子計算機、プログラム、ディスプレイ及びプリンター並びにこれらの操作説明書は、改正通則法第74条の2から法第74条の6までに規定する「その他の物件」に含まれます。

> 問1-32 消費税の基準期間の調査のために、調査対象期間以前の「調査の対象となる帳簿書類その他の物件」を検査する必要があるが、どのように通知すればよいのか。

(答)
　消費税の調査において、消費税の納税申告書の記載内容を確認するため、当該納税申告書の事業年度を調査対象期間として通知した場合には、通知した事業年度の申告の確認のために、基準期間の帳簿書類等の検査を行うことは事前通知した調査の範囲内であることから、調査対象期間以前に作成又は取得された帳簿書類その他の物件の調査を行う場合であっても、事前通知した事業年度の申告内容の確認のために調査を行うのであれば、「○○年分の○○税が正しいかどうかを確認するために必要な帳簿書類その他の物件」といった包括的な通知を行うことになります（手続通達4-5）。

●調査担当者

> 問1-33 事前通知は、調査担当者が行う必要があるか（調査に臨場しない統括官等が事前通知を行うことは可能か）。

(答)
　改正通則法第74条の9第1項には、「税務署長等は、国税庁等又は税関の当該職員に納税義務者に対し実地の調査を行わせる場合には、あらかじめ…当該納税義務者…に対し、…その旨…を通知する」と規定されており、質問検査等を行う当該職員が通知することに限定した規定とはなっていないことから、担当統括官等が事前通知を行うことは可能です。
(注) 法令上、事前通知を行う主体は税務署長等であるが、税務署長等が質問検査等を行う職員等にその権限を委任している。

> 問1-34 人事異動の結果、繰越事案の「調査担当者」を変更する場合、改めて事前通知を行うのか。

(答)
　法令上、事前通知した調査担当者を変更する場合の手続きは規定されていませんので、改めて事前通知を行う必要はありませんが、調査は、納税義務者の理解と協力を得ながら、円滑に行う必要があることから、運用上、調査担当者を変更する場合は、その旨を速やかに納税義務者に連絡することとします。

問1－35　調査中に納税義務者が所轄署以外の納税地に転出した場合，転出先の所轄署において改めて臨場するときは，事前通知を改めて行うのか。

（答）

　調査の過程において納税義務者が他署に転出した場合，当該転出元署には，当該納税義務者の申告等について更正決定等を行う権限はありませんので，転出までの間に実施していた調査について，「更正決定等をすべきと認められない旨の通知書」の通知や調査結果の内容説明を行う必要はありません。

　また，転出先署においては，転出元署から引き継がれた調査に関する情報等に基づき，実質的に調査を継続することになりますので，法令上の事前通知を改めて行う必要はありませんが，臨場して調査を実施する場合には，納税義務者に対し，事前に，当該転出先署において転出元署で実施していた調査を継続する旨及び転出先署の調査担当者名を連絡し，日程調整の上，臨場することになります。

問1－36　上席調査官と調査官の2名で調査する場合，「調査を行う当該職員の氏名・所属官署」はどのように通知するのか。

（答）

　事前通知事項である「調査を行う当該職員の氏名・所属官署」については，改正通則法施行令第30条の4第1項第2号において，「当該職員が複数であるときは，当該職員を代表する者の氏名及び所属官署」と規定されていることから，当該調査の主たる担当者名等を通知し，その際には，運用上，併せて臨場人数も通知することになります。

問1－37　一般調査部門の調査に国際税務専門官（又は情報技術専門官）の支援を受けることとなった場合，「調査を行う当該職員の氏名等」はどのように通知するのか。

（答）

　基本的に，支援を受ける一般調査部門の調査担当者の氏名・所属官署を，法定された事前通知事項として通知することとなります。

　なお，法令上，臨場する全員の職員の氏名等を通知することとはされていませんが，他署の国際税務専門官（又は情報技術専門官）が，調査に同行することが予定されている場合は，必要に応じ，同行する職員の氏名及び所属官署（臨場人数を含む。）も併せて連絡することとなります。

> 問1-38 資料調査課と署との合同事案の場合、「調査を行う当該職員の氏名等」はどのように通知するのか。

（答）
　改正通則法施行令第30条の4第1項第2号において、事前通知の際には、調査を行う当該職員の氏名及び所属官署（当該職員が複数であるときは、当該職員を代表する者の氏名及び所属官署（臨場人数を含む。））を通知することとされていますので、局特別調査（局署合同調査）においては、資料調査課の担当総括主査、担当専門官又は担当主査を、調査担当者を代表する者として事前通知するとともに、所轄署の調査担当者（代表する者）の氏名等についても併せて通知することとなります。

> 問1-39 調査初日に調査担当者がやむを得ず変更となった場合の手続はどうするのか。

（答）
　法令上、事前通知した調査担当者を変更する場合の手続きは規定されていませんので、改めて法令上の事前通知を行う必要はありませんが、事前通知事項である「調査を行う当該職員の氏名」が変更されることとなるため、その旨を速やかに納税義務者に連絡した上で調査を実施することになります。

> 問1-40 調査初日や調査中に担当者を追加することはできるのか。

（答）
　法令上、事前通知に係る通知事項として規定されている、調査を行う当該職員の氏名及び所属官署は、当該職員が複数であるときは、当該職員を代表する者の氏名等を通知することとされており、調査初日や調査中に担当者を追加することは可能と考えられますが、税務調査は、納税義務者の理解と協力を得ながら、円滑に行う必要があることから、そのような場合には、その旨を速やかに納税義務者に説明することとなります。

> 問1-41 調査初日に複数の調査場所で同時に調査を行う場合は、その調査場所ごとに、調査を行う職員名等を通知するのか。

（答）
　調査初日に、同一の納税義務者に対し複数の調査場所で同時に調査を行う場合（例：A調査官（本店）、B調査官（支店））は、事前通知事項として、調査を行う場所とそこで調査を行う職員の氏名・所属官署（複数の場合は代表する者の氏名・所属官署）をそれぞれ通知し、併せて、運用上、調査場所ごとの臨場人数も連絡します。

資料１／税務調査手続等に関するFAQ（職員用）【共通】

（事前通知の相手方）

> 問１－42　納税義務者の親族に対して，納税義務者に事前通知の内容を伝えるよう依頼することは可能か。

（答）

改正通則法第74条の９第３項において，事前通知の相手方は，実地の調査の相手方となる納税義務者とその税務代理人（税務代理権限証書を提出している者に限る。）とされています。

したがって，個人の納税義務者への事前通知については，税務代理人を通じて行う場合を除き，納税義務者本人に事前通知を行う必要がありますので，納税義務者の親族に依頼することはできません。

> 問１－43　納税管理人が選任されている場合は，誰に事前通知を行えばよいのか。

（答）

納税管理人が選任されている場合においては，納税管理人を通じて納税義務者に対し事前通知を行うことになります。

> 問１－44　納税義務者が国内に住所や居所あるいは法人における事務所・事業所を有していない場合で，納税管理人が選任されていない場合は，納税義務者に対しどのように事前通知を行えばよいのか。

（答）

納税義務者が国内に住所や居所あるいは法人における事務所・事業所を有していない場合で，納税管理人の選任もない場合には，例えば調査対象者の親族や関連法人など，調査対象者と国内で連絡をとれる者を探し，その者を通じて納税管理人を定める手続を行った上で，その納税管理人を通じて事前通知の手続を行うこととなります。

> 問１－45　未成年者・成年被後見人が納税義務者になっている場合は，誰に事前通知を行えばよいか。

（答）

納税義務者が未成年者や成年被後見人などの場合で，納税義務者が事前通知の内容について十分に理解することが困難な場合においては，その法定代理人・成年後見人を通じて納税義務者に事前通知を行うこととしても差し支えありません（手続通達３－５参照）。

> 問１－46　納税義務者が被保佐人である場合は，誰に事前通知を行えばよいか。

－247－

（答）

　被保佐人は意思表示の受領能力を有する（民法98条の2）ことから，基本的には被保佐人に対する事前通知を行うこととなりますが，実質として事理弁識能力が著しく不十分であるなど，本人に通知することが適当でない場合には，個々の事案に応じて判断することとなります。

> 問1-47　事前通知した法人の代表者が調査中に死亡した場合，改めて事前通知を行う必要があるか。

（答）

　法令上，特段の手続きは規定されていませんので，改めて法令上の事前通知を行う必要はありませんが，事前通知の内容が引き継がれていないことも考えられますので，運用上は，前代表者に事前通知した内容を改めて説明した上で調査を実施することとなります。

> 問1-48　複数税目（所得税，相続税，法人税等）の同時調査（例：法人税の調査と共に，法人代表者に対し所得税，相続税の同時調査を実施する場合など）では，事前通知を行う対象者が同一であるが，それぞれに事前通知が必要か。

（答）

　法人に対する法人税の調査とその法人の代表者に対する所得税，相続税の調査を同時に実施する場合は，調査の対象となる納税義務者が法人と個人（法人の代表者）とで異なりますので，法令に基づき，納税義務者それぞれに対して事前通知を行う必要があります。

（調査日時，調査開始場所の変更）

> 問1-49　「多忙である」ことは合理的な理由になるのか。

（答）

　単に多忙であることをもって，合理的な理由に該当するとは判断できませんが，多忙であることの具体的内容を聴取し，個々の実情を斟酌した上で，「業務上やむを得ない事情」として調査日時等の変更が可能か否か検討することになります（手続通達4-6）。

> 問1-50　合理的な理由が認められなかった場合，不服申立てはできるのか。

（答）

　改正通則法第74条の9第2項には，「税務署長等は，…通知を受けた納税義務者から合理的な理由を付して，…（調査を開始する日時又は調査を行う場所）について変更するよう求めがあった場合には，当該事項について協議するよう努めるものとする」と規定され

-248-

ています。当該規定は、行政手続法でいう「申請」に当たるものではなく、納税義務者からの求めに対して何らかの処分を行うものではないことから、税務署長等が、合理的な理由が認められないと判断した場合であっても、不服申立ての対象にはなりません。

> 問1－51　納税義務者等が調査の開始の日時又は場所の変更を希望する場合は、どのように申し出ればよいのか（納税義務者等が提出すべき書類等はあるのか）。

（答）

事前通知事項の変更の申出の方法については、特に法令で定められていないことから、原則として、口頭による申出で差し支えありません。

> 問1－52　事前通知を行った後において、納税義務者等から調査日時の変更の申出があったが、その申出の理由が合理的なものと認められない場合、担当者が当初通知した調査日時で臨場することは可能か。

（答）

単に多忙であることを理由に、繰り返し調査日時の変更を申し出るなど納税義務者等からの変更の申出の理由が合理的なものと認められない場合は、その旨を納税義務者等に十分説明し、事前通知した日時により調査を行うことになります。

> 問1－53　事前通知後に当局側から調査の開始日時又は場所を変更できるのか。

（答）

法令上、当局側の都合により、事前通知した調査開始日時又は場所を変更する場合の手続については特段規定されていませんので、従来どおり、真にやむを得ない場合などに限り、納税義務者等と協議の上、変更することは可能です。

なお、法令上の規定はありませんが、納税義務者等との協議により事前通知した調査開始日時や調査開始場所を変更した場合に、変更後の調査開始日時や場所を誤解のないように納税義務者等に伝える必要があります。

（調査範囲の拡大）

> 問1－54　事前通知した事項以外の事項について非違が疑われ、質問検査等を行う場合には、その非違が疑われた内容を納税義務者に説明するのか。

（答）

法令上、非違が疑われた内容について納税義務者に説明する義務はありませんが、調査を円滑に進める観点から、調査に支障がないと判断される場合には、その範囲内で、説明

－249－

することは差し支えありません。

> 問1－55　事前通知した調査対象税目以外の税目につき，質問検査等を行う場合とは，具体的にどのような場合をいうのか。

(答)

　例えば，法人税・所得税等の調査の過程で確認した各種書類について，事前通知していない印紙税の納付（印紙貼付）漏れが疑われる場合や，資産課税部門における譲渡所得の調査の過程において，金銭の流れを検討した結果，事前通知していない贈与税の申告漏れが疑われる場合などが該当します。

> 問1－56　事前通知した調査対象期間以外の課税期間につき，質問検査等を行う場合とは，具体的にどのような場合をいうのか。

(答)

　事前通知した調査対象期間を調査している過程で非違を把握し，その非違が認められる取引先との取引が調査対象期間よりも前の課税期間にも存在するなど，調査対象期間よりも前の課税期間にも同様の非違が疑われる場合などが該当します。

> 問1－57　「通知した事項以外の事項について非違が疑われることとなった場合」として調査範囲を拡大したが，問題がなかった場合，手続の瑕疵となるのか。

(答)

　改正通則法第74条の9第4項には，「第1項（事前通知）の規定は，当該職員が，当該調査により当該調査に係る同項第3号から第6号（調査の目的，調査の対象となる税目，期間，帳簿書類その他の物件）以外の事項について非違が疑われることとなった場合において，当該事項に関し質問検査等を行うことを妨げるものではない」と規定されています。
　すなわち，当該規定は，適正公平な課税の観点から，調査担当者が，調査の過程において，通知事項以外の事項について非違が疑われると判断した場合には，当該通知事項以外の事項についても質問検査等を行うことができることが確認的に規定されたものであり，結果として非違が把握されなかったとしても，調査手続上の瑕疵には当たらないものと考えられます。
　なお，上記の場合には，通知した事項以外の期間において非違が把握されていませんので，当該期間において，納税義務者に対して「更正決定等をすべきと認められない旨の通知書」を送付する必要があります。

資料1／税務調査手続等に関するFAQ（職員用）【共通】

> 問1－58　調査中に，支店，工場等の調査が必要となった場合も，事前通知した事項以外の調査に当たるのか。

(答)
　改正通則法施行令第30条の4第2項には，「同法74条の9第1項第2号（調査を行う場所）については，調査を開始する日時において同項に規定する質問検査等を行おうとする場所」と規定されています。すなわち，事前通知においては，調査を開始する時点における調査場所を通知することとなりますので，調査開始後に，納税義務者の理解と協力を得た上で，事前通知していなかった支店や工場等に臨場して質問検査等を行うことは，事前通知した事項以外の調査には当たりません。

(税理士関係)

> 問1－59　納税義務者が調査立会いを依頼しないと言っている税務代理人に対しても事前通知が必要か。

(答)
　事前通知が必要か否かは，形式的には税務代理権限証書の提出の有無により判断しますが，調査に際し税務代理が解消されている事実を把握した場合には，当該事実に基づき税務代理の有無を判断することとなります。
　したがって，納税義務者に対して事前通知を行った際に，納税義務者が税務代理人に対して調査立会いを依頼しない（税務代理を依頼しない）との申立てがあった場合には，委嘱契約の有無を確認し，税務代理が解消されている場合には，当該税務代理人に対して事前通知を行う必要はありません。
(注)　税務代理が解消されていない場合は，税務代理人に対しても事前通知を行う必要がある。

> 問1－60　複数の税務代理人が，税務代理権限証書を提出しているが，全ての税務代理人に対して事前通知が必要か。

(答)
　調査を行う時点において，税務代理人の関与が解消されていない限り，全ての税務代理人に対して事前通知する必要があります。
　なお，同一の税務代理権限証書に複数の税務代理人の名が連記されている場合においても，全ての税務代理人に事前通知する必要があります。

> 問1-61 調査対象期間の中で税務代理人が交代している場合、双方の税務代理人に対して事前通知を行うのか。

(答)

　事前通知は、直近の調査対象期間に係る申告書とともに税務代理権限証書を提出している税務代理人に対してのみ行うことになります。

> 問1-62 税務代理人が、納税義務者への調査初日には立ち会わない場合、税務代理人に対する事前通知の「調査開始日時」は、どのように通知するのか。

(答)

　税務調査は、税務代理人に対して行うものではなく、納税義務者に対して実施するものであることから、事前通知すべき調査開始日時は、納税義務者に対して調査を開始する日時を通知することになります。

　したがって、税務代理人が調査初日に立ち会わない場合であっても、納税義務者に対する調査開始日時を通知することになります。

> 問1-63 税理士法人の場合には、誰に事前通知を行えばよいか。

(答)

　税務代理権限証書を提出している税理士法人に電話を行い、代表社員税理士又は担当の社員税理士のいずれかに対して事前通知することとなります。

> 問1-64 書面添付制度（税理士法第33条の2）に係る意見聴取を行った場合、事前通知は行うのか。

(答)

　税理士法第33条の2第1項、第2項の規定による書面を申告書に添付している税務代理人（税務代理権限証書を提出している者に限る。）に対して、同法第35条第1項の規定による意見聴取を行った場合においても、当該意見聴取の結果、実地の調査において質問検査等を行うときは、調査に移行する旨を税務代理人に伝えた後に、調査対象となる納税義務者及び税務代理人に対して事前通知を行うことになります。

2 事前通知を行うことなく調査を実施する場合
（事前通知を行うことなく調査を実施する場合の判断）

> 問2-1 「当該納税義務者の営む事業内容に関する情報」とは，具体的に何を指すのか。

（答）
　改正通則法第74条の10に規定する「その営む事業内容に関する情報」とは，例えば，事業の業種・業態又は取引内容若しくは決済手段などの具体的な営業形態などが該当するものと考えられます。

> 問2-2 「その他国税庁等若しくは税関が保有する情報」とは，具体的に何を指すのか。

（答）
　改正通則法第74条の10に規定する「その他国税庁等若しくは税関が保有する情報」とは，例えば，
① 報道機関による報道，インターネット上のホームページ，刊行物など，公開されている情報源に基づき収集した情報
② 法定調書や職員が独自に収集した資料情報
③ 調査対象者の従業員，取引先等から寄せられた情報
などが該当するものと考えられます。

> 問2-3 現金取引を行っていることのみをもって，事前通知を行うことなく調査を実施することは可能か。

（答）
　現金取引を行っているという事実は，事前通知を行うことなく調査を実施する場合の判定の一要素にはなるものの，それのみをもって判断することはできません（手続通達4-7）。事前通知を要しない調査の適否検討に当たっては，決済手段のみならず，内外観調査を含めた資料情報，過去の調査状況，申告内容等から事前通知の例外事由に該当するかを総合的に判断することとなります。

> 問2-4 「過去に不正計算があった」という理由だけで，事前通知を行うことなく調査を実施することは可能か。

（答）
　過去に不正計算があったという事実は，事前通知を行うことなく調査を実施する場合の

判定の一要素にはなるものの，それのみをもって判断するのではなく，内外観調査を含めた資料情報，過去の調査状況，申告内容等から，事前通知を要しない調査の適否を検討する時点において，事前通知の例外事由に該当するかを総合的に判断することとなります。

> 問2-5 「同業者に不正計算が多い」という理由だけで，事前通知を行うことなく調査を実施することは可能か。

(答)

「同業者に不正計算が多い」という理由は，事前通知を行うことなく調査を実施する場合の判定の一要素にはなるものの，それのみをもって判断するのではなく，内外観調査を含めた資料情報，過去の調査状況，申告内容等から事前通知の例外事由に該当するかを総合的に判断することとなります。

> 問2-6 個人事業を営んでいた際に毎回多額の不正があり，原始記録等も破棄していた個人事業者が法人成した場合に，その状況をもって事前通知の例外事由に当たると判断できるか（法人成後，調査未実施）。

(答)

個人事業時の調査内容も，代表者の税に対する認識という観点から，事前通知を行うことなく調査を実施する場合の判定の一要素にはなるものの，それのみをもって判断するのではなく，内外観調査を含めた資料情報，申告内容等から事前通知の例外事由に該当するかを総合的に判断することとなります。

> 問2-7 無申告者の実態確認のために，納税義務者の納税地に臨場したところ，納税義務者に会うことができたので，情報の提供等を要請したいと考えているが，可能か（改めて事前通知が必要か）。

(答)

納税申告書の提出がないため納税申告書の提出義務を確認する必要がある場合において，当該義務があるのではないかと思料される者に対して，当該義務の有無を確認するために必要な基礎的な情報（事業活動の有無等）の自発的な提供を要請した上で，必要に応じて納税申告書の自発的な提出を要請する行為は，調査ではなく行政指導に該当します（手続通達1-2(3)）。

したがって，臨場により無申告者の事業活動の状況等について確認し，①申告義務の説明及び自主的な申告書の提出依頼を実施する行為は行政指導に該当します。なお，①の行政指導の際に，納税義務者の方から帳簿書類等を提示し，職員に申告指導を依頼するような場合は，当該帳簿書類等を確認しつつ申告指導を実施しても差し支えありません。

しかしながら、②更正決定等を目的として、帳簿書類等の提示を求め、個別具体的な非違事項を指摘する行為は、質問検査権の行使であり実地の調査に該当しますので、②の行為を行う場合には、法令上の事前通知を行う（事前通知の例外事由に該当する場合には事前通知を行うことなく調査を行う）など、一連の調査手続を実施する必要があります。

このように、納税義務者と接触する場合には、その目的によって行政指導に該当するか、調査に該当するかが異なることになりますので、行政指導又は調査を行う際には、納税義務者に対しいずれの事務として行うかを明示した上でそれぞれの行為を行う必要があります。

（臨場後の対応）

問2-8　事前通知を行うことなく調査を実施する場合に、納税義務者からその理由を問われた場合、どのように説明すればよいか。

（答）
　法令上、事前通知を行うことなく調査を実施する場合にその理由を納税義務者に説明することは規定されていません。また、判例上も、実定法上特段の定めのない調査の実施の細目については、質問検査の必要があり、かつ、これと相手方の私的利益の衡量において社会通念上相当な範囲にとどまる限り、権限ある税務職員の合理的な選択に委ねられており、事前通知を行わなかった理由についても、質問検査等を行う上での法律上の一律の要件とされているものではない旨を納税義務者に丁寧に説明の上、調査への理解と協力を求めることとします。

　なお、事前通知を行うことなく実地の調査を実施する場合であっても、運用上、納税義務者に対し、臨場後速やかに、「調査の目的」、「調査の対象となる税目」、「調査の対象となる期間」、「調査の対象となる帳簿書類その他の物件」、「調査対象者の氏名又は名称及び住所又は居所」、「調査担当者の氏名及び所属官署」「通知事項以外の事項についても、調査の途中で非違が疑われることとなった場合は、質問検査等の対象となる旨」を通知してから質問検査等を開始することに留意する必要があります。

問2-9　事前通知を行うことなく調査を実施した結果、特に非違事項が認められなかった場合、事前通知の手続違反となるのか。

（答）
　改正通則法第74条の10の規定は、事前通知を行うことなく調査を実施した結果として必ず非違が発見されることを要件としているものではありませんので、必要な判断を適切に実施している限りにおいては、調査の結果として非違事項が認められなかった場合であっ

ても，訴訟において，手続違反と判断されることにはならないものと考えられます。

> 問2-10　事前通知を行うことなく調査を実施する場合，臨場後に，税務代理人にも連絡する必要はあるのか。

（答）

　法令上，事前通知を行うことなく調査を実施する場合に，臨場後，税務代理人へ連絡することは特段規定されていませんが，運用上，当該税務代理人に対しても，臨場後速やかに納税義務者へ通知した事項を通知します。

　なお，税務代理権限証書の提出はないものの，申告書に署名・押印を行っている税理士があり，納税義務者が当該税理士の立会いを求める場合には，当該税理士に対しても納税義務者へ通知した事項を通知するとともに，税務代理権限証書の提出を指導することとなります。

3　提出物件の留置き
（総論）

> 問3-1　「留置き」と「預かり」は異なるのか。

（答）

　改正通則法において規定された「物件の留置き」については，運用上行われていた納税義務者等から提出された物件の預かり・返還等に関する手続を法令上明確化するものであり，納税義務者等から預かる帳簿書類等や預かる理由など，その取扱いについては基本的に現行手続と変わるものではなく，実務においては，従来どおり，質問検査等の相手方となる者の理解と協力の下，その承諾を得て行うことに留意する必要があります。

　なお，法令に定められたことに伴い，「預り証」の交付時に納税義務者等の受領の署名・押印が必要になることや，留め置く物件について善管注意義務が課せられていることにも留意する必要があります（手続通達2-1，2-2）。

（留置きの対象）

> 問3-2　留め置くこととなる物件に，電子データは含まれるのか。
> 　　　　電子データが含まれるのであれば，納税義務者等の了解の下で，税務署の電子記録媒体等に複写したデータも含まれるのか。

（答）

　当該職員が納税義務者等の了解の下，電子記録媒体に保存されている電子データを，そ

の場で税務署の電子記録媒体（USB等）に複写することにより提出を受けた場合は、法令上の「留置き」には該当しません（手続通達2－1）。

なお、この場合、複写した電子データについては、従来どおり厳格に管理する必要があります。

（留置きの方法・手続）

> 問3－3　「国税の調査について必要があるとき」とは、具体的にはどのような場合をいうのか。

（答）

「国税の調査について必要があるとき」とは、

① 質問検査等の相手方の事務所等で調査を行うスペースがなく調査を効率的に行うことができない場合
② 帳簿書類等の写しの作成が必要であるが調査先にコピー機がない場合
③ 相当分量の帳簿書類等を検査する必要があるが、必ずしも質問検査等の相手方となる者の事業所等において当該相手方となる者に相応の負担をかけて説明等を求めなくとも、税務署や国税局内において当該帳簿書類等に基づく一定の検査が可能であり、質問検査等の相手方となる者の負担や迅速な調査の実施の観点から合理的であると認められる場合
④ 不納付となっている印紙税の課税文書等の物件等について、後日、課税上の紛争が生ずるおそれがあるなど証拠保全の必要が認められる場合

などが該当すると考えられますが、いずれにしても、質問検査等の相手方の理解と協力の下、その承諾を得た上で実施する必要があります。

また、留め置く必要がなくなったときには、遅滞なく、交付した預り証と引き換えに留め置いた物件を返還することに留意する必要があります。

> 問3－4　納税義務者等に対し、留置きを目的として、物件の郵送を依頼することは可能か。

（答）

留置きは、実地の調査等の際に納税義務者等から任意に提出された物件を、納税義務者等の承諾を得た上で預かるものであり、その際、預かる物件の名称や数量など必要な事項を記載した書面（預り証）をその物件を提出した者に交付し、署名・押印を求める手続を要することから、納税義務者等に対し、留置きを目的として物件の郵送を依頼等することは適当ではありません。

なお，机上調査等において，契約書の写しや元帳の写しなどの郵送を依頼する（提出された写しは返還を求めないとの申し出があり）ことがありますが，これは，法令上の「物件の留置き」には該当しません。

> 問3-5　局現業部門における実地の調査等において，納税義務者等の事業所等が遠隔地である場合，そこで預かった帳簿書類等をその所轄署で保管する場合があるが，この場合の部内手続（管理者の確認等）はどのように行うのか。

（答）

　局現業部署における実地の調査等において，遠隔地にある納税義務者等の事業所等にある物件を，その所轄署に留め置く場合には，局現業部署の調査担当者が実施した留置きに係る手続の確認を，当該調査担当者の管理者に代わって当該所轄署の筆頭統括官等が行うこととして差し支えありません。
　なお，留め置いた物件については，当該筆頭統括官等が適切に保管・管理することとなります。

> 問3-6　複数の店舗に同時に調査を実施する場合などで，各店舗の店長等の責任者から帳簿書類等を預かる場合には，店長等の納税義務者本人以外の者に「預り証」を交付するのか。

（答）

　法令上，預り証は，当該物件を提出した者に交付することとされており，必ずしも納税義務者本人に限定されていません。したがって，留置きは，その物件を提出した者の承諾の下，預り証をその提出した者に交付することとなります。
　なお，質問のような場合には，調査対象者である当該納税義務者本人に対しても，電話等により留置きを行う旨の理解と協力を求め，その承諾を得た上で，店長など一定の権限を有する者に預り証を交付し，物件を留め置くことが適当と考えられます。

> 問3-7　通帳等の名義が異なる物件を留め置く場合は，どのように対応するのか。

（答）

　納税義務者等から提出を受けた他人名義の物件について留め置く必要がある場合には，原則として，その名義人の承諾を得た上で留め置くことが必要と考えられます。
　なお，この際の，預り証の交付先は，その物件を提出した納税義務者等で差し支えありません。
　また，その物件の名義が実質と異なり，納税義務者等本人に帰属するものと認められる場合には，当該納税義務者等本人の承諾により留め置くことができると考えられます。

> 問3-8 留め置いた物件をコピーする場合に，事前に納税義務者等の承諾が必要か。

（答）
　一般的に，帳簿書類等を留め置いた場合には，必要に応じ，その（一部の）写しをとるものと考えられますので，事後の無用のトラブルを避けるため，物件を留め置く際には，納税義務者等に，必要に応じ写しをとる旨を説明することとします。

> 問3-9 留め置いている物件の閲覧の申出があった場合は，閲覧の手続が必要か。

（答）
　留置きした物件の閲覧の申出があった場合には，特段の手続は必要なく，担当者立会いの下で閲覧に応じることになります。
　なお，当該物件について写しをとるなどにより留め置く必要がなくなった場合には，遅滞なく，交付した預り証と引き換えに留め置いた物件を返還することに留意する必要があります。

（返還の方法）

> 問3-10 「留め置く必要がなくなった場合」とはどのような場合か。

（答）
　法令で規定する「留め置く必要がなくなった場合」とは，留め置いた物件について署内で必要な検査が終了した場合，又は署内でその物件に係る必要な写し（コピー）をとった場合等が該当するものと考えられます。

> 問3-11 留め置いた提出物件のうち一部について留め置く必要がなくなった場合には，その都度，返還するのか。

（答）
　物件の返還については，原則として，留め置いた物件の全部を，交付した「預り証」と引き換えに返還することとなりますが，納税義務者等から一部について返還の求めがあり，返還しても特段の支障がない場合には，適正に返還されたことを客観的に証明する手段として，「預り証」の備考欄に，「左記の物件については平成〇年〇月〇日に返還を受けました。〇〇〇〇〈印〉」と納税義務者等に署名・押印を求めた上で，返還することとなります。

> 問3-12 納税義務者等から返還請求があった場合，どのように対応するのか。

(答)

　納税義務者等から預かり，留め置いている帳簿書類等については，留め置く必要がなくなった段階で，遅滞なく返還する必要がありますが，留め置く必要性がなくなる前に，納税義務者等から返還の求めがあった場合には，特段の支障がない限り，返還に応じることになります。

　なお，「特段の支障」とは，例えば，以下のようなものが考えられます。
① 留め置いた物件のコピー等に相当な時間を要するため，遅滞なく返却することが困難な場合
② 留め置いた電子記録媒体内のデータを署内のパソコンで確認する際，データ変換等に時間を要し，すぐに返還することが困難な場合

　ただし，上記の場合であっても，納税義務者等に対し，遅滞なく返却することが困難な理由及び返却可能な日時について口頭で説明し理解を求めるとともに，「調査経過記録書」にその旨を記載する必要があります。

> 問3−13　納税義務者等から，「預り証を返還しなければならない法律上の根拠はあるのか」と問われた場合，どのように答えるのか。

(答)

　「帳簿書類等の物件の返還に当たって，納税義務者等の方が『預り証』を返還しなければならないことは，法律上明記されていませんが，適正に返還されたことを客観的に証明する手段として，返還確認欄に署名・押印をしていただいた上で，『預り証』の返還をお願いしている」旨を回答することとなります。

> 問3−14　納税義務者等から，「預り証を今回の税務調査の記録として持っておきたい」と言われた場合，どのように答えるのか。

(答)

　「預り証は，返還確認欄に署名・押印をしていただいた上で，返却していただくこととなりますが，返却の前にその写し（コピー）をとっていただくことは差し支えない」旨を回答することとなります。

> 問3−15　返還をする際の相手方は，納税義務者等（物件の提出者）でなければならないか。税務代理人に返還しても構わないか。または，従業員などの納税義務者等以外の者に返還しても構わないか。

(答)

　物件の返還は，原則として，「預り証」の内容と返還したものに不突合がないことをそ

の物件の提出を受けた納税義務者等に確認していただいた上で行うこととなります。
　なお，当該納税義務者等の同意が確認できた場合には，税務代理人や役員など一定の権限を有する関係者に預り証の返還確認欄に署名・押印をしていただいた上で返還しても差し支えありません。

（預り証の記載事項）

> 問3-16　「名称又は種類」とはどのようなものを指すか。また，「文書」の作成に当たっては，例えば「○○さんから受領した領収証」等と詳細に記載する必要があるか。それとも，「領収証一式」で構わないか。

（答）
　「名称」とは，納税義務者等が物件にラベルを貼付するなどして記載しているその物件の名称をいいます。例えば，納税義務者等がファイルに「総勘定元帳（平成○年分）」と記載したラベルを貼付している場合には，預り証に「総勘定元帳（平成○年分）」と記載することとなります。
　また，「種類」とは，納税義務者等がその物件に特段の名称を付していない場合に記載するものであり，例えば，ノートに1日ごとの売上金額を記載している場合には，預り証に「ノート（平成○年の売上に関する事項が記載されているもの）」と記載することとなります。
　なお，領収証の場合には，通常，日付順に綴った状態にして「領収証綴り」等として表示しているものと考えられますが，その場合には，預り証に「領収証綴り（平成○年○月～平成○年○月分）」と記載することとなりますし，結束されていない複数の領収証の場合には，単に「領収証一式」と記載するのではなく，その日付や相手方の名称等を付すなど，留め置く物件が客観的に明らかになるよう具体的に記載する必要があります。

> 問3-17　「数量」とはどのように記載すればいいか。領収証が袋いっぱいに入っている場合，枚数を数えるのか。

（答）
　結束されていない大量の領収証を留め置く場合には，預り証に，単に「領収証一式」と記載するのではなく，できる限りその日付や相手方の名称を付すとともにその枚数を適切に記載するなど，留め置く物件が客観的に明らかになるよう可能な範囲で具体的に記載する必要があります。

問3－18 名称及び種類を区分することが困難な場合，納税義務者等の承諾を得て，「事務室机右引き出し上段」といった記載方法は可能か。

(答)
　預り証には，留め置く物件が客観的に明らかになるよう具体的な名称・種類を記載する必要がありますので，「事務室机右引出し上段」といった抽象的な記載ではなく，少なくとも「事務室机右引出し上段中の○○」と具体的な物件の名称等を記載する必要があります。

問3－19 資料調査課と署との合同事案の場合，「預り証」に記載する「調査担当者」はどのようにすればよいのか。

(答)
　局特別調査（局署合同調査）のように，一の納税義務者に対して局の調査担当者と署の調査担当者が合同で行う調査において物件を留め置く場合，「預り証」に記載する「調査担当者」については，事前通知等の際に調査担当者の代表者として納税義務者に通知した者（具体的には，資料調査課の担当総括主査，担当専門官又は担当主査）の所属官署及び氏名を記載することになります。
　なお，上記の取扱いはあくまで「一の納税義務者に対して局の調査担当者と署の調査担当者が合同で行う調査」の場合の取扱いであり，例えば当該事案の取引先等，別の納税義務者に対して局の調査担当者のみ又は署の調査担当者のみで反面調査を実施する際等において物件を留め置く場合には，当該物件を実際に預かる際の現場チーフの所属官署及び氏名を記載することとなることに留意が必要です。

問3－20 留置きを行う際に，不服申立てに関する教示文の交付は必要か。

(答)
　行政庁は，不服申立てをすることができる処分をする場合には，その処分を口頭で行う場合を除き，書面で教示することとされています（行審法57）。
　なお，留置きは，公権力の行使に当たる事実上の行為であって，行政不服審査法における「行政庁の処分」に該当する（行審法2）ことから，不服申立ての対象になるとともに，当該留置きは，その行為自体が処分となるため，「口頭で行う」処分には該当しません。
　したがって，当該職員が留置きを行った場合は，不服申立てに関する教示文の交付が必要となります。

資料1／税務調査手続等に関するFAQ（職員用）【共通】

> 問3-21　納税義務者からの物件の返還の求めを拒否する場合，不服申立てに関する教示は必要か。

（答）

　留め置いた物件の返還に当たって，調査担当者が示した返還可能な日時に対し，納税義務者等が理解を示さず即日の返還を求めるなど，当方が示す返還期限に応じない場合には，継続して物件を留め置く必要性を説明した上で当該求めには応じられないことを口頭により伝える必要があります。

　この場合，返還できないことを口頭により伝えた日の翌日から起算して2か月以内であれば国税通則法に基づく不服申立てができることも併せて説明する必要があります。

【参考】不服申立ての区分

処分の態様	行政不服審査法上の区分（留置きに係る不服申立て）	国税通則法上の区分（物件の返還の求めを拒否した場合の不服申立て）
税務署の職員が行う処分	国税局長に対する審査請求	税務署長に対する異議申立て
国税局の職員が行う処分	国税庁長官に対する審査請求	国税局長に対する異議申立て又は国税不服審判所長に対する審査請求
国税庁の職員が行う処分	国税庁長官に対する異議申立て	国税庁長官に対する異議申立て

4　調査終了の際の手続
（更正決定等をすべきと認められない旨の通知書）

●総論

> 問4-1　「更正決定等をすべきと認められない旨の通知書」について，具体的な記載内容は現行の「調査結果についてのお知らせ」と変わるのか。

（答）

　調査の結果，更正決定等をすべきか否かの判断は，税目及び課税期間ごとに行うものと解されますので，「更正決定等をすべきと認められない旨」の書面には，改正通則法第74条の11第1項に基づき，「実地の調査の結果，その時点において更正決定等をすべきと認められない税目及び課税期間」を具体的に記載して通知することになります（手続通達3-1(1)）。

なお、記載内容は、現行と異なり、一の通知書に複数税目及び複数課税期間をまとめて記載することになります。

> 問4－2 「更正決定等をすべきと認められない旨の通知書」の法的効果はどのようなものか。

（答）
「更正決定等をすべきと認められない旨の通知書」は、その通知行為自体が何らかの法的効果を生じさせているものではなく、法律上は事実行為に当たると考えられますが、当該通知をもって一連の調査が終了すること、また、法令上定められている「新たに得られた情報に照らして非違があると認めるとき」の要件に該当しない限り、同一税目・課税期間について再度の調査を行うことはできないことに留意する必要があります。

● 「更正決定等をすべきと認められない旨の通知」の有無

> 問4－3 「更正決定等をすべきと認められない場合」とは、どのような場合を指すのか。

（答）
改正通則法74条の11第1項でいう「更正決定等をすべきと認められない場合」とは、税務署長等が、実地の調査において把握された事実関係等に基づき、更正、決定、賦課決定又は納税告知を行うべきかどうかを判断した結果、更正、決定、賦課決定又は納税告知を行う必要はないと判断した場合のことをいいます。

> 問4－4 無申告者である個人に実地の調査を行った結果、申告書の提出義務がないと判断された場合、「更正決定等をすべきと認められない旨の通知書」を送付するのか。

（答）
無申告者である個人に実地の調査を行った結果、申告書の提出義務がないと判断された場合も、更正決定等をすべきと認められない場合に該当しますので、「更正決定等をすべきと認められない旨の通知書」を送付する必要があります。

> 問4－5 調査対象者の特殊事情（死亡、長期入院等）により、調査を終了（打ち切り）する場合又は延期する場合には、「更正決定等をすべきと認められない旨の通知書」を送付するのか。

（答）
　調査の打ち切りと調査の終了は、いずれも当該納税義務者への質問検査等を終了するという意味では実質的に同じであると考えられますので、その時点において更正決定等すべきと認められない場合には、「更正決定等をすべきと認められない旨の通知書」を送付することとなります。
　なお、調査の延期は、事実上、調査自体は継続していることになりますので、その時点で「更正決定等をすべきと認められない旨の通知書」を送付する必要はありません。

> **問4－6** 指導事項があった場合はどのように対応するのか。

（答）
　改正通則法第74条の11第1項には、「国税の実地の調査の結果、更正決定等をすべきと認められない場合には、…書面により通知するものとする。」と規定されており、指導事項があった場合に、当該通知の対象外とする規定は設けられていません。
　したがって、指導事項があったとしても、最終的に更正決定等をすべきと認められないと判断した場合には、その旨を書面により通知する必要があります（その際、指導事項として指摘した内容を、当該書面に記載する必要はありません）。
　なお、納税義務者に対する指導事項の説明は、調査結果の内容説明の前の段階で説明する必要があります。
（注）　指導事項とは、例えば、帳簿書類等の備付け、保存が不備である場合に、適正に備付け、保存をするよう指導することなどをいう。

> **問4－7** 調査の過程において、把握した非違が事前通知した調査対象期間（例えば3年間）より前（4年前、5年前）にもあるかどうか調べたが、結果として非違がなかった場合、当該4年前、5年前の申告について、「更正決定等をすべきと認められない旨の通知書」を送付するのか。

（答）
　「更正決定等をすべきと認められない旨の通知書」は、事前通知で通知した調査対象税目・課税期間及び事前通知していないが調査の過程で非違が疑われるとして調査した税目・課税期間の全てが対象となり、その中で最終的に更正決定等をすべきと認められない税目・課税期間を通知することとなります。
　したがって、非違がなかった4年前、5年前についても、「更正決定等をすべきと認められない旨の通知書」の送付が必要となります。

問4−8 調査の過程で，事前通知した調査対象税目以外の税目につき疑義が生じたことから，質問検査等を行ったが，非違事項が認められなかった場合についても「更正決定等をすべきと認められない旨の通知書」を送付するのか。

(答)
　調査の過程において非違が疑われるとして調査対象とした事前通知事項以外の税目・課税期間について，更正決定等をすべきと認められない場合には，「更正決定等をすべきと認められない旨の通知書」を送付する必要があります。

問4−9 申請書の内容を審査するため，臨場して質問検査権を行使したが，申請どおりの内容で処理する場合，「更正決定等をすべきと認められない旨の通知書」を送付するのか。

(答)
　「更正決定等をすべきと認められない旨の通知書」は，実地の調査において，更正決定等すべきと認められない場合に通知するものです。したがって，更正決定等を目的としない申請書につき，臨場して内容を審査した結果，申請どおりの内容で処理する場合であっても，「更正決定等をすべきと認められない旨の通知書」を送付する必要はありません。

問4−10 更正の請求に対する調査を臨場して行ったが，その結果，「更正をすべき理由がない旨の通知」を行う場合にも，「更正決定等をすべきと認められない旨の通知書」を送付するのか。

(答)
　更正の請求の内容確認のため，臨場して質問検査等を行った結果，更正をすべき理由がない場合は，納税義務者に対し，改正通則法第23条第4項に基づき，「更正の請求に対して更正をすべき理由がない旨の通知」（行政処分）を行うほか，改正通則法第74条の11第1項に基づく「更正決定等をすべきと認められない旨の通知」（事実行為）を行う必要があります。

問4−11 消費税の還付申告について，臨場して調査した結果，申告どおりに還付することとした場合であっても，「更正決定等をすべきと認められない旨の通知書」を送付するのか。

(答)
　還付申告の内容について実地による審査をすることは，更正決定等を行うことを目的として行う調査であるため，申告どおりに還付することとなった場合には，「更正決定等を

すべきと認められない旨の通知書」を送付する必要があります。

● 「更正決定等をすべきと認められない旨の通知書」の内容

> 問4－12 「更正決定等をすべきと認められない旨の通知書」の発信者名は誰になるのか（局で行う調査と署で行う調査に違いはあるのか）。

（答）

　局で行う調査であるか署で行う調査であるかに関わらず、「更正決定等をすべきと認められない旨の通知書」の発信者名は、すべて「税務署長」となります。

> 問4－13　改正通則法第74条の11第1項に規定する「その時点」とは、いつのことを指しているのか。

（答）

　改正通則法第74条の11第1項に規定する「その時点」とは、税務署長等が更正決定等をすべきと認められないと判断した時点をいうものと解されますので、実務に当てはめると、当該実地の調査について申告是認処理又は非課税決定処理決議を了した時点をいうものと考えられます。

● 更正決定等をすべきと認められない旨の通知の手続

> 問4－14 「更正決定等をすべきと認められない旨の通知書」は、いつ作成し、送付すればよいのか。

（答）

　改正通則法第74条の11第1項には、「更正決定等をすべきと認められない場合…」と規定されており、更正決定等をすべきと認められないと判断した後に「更正決定等をすべきと認められない旨の通知書」を作成し、送付することになります。具体的には、実地の調査について申告是認処理又は非課税決定処理決議を行う際に、併せて「更正決定等をすべきと認められない旨の通知書」の決裁を了し、原則として、普通郵便にて通知することになります。
(注)　交付送達により通知する場合は、書面の交付に基づく手続として、納税義務者から署名・押印を受領する必要があります（手続通達5－5）。

> 問4－15 「更正決定等をすべきと認められない旨の通知書」を送付する際は、調査が終了したことも通知するのか。

（答）

「更正決定等をすべきと認められない旨の通知書」には，改正通則法第74条の11第1項等に基づき，「実地の調査の結果，その時点において更正決定等をすべきと認められない旨」を通知することとされており，特段調査が終了した旨の記載は必要とされていませんので，この通知をもって一連の調査手続が終了したことになります。

（調査結果の内容説明）
●結果説明の有無

> 問4－16　「更正決定等をすべきと認める場合」とは，どのような場合を指すのか。

（答）

改正通則法第74条の11第2項に規定する「更正決定等をすべきと認める場合」とは，納税申告書に記載された課税標準等又は税額等が調査結果と異なる場合（増額更正に限らず，減額更正をすべきと認められる場合も含む。）や納税義務があると認められる者の調査を行った結果，課税標準等及び税額等を決定すべきと認められる場合をいいます。

> 問4－17　延滞税，利子税に関する調査結果の内容説明は必要か。

（答）

改正通則法第74条の11第2項には，「国税に関する調査の結果，更正決定等をすべきと認める場合には，…その調査結果の内容（更正決定等をすべきと認めた額及びその理由を含む。）を説明するものとする。」と規定されており，この「更正決定等をすべきと認めた額」には，更正決定等の対象とならない延滞税及び利子税は含まれないと解されますので，法令上は延滞税及び利子税の額について説明をする必要はありません（手続通達5－3）。

ただし，調査結果の内容説明の際には，運用上，納付すべき税額及び加算税のほか，納付すべき税額によっては延滞税が生じることを説明することとなります。

> 問4－18　調査結果の内容説明後に調査対象者が転出した場合には，転出先の所轄署において改めて調査結果の内容説明を行うのか。

（答）

調査結果の内容説明後に調査対象者が転出した場合に，転出先の所轄署において改めて調査結果の内容説明を行う必要はありません。

この場合，修正申告書等の提出は，転出先署に提出するよう指導し，当初調査を行っていた部署は，転出先署に速やかに，調査関係書類一式を引き継ぐ必要があります。

> 問4-19　調査結果の内容説明を何度試みても行えない場合に，決定処理を行うことは可能か。

(答)

　改正通則法第74条の11第2項では，「国税に関する調査の結果，更正決定等をすべきと認める場合には，…当該納税義務者に対し，その調査結果の内容（更正決定等をすべきと認めた額及びその理由を含む。）を説明するものとする。」とされており，調査の結果，決定処理を行う場合についても調査結果の内容説明は必要となります。

　なお，いかなる方法によっても納税義務者と連絡が取れない等，調査結果の内容説明を行うことができない場合には，その経緯を取りまとめて署長等の決裁を受けるとともに，必要に応じて局主務課とも協議の上，決定処分を行うことになると考えられます。

> 問4-20　申告書の督促ハガキを送った結果，自主的に期限後申告書が提出され，無申告加算税を賦課決定する場合においても調査結果の内容説明が必要か。

(答)

　例えば，法人税確定申告書の督促ハガキを送付する行為は，質問検査権を行使する調査には該当せず，行政指導の一環と考えられますので，改正通則法第74条の11第2項（国税に関する調査の結果，更正決定等をすべきと認める場合には，…当該納税義務者に対し，その調査結果の内容（更正決定等をすべきと認めた額及びその理由を含む。）を説明するものとする。）に規定する調査結果の内容説明を行う必要はありません。

　また，自発的に提出された期限後申告書について部内の処理のみで無申告加算税の賦課決定を行う行為も，納税義務者に対して質問検査等を行うものではありませんので，法定化された調査手続の適用はありません（手続通達1-1(3)ロ）。

> 問4-21　青色申告承認申請の審査の結果についても調査結果の内容説明が必要か。

(答)

　改正通則法第74条の11第2項には，「国税に関する調査の結果，更正決定等をすべきと認める場合には，…説明するものとする。」と規定されており，ここでいう国税に関する調査は，更正決定等を目的とする調査を対象としているものと解されます（手続通達5-1）。

　ここで，青色申告承認申請に対する審査は，納税義務者からの申請内容が適用要件を満たすかを確認するものであり，更正決定等を目的としているものではありませんので，当該申請に対する審査は，調査結果の内容説明の対象にはなりません。

　なお，当該審査に伴い青色申告の却下等を行う場合には理由附記が必要となりますので，

書面に記載された理由等に関し，納税義務者等から何らかの説明を求められた場合には，納税義務者等に対しわかりやすく説明をすることとします。

> 問4-22　更正の請求に対する調査についても調査結果の内容説明が必要か（全部認容，一部認容，全部否認の場合）。

(答)

改正通則法第74条の11第2項では「国税に関する調査の結果，更正決定等をすべきと認める場合には，…説明するものとする。」と規定されており，説明の対象となる調査は，更正決定等を目的とする調査となります（手続通達5-1）。

更正の請求に対する調査は，更正決定等を目的とした調査に該当しますので，調査結果の内容説明を行う必要があります。

ただし，更正の請求に対して部内の処理のみで請求どおりに更正を行う場合（全部認容）は，納税義務者に対して質問検査等を行っていないため，改正通則法第74条の11の規定の適用はなく，調査結果の内容説明は必要ありません（手続通達1-1(3)イ）。

なお，更正の請求を却下する場合には，「更正の請求に対して更正をすべき理由がない旨の通知書」を送付することとなりますが，これは不利益処分に該当しますので，当該通知には理由書の添付を行う必要があります。また，納税義務者に対して実地の調査を行った結果，更正の請求を却下する場合には，当該調査は法定化された手続の対象となりますので，「更正の請求に対して更正すべき理由がない旨の通知書」と理由書に加え，「更正決定等をすべきと認められない旨の通知書」を送付する必要があります。

【参考】　更正の請求に伴う調査に関する調査手続等の適用関係等

		調査手続				処分		
		74の9「事前通知」	74の11①「更正決定等をすべきと認められない旨の通知」	74の11②「結果説明」	74の11⑥「再調査」	23④前段「更正」	23④後段「更正理由なし」	74の14「理由附記」
全部認容	適用（注2）	△（注3）	×	○	×（注4）	○	×	×／○（注7）
	作成書類	チェックシート	×	結果説明書	×（注5）	更正通知書	×	×／理由附記

-270-

資料1／税務調査手続等に関するFAQ（職員用）【共通】

一部認容	適用	△（注3）	×	○	×（注4）	○	○	○（注7, 8）
	作成書類	チェックシート	×	結果説明書	×（注5）	更正通知書（注6）	×（注6）	理由附記※教示文添付
棄却	適用	△（注3）	△（注3）	×	×（注4）	×	○	○
	作成書類	チェックシート	更正決定等をすべきと認められない旨の通知	×	×（注5）	×	更正をすべき理由がない旨の通知	理由附記※教示文添付

(注1) 上段は，各条項の適用を，下段は，適用がある場合における作成書類を示す。
(注2) 更正の請求に対して部内の処理のみで請求どおりに更正を行う場合には，調査手続は適用とならないことに留意する。
(注3) 実地の調査の場合に適用となる。
(注4) 更正の請求に伴う調査を実施した後，更正決定等を目的とした調査を行う場合は，再調査に当たることに留意する。
(注5) （注3）に該当する場合は，「再調査の適否検討表」の作成を要することに留意する。
(注6) 一部認容の場合における更正通知書には，更正をすべき理由がない旨の通知が含まれる。
(注7) 理由の提示に関し個別法に定めがあるものは，減額更正処分であっても理由の提示が必要であることに留意する。
(注8) 更正の請求に対し一部棄却した場合は，当該不利益処分の理由の提示に伴い，処分全体の理由の提示が必要であることに留意する。
(注9) 複数年分の更正の請求に伴う調査を行う場合であっても，税目及び課税期間で画される一の納税義務ごとに判定することに留意する。

問4-23 更正の申出書に係る調査結果についても調査結果の内容説明が必要か。

(答)
　更正の申出書の内容を確認するために納税義務者に対し質問検査を伴う調査を行った場合は，更正決定等を目的とした調査となり，更正決定等をすべきと認める場合には，調査結果の内容説明が必要になります。

問4-24 法定監査を実施した場合，調査結果の内容説明は必要か。

(答)
　法定監査は，更正決定等を目的として実施するものではないため，改正通則法第74条の11第2項に規定する調査結果の内容説明は不要となりますが，法定調書の記載に誤りがある場合や未提出となっている調書を把握した場合には，該当する法定調書の再提出など適切な指導を行う必要があります。

問4-25 異議調査の結果についても調査結果の内容説明は必要か。

(答)
　改正通則法第74条の11第2項には，「国税に関する調査の結果，更正決定等をすべきと認める場合には，…説明するものとする。」と規定しており，説明の対象となる調査は，更正決定等を目的とする調査となります（手続通達5-1）。
　異議申立ての調査は質問検査権等に基づいて行うものですが，その調査は，異議申立てに対する異議決定をするために行うものであり，更正決定等を目的としたものではないため，同条に基づく調査結果の内容説明は不要となります。

●結果説明の方法・内容

問4-26 調査結果の内容説明は，調査のどの段階で行う必要があるのか。

(答)
　改正通則法第74条の11第2項には，「国税に関する調査の結果，更正決定等をすべきと認める場合には，…その調査結果の内容（更正決定等をすべきと認めた額及びその理由を含む。）を説明するものとする。」と規定されています。ここでいう「更正決定等をすべきと認める場合」とは，調査において，納税義務者及び税務代理人の主張等も踏まえた非違内容を取りまとめ，その内容について部内決裁を了し，全ての質問検査等を終えた状態をいうものと解されますので，この段階で調査結果の内容説明を行うことになります。

-272-

資料1／税務調査手続等に関するFAQ（職員用）【共通】

> 問4－27　「その調査結果の内容（更正決定等をすべきと認めた額及びその理由を含む。）を説明する」とは，何を，どの程度説明すれば足りるのか。

（答）
　改正通則法第74条の11第2項には「国税に関する調査の結果，更正決定等をすべき場合には，…当該納税義務者に対し，その調査結果の内容（更正決定すべきと認めた額及びその理由を含む。）を説明するものとする。」と規定されています。
　具体的な説明内容は，次のとおりとなります。
① 非違の内容
　　税目によって異なりますが，例えば，所得税の調査であれば，「所得の種類」，「（勘定）科目」，「非違の事由」（計上もれなど）が非違の内容となります。なお，法人税の調査であれば，「売上計上もれ」といった非違の事由に加え，その処分の内容（売掛金（留保）など）を説明する必要があります。また，相続税の調査であれば，非違の対象となった相続財産の明細（種類，銘柄等）について説明する必要があります。
② 非違の金額
　　年分（事業年度）ごとに個々の非違の内容に係る金額及びその合計額，それにより新たに納付すべき税額（又は減算すべき税額）及び加算税の額を説明する必要があります。
③ 非違の理由
　　法令等に基づき，非違と認める理由（例えば，商品Aについては期末時点において売上先Bに対し引渡し済であるなど）及び重加算税の対象となる非違については，仮装・隠ぺいと認められる理由について説明する必要があります。

> 問4－28　調査結果の内容説明を書面により行うよう納税義務者から申出があった場合は，どのように対応すればよいか。

（答）
　改正通則法第74条の11第2項には「国税に関する調査の結果，更正決定等をすべき場合には，…当該納税義務者に対し，その調査結果の内容（更正決定すべきと認めた額及びその理由を含む。）を説明するものとする。」と規定されており，調査結果の内容説明の方法について特段規定されていませんが，運用上は，原則として，口頭により行うこととします。
　したがって，納税義務者から書面による説明を要望された場合には，少なくとも実地の調査については，原則として，書面の交付はできない旨を説明することとします。
　なお，口頭で行う場合であっても，必要に応じ，非違の項目や金額を整理した資料など参考となる資料を示すなどして，納税義務者の理解が得られるよう十分な説明を行うとと

もに，納税義務者から質問等があった場合には，分かりやすく回答するよう努める必要があります。

> **問4－29** 調査結果の内容説明後に，納税義務者から新たな証拠等の提示があった場合は，どのように対応すればよいのか。

（答）
　国税に関する調査の結果，法第74条の11第2項の規定に基づき調査結果の内容の説明を行った後，当該調査について納税義務者から修正申告書若しくは期限後申告書の提出若しくは源泉徴収に係る所得税の納付がなされるまでの間又は更正決定等を行うまでの間において，当該説明の前提となった事実が異なることが明らかとなり当該説明の根拠が失われた場合など当該職員が当該説明に係る内容の全部又は一部を修正する必要があると認めた場合には，必要に応じ調査を再開した上で，その結果に基づき，再度，調査結果の内容説明を行うことができることとなります（手続通達5－4）。
　したがって，調査結果の内容説明後に，単なる主張のみではなく，納税義務者から新たな証拠等の提示があり，説明の前提となった事実が異なることが明らかとなり，当該説明の根拠が失われた場合など，当該説明に係る内容の全部又は一部を修正する必要があると認められる場合は，修正申告書の提出が行われる前であれば，統括官等の指示により調査を再開し，その結果に基づいて「調査結果の説明書」を修正し，決裁を受けた上で，再度，調査結果の内容説明を行うことになります（この場合の調査は，いわゆる再調査には該当しません。）。

> **問4－30** 更正決定等をすべきと認められない旨の通知をした後又は調査結果の内容説明につき修正申告書が提出された後若しくは更正決定等を行った後に，調査担当者の計算誤り等により内容，金額に明らかな誤りが判明した場合にはどのように対応するのか。

（答）
　更正決定等をすべきと認められない旨の通知をした後又は調査結果の内容説明につき修正申告書が提出された後若しくは更正決定等を行った後に，調査担当者による簡易な計算誤りなど，納税義務者に対し改めて質問検査等を行う必要がない明らかな誤りが判明した場合は，増額・減額に関わらず，更正等を行う旨及びその内容を納税義務者に説明した上で，更正等の処理を行うことになります。
（注1）　調査担当者の単なる計算誤りが判明したことのみをもって，改正通則法第74条の11第6項に規定する「新たに得られた情報」に該当するとはいえないため，改めて質問検査等を行うことはできないことに留意する。

－274－

(注2) 調査結果の内容説明をした後（修正申告書が提出される前又は更正決定等を行う前）に，調査担当者による簡易な計算誤りなどが判明した場合には，納税義務者等に説明の上，改めて調査結果の内容説明を行うことに留意する。

> 問4－31 調査着手後，調査結果の内容説明を行う前に修正申告書が提出された場合，修正申告書に基づき調査結果の内容説明を行うのか，あるいは当初申告に基づき調査結果の内容説明を行うのか。

（答）
　調査結果の内容説明前に修正申告書が提出された場合の，調査結果の内容説明の金額等については，当該修正申告の内容（課税標準等又は税額等）と調査結果の内容（課税標準等又は税額等）とを比較し差額があるか否かにより判断すべきものと解されます。
　したがって，当該修正申告と調査内容に差額がある場合は，その額について調査結果の内容説明を行うことになりますが，差額がない場合については，
① 更正があるべきことを予知していたものと認められない場合は，「更正決定等をすべきと認められない旨の通知書」を送付（実地の調査に限る）
② 更正があるべきことを予知していたものと認められる場合は，加算税の賦課決定をすべきと認める場合に該当し，その額について調査結果の内容説明を行う
ことになります。

●結果説明の対象者

> 問4－32 納税管理人が選任されている場合は，誰に調査結果の内容説明をすればよいのか。

（答）
　納税管理人が選任されている場合は，納税管理人を通じて納税義務者に対して調査結果の内容説明を行うことになります。

> 問4－33 未成年者・成年被後見人が納税義務者になっている場合は，誰に調査結果の内容説明をすればよいのか。

（答）
　改正通則法第74条の11第2項では，「国税に関する調査の結果，更正決定等をすべきと認める場合には，…当該納税義務者に対し，…説明するものとする。」と規定されていることから，原則，調査対象者である納税義務者本人に対して，調査結果の内容説明を行うこととなります。

ただし、納税義務者が未成年者・成年被後見人などの場合で、調査結果の内容について十分に理解することが困難な場合等においては、その法定代理人・成年後見人を通じて調査結果の説明を行っても差し支えありません（手続通達3－5参照）。

> 問4－34　税務代理人から法令上の調査結果の内容説明を求められた場合、どのように対応するのか（条文上、「納税義務者」のみである）。

（答）
　改正通則法第74条の11第2項には「納税義務者に対し、その調査結果の内容を説明するものとする。」と規定されていますが、これは税務代理人に対する説明を否定する趣旨ではないと解されますので、一般的には、納税義務者への調査結果の内容説明に併せて税務代理人に対しても説明を行うことになるものと考えられます。
　なお、同条第5項に「納税義務者について…税務代理人がある場合において、当該納税義務者の同意がある場合には、当該納税義務者への第1項から第3項までに規定する通知等に代えて、当該税務代理人への通知等を行うことができる。」と規定されているとおり、納税義務者の同意がある場合を除き、税務代理人に調査結果の内容説明を行ったとしても、納税義務者への説明を省略することはできないことに留意する必要があります。

（修正申告書等の勧奨等）
●勧奨の方法

> 問4－35　「修正申告等を勧奨することができる。」とあるが、調査において「修正申告の勧奨」は必須事項であるのか。例えば、納税義務者が接触を忌避している場合なども必ず勧奨は行わなければならないのか。

（答）
　修正申告等の勧奨は、調査により更正決定等をすべきと認められる納税義務者に対し、納税義務者等からの自発的な修正申告を促す行政指導として、事務運営上、従来から実施しているところです。今般、改正通則法第74条の11第3項において「前項の規定による説明をする場合において、当該職員は、当該納税義務者に対し修正申告又は期限後申告を勧奨することができる」旨が規定されましたが、これは、新たに権利義務を規定したものではなく、従来どおり行政指導として行うことを確認的に規定したものであり必ずしも必須条件ではありません。
　したがって、修正申告等の勧奨は必ず行う必要があるわけではありませんが、運用上は、調査結果の内容説明を行った場合は、原則として、修正申告を勧奨することとします。

問4－36　更正の請求ができることを説明するに当たって，不正の事実があったため，6・7年前の年分について課税することとなる場合，更正の請求期間を経過している年分についてはどう取り扱うのか。

(答)

　改正通則法第74条の11第3項には「…当該調査の結果に関し当該納税義務者が納税申告書を提出した場合には不服申立てをすることはできないが更正の請求をすることはできる旨を説明するとともに，その旨を記載した書面を交付しなければならない。」と規定されています。したがって，修正申告等の勧奨を行った場合は，一般的には更正の請求ができることを説明する必要がありますが，その際には請求期間を徒過している年分について，更正の請求はできないことを説明します。

（同意に基づく税務代理人への説明等）

問4－37　「調査結果の内容説明のみ同意する」といった部分的な同意は可能なのか。

(答)

　法令上は特段，部分的な同意は否定されていないため，納税義務者本人から，例えば改正通則法第74条の11第2項に規定する調査結果の内容説明についてのみ，同条第5項に規定する税務代理人への通知等に同意するという申立てがあった場合には，調査経過記録書に適切に記録を残すとともに，同意のあった部分のみ税務代理人に説明することになります。

問4－38　税務代理権限証書の提出がない税理士であっても，同意があれば納税義務者に代わって説明等を行ってもよいか。

(答)

　税務代理人の定義は，改正通則法第74条の9第3項第2号に規定されていますので，税務代理権限証書を提出している者が対象となります。したがって，納税義務者の同意があったとしても，税務代理権限証書の提出がない税理士に対して説明を行うことはできないこととなるため，税務代理権限証書の提出について当該税理士に指導することとなります。

> 問4-39 改正通則法第74条の11に規定する調査終了の際の手続（更正決定等をすべきと認められない旨の通知，調査説明の内容説明，修正申告等の勧奨の際の教示文の説明・交付）について，納税義務者に代えて，税務代理人への通知等を行う場合に必要な「同意の事実を証する書面」の記載事項はどのようなものか。

(答)

改正通則法74条の11第5項に基づき，納税義務者に代えて，税務代理人に対して調査結果の内容説明等を行う場合には，納税義務者の同意を確認する必要があります。この同意の確認方法については，電話又は臨場により納税義務者に直接同意の意思を確認する方法と税務代理人を通じて同意の事実を証する書面を提出してもらう方法があります。

なお，書面により提出してもらう場合には，①同意した日付，②名宛人（税務署長），③同意者の住所・氏名（納税義務者），④同意する旨（同意する税務代理人の氏名を含む），⑤同意する税目・課税期間（基本的には，調査対象税目と調査対象期間），⑥同意する手続（更正決定等をすべきと認められない旨の通知，調査説明の内容説明，修正申告等の勧奨の際の教示文の説明・交付），を記載する必要があります。

(注) 印紙税に関しては，税務代理人となることはないことに留意する。

(再調査)

●総論

> 問4-40 「新たに得られた情報」や「非違が認められる」ことについて，納税義務者へその理由を通知するのか。

(答)

再調査の理由について，納税義務者に対して通知すべきことは法令上特段規定されていないため，納税義務者に対してその理由を開示して説明する必要はありません。また，判例上も，実定法上特段の定めのない調査の実施の細目については，質問検査の必要があり，かつ，これと相手方の私的利益の衡量において社会通念上相当な範囲にとどまる限り，権限ある税務職員の合理的な選択に委ねられているとされています。

なお，再調査を行う際には，特段の支障がない範囲で再調査する内容を説明するなどして，納税者の理解と協力が得られるよう努める必要があります。

> 問4-41 新たな情報に基づいて再調査可能と判断したが，情報誤りにより，結果，非違が認められなかった場合はどうなるのか。

(答)

　改正通則法第74条の11第6項については，再調査の結果として必ず非違が発見されることを再調査の実施のための要件としているものではないため，必要な判断を適切に実施している限りにおいては，訴訟において，手続瑕疵（違反）と判断されることにはならないと考えられます。

●再調査の対象

> 問4－42　同一の納税義務者に対して，異なる税目の調査を実施する場合は，再調査に該当するのか。

(答)

　再調査の判定は，税目・課税期間により判定することとなりますので，異なる税目の調査は，改正通則法第74条の11第6項に規定する再調査には該当しません。

> 問4－43　前回調査で検査した総勘定元帳につき，今回調査においても提示・提出を求めることは，再調査に該当するのか。

(答)

　例えば，前回調査（X年度）で検査した総勘定元帳であっても，今回調査（X＋1年度）の申告内容の確認について必要な場合は提示・提出を求めることができます。
　ただし，前回調査した課税期間（X年度）の申告内容の確認のために提示・提出を求めることは，改正通則法第74条の11第6項に規定する再調査に該当することになります。

> 問4－44　調査の結果につき修正申告書が提出された年分の取引について，反面調査として質問検査等を行うことは，再調査に該当するのか。

(答)

　改正通則法第74条の11第6項には「…修正申告書の提出…若しくは更正決定等を受けた納税義務者に対し，質問検査等を行うことができる。」と規定されていることから，再調査は，修正申告書を提出した納税義務者に対する質問検査等が対象となります。一方，反面調査は，他の納税義務者に金銭若しくは物品の給付をする義務があったと認められる者等に対する質問検査権の行使であるため，同項に規定する納税義務者に対する質問検査等には当たらないことから再調査には該当しないことになります。

問4-45 実地の調査以外の調査により質問検査等を行った結果，何ら非違が認められなかった場合，その後，同一税目・課税期間について改めて質問検査等を行うことは，再調査に該当するのか。

(答)

改正通則法第74条の11第6項には，「第1項の通知（更正決定等をすべきと認められない旨の通知）をした後又は第2項の調査の結果につき修正申告書若しくは期限後申告書の提出があった…後若しくは更正決定等をした後…」と規定されています。

ここで，更正決定等をすべきと認められない旨の通知は，改正通則法第74条の11第1項において，「…国税に関する実地の調査を行った結果，更正決定等（…）をすべきと認められない場合には，…」とされており，実地の調査以外の調査で通知を行うことはありません。

したがって，実地の調査以外の調査の結果，更正決定等をすべきと認められないと判断した後に，改めて当該調査対象期間について質問検査等を行う場合は，当該実地の調査以外の調査について「更正決定等をすべきと認められない旨の通知」は行われないことから，改正通則法第74条の11第6項に規定する再調査には該当しませんが，運用上，改めて質問検査等を行う場合には，法改正の趣旨を踏まえ，その必要性を十分に検討した上で実施することとします。

問4-46 更正の請求書が提出され，当該請求内容につき減額更正を行った後に，同一の年分について質問検査等を行うことは，再調査に該当するのか。

(答)

更正の請求が提出され，その審査の過程で請求内容について納税義務者に対し質問検査等を行い，結果として当該請求内容どおりに減額更正を行った後に，当該更正の請求があった税目・課税期間につき改めて質問検査等を行う場合は，改正通則法第74条の11第6項に規定する再調査に該当します。

ただし，更正の請求書が提出され，その請求に対して部内の処理のみで請求どおりに更正を行う場合は，その後，同一税目・課税期間につき質問検査等を行ったとしても，再調査には該当しません（手続通達1-1(3)イ）。

問4-47 個人事業者に対し，申告所得税につき更正を行った後に，源泉所得税の調査のために質問検査等を行うことは，再調査に該当するのか。

(答)

改正通則法第74条の11第6項に規定する再調査の規定は，税目及び課税期間（処分等の

資料1／税務調査手続等に関するFAQ（職員用）【共通】

対象となる納税義務）の重複により判断するものであって，申告所得税の納税義務と源泉所得税の納税義務は別個の納税義務であることから，再調査には該当しません（手続通達3－1(2)）。

なお，通常は，所源消同時調査により調査を実施することになります。

> 問4－48　個人課税部門が所得税における調査を行った後に，同一年分につき資産課税部門が譲渡所得の調査のために質問検査等を行うことは，再調査に該当するのか。

（答）

個人課税部門が所得税における実地の調査を行った後に，同一年分につき資産課税部門が譲渡所得の調査のために質問検査等を行うことは，いずれも所得税に係る調査であるため，改正通則法第74条の11第6項に規定する再調査に該当することとなります。

なお，個人課税部門が所得税における実地の調査以外の調査を行い，その結果，更正決定等をすべきと認められなかった場合に，その後，同一年分につき資産課税部門が譲渡所得の調査のために質問検査等を行う場合であっても，法改正の趣旨を踏まえ，その必要性を十分に検討した上で実施することとします（問4－45参照）。

> 問4－49　連携調査等で，基幹法人と関連法人の同時着手を予定しており，関連法人との取引で基幹法人に不正が想定されるが，関連法人においては非違が想定されない場合において，基幹法人の不正が疑われることをもって，「新たに得られた情報に照らし非違がある」として関連法人の再調査は可能か。

（答）

基幹法人と関連法人との取引について不正が行われているという情報に基づき，当該内容により基幹法人に非違があると認められる場合であっても，関連法人には非違が認められない場合には，関連法人に対して再調査することはできません。

ただし，基幹法人の反面調査として，関連法人に対して調査を実施することは可能と考えられます。

なお，非違が認められる情報は直接的な情報のみで判断されるものではなく，間接的な情報も含め総合的に判断されるものであることから，基幹法人の不正に関連法人が関連し，関連法人の申告にも非違が認められるのであれば，関連法人の調査は可能と考えられます（手続通達5－8）。

また，連結法人においても，同様に，連結法人ごとに非違が認められるか否かの判定を行うこととなります。

問4-50 調査に基づき行った更正処分に対して異議申立てがなされた場合において、異議調査のために質問検査等を行うことは再調査に該当し、これを行うことは認められないこととなるのか。

(答)
 再調査とは、更正決定等を目的とした調査を実施した後に、当該調査と同一の税目及び課税期間について、再び質問検査等を行う場合をいいます。
 したがって、異議調査のために質問検査等を行うことは、再調査に該当するものの、異議調査は、納税義務者（申立人）からの申立てに対して、申立人のために行うものであり、再調査が必要であることは明らかであることから、異議調査のために質問検査等を行うことは可能です。

問4-51 異議調査により新たな非違事項を把握し、異議申立てを棄却したが、その後、当該非違事項をもとに新たに調査することは、再調査に該当するのか。

(答)
 再調査とは、更正決定等を目的とした調査を実施した後に、当該調査と同一の税目及び課税期間について、再び質問検査等を行う場合をいいます。
 したがって、異議申立ての対象となった調査が更正決定等を目的とした調査である場合には、異議決定後において行う新たな調査は（原処分に係る調査の）再調査に該当します。ただし、異議調査で新たな非違事項を把握した場合には、改正通則法第74条の11第6項に規定する「新たに得られた情報に照らし非違があると認めるとき」に該当することから、再調査を行うことは可能であると考えられます。
 なお、仮に、異議申立ての対象となった調査が、例えば、申請により求められた許認可等の是非を判断するための調査などの更正決定等を目的としたものではない調査である場合には、異議調査自体が更正決定等を目的とした調査ではないことから、異議調査の後に行われる新たな調査は再調査には該当しません。

問4-52 調査の対象期間に、書面添付制度（税理士法第33条の2）に係る意見聴取を実施し、調査に移行しない旨の連絡（「意見聴取結果についてのお知らせ」を送付した場合を含む。）をした期間が含まれている場合、再調査に該当するのか。

(答)
 書面添付制度（税理士法第33条の2）に係る意見聴取を実施し、調査に移行しない旨の連絡（「意見聴取結果についてのお知らせ」を送付した場合を含む。）をした期間について

は，納税義務者に対して質問検査等を行っていないため，その後において質問検査等を行うことは，再調査に該当しませんが，意見聴取の結果，調査に移行しない旨を連絡していることを踏まえ，再度調査を実施する際には，その調査の必要性を慎重に検討する必要があります。

また，調査を行う前には，書面添付制度（税理士法第33条の２）に係る意見聴取を再度，実施することに留意する必要があります。

なお，法の趣旨を踏まえた円滑な調査を実施する観点から，運用上，後続調査の調査対象期間において，書面添付制度に係る意見聴取による接触事績がある場合には，前回接触時に確認済の事項について重複して聴取等することのないよう，部内簿書等で確認しておく必要があります。

● 再調査の判断

| 問４－53　「新たに得られた情報」とは，どのようなものをいうのか。 |

（答）
　改正通則法第74条の11第１項の通知（更正決定等をすべきと認められない旨の通知）をした後又は調査の結果につき修正申告書等の提出があった若しくは更正決定等をした後に調査担当者が知り得た情報が「新たに得られた情報」の対象となります。具体的には，次のようなものが考えられます。
① 納税義務者の申告に関する情報
　・ 申告の有無及び申告がある場合の申告の内容（例：申告書，添付書類，申告事績に基づく税務分析結果，勘定科目の個別検討結果等）
② 資料情報
　・ 各種法定調書
　・ 協力依頼に基づき任意に提出された資料情報
　・ 部外情報（例：投書，インターネットの掲示板への書込み，メールや電話による情報提供等）
　・ マスコミ情報（例：新聞，テレビ，雑誌，広報誌，フリーペーパー等）
　・ 地方公共団体等から協力要請に基づき提供された資料情報（例：課税通報，住民票の写し，戸籍謄本・抄本，登記事項証明書等）
③ その他の情報
　・ 調査着手時に自ら把握した情報（事前通知事項以外の事項に係る調査を再調査として行う場合に限る。）
　・ 内観・外観調査により把握した情報

- ・ 他部門の調査により把握した情報
- ・ 納税義務者等に依頼した「お尋ね」の回答内容
- ・ 他部門で保有している情報
- ・ 法令適用の判断についての上級機関（庁・局）への照会に対する見解（例：調査中にその取扱いについて上級機関（庁・局）へ照会しており事実関係を整理して結論を得るのに時間がかかるなどの理由により調査を一旦終了し後日見解が示された場合）
- ・ 租税条約に基づく情報交換により得られた情報

④ 上記情報に加えて非違の存在の客観性を高める情報として，業種・業態情報
- ・ 各業種，業態特有の不正手口の傾向，取引慣行等
- ・ 景況分析結果（業種別・地域別）
- ・ 各種統計資料

> 問4-54　調査を中断した場合，改めて実地の調査を行うに当たり，再調査の適否判定は必要か。

（答）

　調査を中断した後において，調査を再開することは，調査を終了しておらず，再調査には該当しないことから，再調査の要否判定は必要ありません。

5　理由附記
（総論）

> 問5-1　理由附記が必要となる法令の根拠は何か。

（答）

　平成23年度税制改正前においては，改正前国税通則法第74条の2（行政手続法の適用除外）第1項の規定により，行政手続法第3条第1項（適用除外）に定めるもののほか，国税に関する法律に基づき行われる処分（酒税法第2章（酒類の製造免許及び酒類の販売業免許等）の規定に基づくものを除く。）については，行政手続法第8条（理由の提示）及び第14条（不利益処分の理由の提示）の規定を適用しないこととされており，所得税法（第155条第2項）等に基づき理由を提示する処分を除いては，理由の提示を行う必要はありませんでした。

　しかしながら，平成23年度税制改正により，改正通則法第74条の14（行政手続法の適用除外）第1項の規定により，行政手続法第8条及び第14条の規定が適用されることとなったため，平成25年1月1日以後に行う国税に関する法律に基づき行われる処分については，行政手続法第3条第1項に定めるもののほか，他の国税に関する法律に別段の定めがない

-284-

限り，全ての申請に対する拒否処分及び不利益処分に理由を提示することが必要になりました。

| 問5－2　平成25年1月1日前に，調査開始した事案にも理由附記が必要か。|

（答）
　調査開始時期が平成25年1月1日より前であっても，更正，決定，加算税の賦課決定又は納税の告知が，平成25年1月1日以後に行われるときは理由附記が必要になります。

| 問5－3　平成24年12月に更正通知書を送付したが返戻された。平成25年1月に改めて送達する場合に理由附記は必要か。|

（答）
　いったん平成25年1月1日より前に更正通知書を送達したとしても，返戻等があったことを理由として改めて平成25年1月1日以後に送達するときは理由附記が必要になります。

| 問5－4　理由附記をせずに行った不利益処分は，直ちに違法として取り消されるのか。|

（答）
　平成25年1月1日以後に行う不利益処分には，法令に基づき，理由附記を行う必要があるため，理由附記をしていない処分は，違法なものとして取り消されることになります。
　なお，仮に理由附記を欠く処分が行われた場合には，直ちに取り消す必要があります。

| 問5－5　処分の内容は正しいが，理由附記の記載内容に重大な誤りがあった場合，理由附記の記載内容を訂正して再処分を行うことは可能か。|

（答）
　理由附記に当たっては，いかなる事実関係に基づき，いかなる法令（処分基準が公表されている場合にはその基準を含む）を適用して処分したのかを，納税義務者がその記載内容から了知し得る程度に記載する必要があります。
　記載内容に重大な誤りがある等の瑕疵があり，その瑕疵の態様によって理由附記に不備があると認められるものについては，処分を取り消す必要がありますが，取り消した後において，再度，その処分を行う必要がある場合には，適法な理由附記を行った上で処分することとなります。

| 問5－6　不利益処分に係る公示送達を行う場合には，理由附記（理由書）についても公示するのか。|

(答)

　公示送達は，国税通則法第12条の規定により送達すべき書類について，その送達を受けるべき者の住所及び居所が明らかでない場合又は外国においてすべき送達につき困難な事情があると認められる場合に，送達すべき書類の名称，その送達を受けるべき者の氏名及び税務署長等がその書類をいつでも送達を受けるべき者に交付する旨を税務署等の掲示場に掲示して行うものです。

　したがって，不利益処分に係る通知書そのものを公示する必要はありませんので，理由書についても同様に公示する必要はありません。

(理由附記の対象)

問5－7　青色申告の承認申請を却下する場合に理由附記は必要か。

(答)

　税務署長は，青色申告の承認申請書の提出があった場合において，帳簿書類の備付け，記録又は保存が法令で定めるところに従って行われていないなどの事実があるときは，その申請を却下することができるとされています。

　この却下は，申請により求められた承認を拒否する処分に該当しますので，平成25年1月1日以後は，法令に基づき，理由附記を行う必要があります。

問5－8　青色申告の承認の取消し通知に理由附記は必要か。

(答)

　青色申告の承認の取消しについては，所得税法第150条第2項，法人税法第127条第2項において，取消しの処分の基因となった事実が取消事由のいずれに該当するのかを附記しなければならないと規定されており，従前から理由附記を行うこととなっています。

問5－9　更正の請求の全部を認めない場合又は一部を認めない場合に理由附記は必要か。

(答)

　更正の請求があった場合において，調査の結果，更正の請求の全部を認めないときは，その旨を通知することとされていますが，当該通知は，申請に対する拒否処分に該当します。

　なお，この場合，現行実務においては，「更正の請求に対してその更正をすべき理由がない旨の通知書」に理由を附記しているところですが，平成25年1月1日以後は，法令に基づき，理由附記を行う必要があります。

また，更正の請求の一部を認めない場合についても，平成25年1月1日以後は，法令に基づき，更正通知書に，更正の請求に係る一部につき理由がない理由を附記する必要があります。

| 問5-10　更正の請求を全部認容する場合にも理由附記は必要か。 |

(答)
　更正の請求を全部認容する場合には，（減額）更正をすることとなりますが，減額更正処分は不利益処分に該当しないため，理由附記をする必要はありません。
　ただし，青色申告者に対する更正（所得税にあっては，不動産所得，事業所得又は山林所得に係る更正）については，たとえ減額更正であっても，所得税法又は法人税法において理由附記をすることが必要とされていますので，理由附記を行う必要があります。

| 問5-11　更正の申出に基づく減額更正（全部認容）に理由附記は必要か。 |

(答)
　更正の申出を全部認容する場合には，（減額）更正をすることとなりますが，減額更正処分は不利益処分に該当しないため，理由附記をする必要はありません（問5-10参照）。
　ただし，青色申告者に対する更正（所得税にあっては，不動産所得，事業所得又は山林所得に係る更正）については，たとえ減額更正であっても，所得税法又は法人税法において理由附記をすることが必要とされていますので，理由附記を行う必要があります。

| 問5-12　更正の申出の全部を認めない場合又は一部を認めない場合に理由附記は必要か。 |

(答)
　平成23年度税制改正を踏まえた運用上の対応である「更正の申出書」については，法令に基づく申請ではありませんので，行政手続法第8条は適用されることはありませんが，平成23年12月2日付課総2-27ほか8課共同「更正の申出に係る事務処理要領の制定について（事務運営指針）」において理由附記することを定めていますので，法令の規定にかかわらず，事務運営指針に基づき，更正の申出の全部を認めない場合又は一部を認めない場合には理由附記をする必要があります。

| 問5-13　承認（認定）申請の取下げに理由附記は必要か。 |

(答)
　納税義務者が提出した各種申請書について，納税義務者自らが取下げを表明した場合には，法令に基づく処分は行われていないため，理由附記の必要はありません。

> 問5-14 白色申告者に対する更正や決定にも理由附記は必要か。

(答)

　全ての不利益処分が理由附記の対象となることから，白色申告者に対する更正（増額更正に限る。）や決定にも理由附記が必要となります。

> 問5-15 減額更正に理由附記は必要か。

(答)

　減額更正は，不利益処分に該当しないことから，更正の請求の一部認容の場合や青色申告者に対する減額更正（所得税にあっては，不動産所得，事業所得又は山林所得に係る更正）などを除いて，理由附記の必要はありません。

> 問5-16 今回の改正により，青色申告者に対する減額更正は，理由附記不要となるのか。

(答)

　青色申告者に対する（減額）更正は，所得税法又は法人税法において，理由附記することが必要とされています。したがって，青色申告者に対する減額更正（所得税にあっては，不動産所得，事業所得又は山林所得に係る更正）は，国税通則法に基づくものではないことから，引き続き理由附記を行う必要があります。

> 問5-17 加算税に理由附記は必要か。

(答)

　過少申告加算税，無申告加算税，不納付加算税及び重加算税の賦課決定は，不利益処分に該当することから，理由附記が必要となります。

> 問5-18 増額更正を行い，その更正に係る増差税額につき過少申告加算税の賦課決定した後に，再更正により本税額が減少したため，その減少額に対応する過少申告加算税を再賦課決定により減少させることとなったが，当該加算税の再賦課決定処分に理由附記は必要か。

(答)

　過少申告加算税を減少させる再賦課決定処分は，不利益処分に該当しないため，理由附記の必要はありません。

> 問5-19 延滞税，利子税に理由附記は必要か。

（答）
　延滞税及び利子税は，課税要件事実が生じたときに成立し，成立と同時に特別の手続を要することなく確定する国税であることから，理由附記が必要となる処分ではありません。
（改正通則法第15条）

> 問5－20　納税地指定に理由附記は必要か。

（答）
　納税地指定は，納税義務者の意思に基づき自由に定めることができるものとされている納税地につき，国税庁長官又は国税局長の判断によって，その納税地を指定する処分であることから，不利益処分（「義務を課し，又は権利を制限する処分」）に該当し，理由附記が必要となります。

> 問5－21　補佐人帯同の不許可通知等に対する不服申立てについての審査手続に係る処分にも，行政手続法に基づく理由附記は必要か。

（答）
　行政手続法第3条第1項第16号（適用除外）の規定により，不服申立ての審査手続において法令に基づいてされる処分等については，行政手続法第8条（理由の提示）の規定は適用されないため，行政手続法に基づく理由附記の必要はありません。
※　「異議決定」については，行政手続法第3条第1項第15号（適用除外）により，行政手続法に基づく理由附記を行う必要はないが，改正通則法第84条により理由附記することとされている。

（記載の程度）

> 問5－22　理由は，どの程度記載すればよいのか。

（答）
　改正通則法第74条の14第1項により，国税に関する法律に基づき行う処分について，行政手続法第8条又は行政手続法第14条に基づく理由の提示を行う場合には，行政庁の判断の慎重を担保してその恣意を抑制するとともに，処分の理由を相手方に知らせて不服の申立てに便宜を与えることにあるという趣旨を踏まえて，いかなる事実関係に基づき，いかなる法令（処分基準が公表されている場合にはその基準を含む）を適用して処分したのかを，納税義務者がその記載内容から了知し得る程度に記載する必要があります。また，処分の相手方が処分の理由となるべき事実を知っていたとしても，理由提示義務の程度が緩和されることはありません。

問5-23 帳簿の保存・記帳がない場合、どの程度の記載を行えばよいのか。

（答）
　記帳・帳簿等の保存がない白色申告者である事業所得者等については、正確な所得金額を捕捉することが困難となりますので、一般的に、反面調査を基に、推計課税の方法等を用いて所得金額を算定せざるを得ません。したがって、このような事業所得者等に対して理由附記を行う場合には、推計課税の必要性、合理性等について記載が必要となるものの、記帳・帳簿保存がない以上、帳簿の記載を具体的に否定する理由を記載することは困難であることから、例えば、勘定科目毎に申告漏れ総額をまとめて示すなど、実際の記帳の程度を踏まえた合理的な範囲で理由附記を行わざるを得ないと考えられます。

問5-24 職権による減額更正後に調査による増額更正を行う場合、増差税額のうち減額更正後の税額と当初申告の税額との差に相当する部分については加算税が賦課されないが、その旨を理由附記に記載する必要はないか。

（答）
　職権による減額更正後に調査による増額更正を行う場合、増差税額のうち減額更正後の税額と当初申告の税額との差に相当する部分については、「正当な理由」があるものとして、加算税対象税額から控除されますが、「正当な理由」については、①納税義務者に立証責任があるとされていること、②加算税の賦課決定の課税要件ではないこと、③納税義務者に対して不利益となる取扱いではないことから、「正当な理由」の具体的な内容については、理由附記に当たって記載する必要はありません。

問5-25 加算税の賦課決定に当たって、過少対象と重加対象の所得金額がある場合、重加算税が小額不徴収（5,000円未満）となるときであっても、「仮装隠ぺいの事実」等について附記する必要はあるのか。

（答）
　重加算税を賦課決定しない限り、「仮装隠ぺいの事実」等を記載する必要はありません。また、「小額不徴収となる」旨についても記載する必要はありません。
　したがって、過少申告加算税に係る理由附記のみを行うこととなります。

問5-26 理由書において記載する法人の敬称は、「貴法人」に限られるのか。

（答）
　法人の敬称については、社会通念上、使用が可能なものであり、かつ、処分の理由書中において継続的に使用している限りにおいては、「貴法人」以外のものについても使用可

資料1／税務調査手続等に関するFAQ（職員用）【共通】

能です。
　したがって，株式会社等にあっては「貴社」，また，法人税法により法人とみなされている「人格のない社団等」（「○○団」，「○○会」）にあっては，「貴団体」，「貴会」等を使用して差し支えありません。

　　　　　　　　　（出典：TAINS税務調査手続等FAQ　H241100共通01）

資料2 税務調査手続に関するFAQ（一般納税者向け）

(平成26年4月改訂)

1．総論

> **問1** 平成25年1月から税務調査の手続を定めた国税通則法の規定が施行されることにより，税務調査は変わるのでしょうか。

　今般の改正は，税務調査手続の透明性及び納税者の予見可能性を高め，調査に当たって納税者の方の協力を促すことで，より円滑かつ効果的な調査の実施と，申告納税制度の一層の充実・発展に資する等の観点から，調査手続に関する従来の運用上の取扱いを法令上明確化するものであり，基本的には，税務調査が従来と比べて大きく変化することはありません。

　国税庁では，法改正の趣旨を踏まえた上で，調査の実施に当たっては法令に定められた税務調査手続を遵守するとともに，調査はその公益的必要性と納税者の方の私的利益とのバランスを踏まえ，社会通念上相当と認められる範囲内で，納税者の方の理解と協力を得て行うものであることを十分認識し，その適正な遂行に努めることとしています。

　なお，国税通則法改正後の税務調査手続の流れや改正内容については，パンフレット「税務手続について（国税通則法等の改正）」をご覧ください。

【参考】　国税通則法改正の概要
(1)　税務調査手続の明確化
　　税務調査手続について，以下のとおり，現行の運用上の取扱いが法令上明確化されました。
　①　税務調査に先立ち，課税庁が原則として事前通知を行うこととされました。ただし，課税の公平確保の観点から，一定の場合には事前通知を行わないこととされました。
　②　課税庁の説明責任を強化する観点から，調査終了時の手続が整備されました。
　③　納税者から提出された物件の預かりの手続のほか，課税庁が帳簿書類その他の物件の「提示」「提出」を求めることができることが法令上明確化されました。
〔平成25年1月1日以後に新たに納税者に対して開始する調査について適用されます
　（ただし，納税者から提出された物件の預かりの手続については，平成25年1月1日以後に提出された帳簿書類その他の物件から適用）。〕

(2) 更正の請求期間の延長等

　納税者が申告税額の減額を求めることができる「更正の請求」の期間（改正前：原則1年）が5年に延長されました。

　併せて，課税庁による増額更正の期間（改正前：原則3年）が5年に延長されました。

〔平成23年12月2日以後に法定申告期限が到来する年（度）分について適用されます。〕

(3) 処分の理由附記等

　全ての処分（申請に対する拒否処分及び不利益処分）について理由附記を実施することとされました。

〔平成25年1月1日以後に行う処分から実施します。〕

　ただし，現在記帳・帳簿等保存義務が課されていない個人の白色申告者に対する理由附記については，記帳・帳簿等保存義務の拡大と併せて実施することとされました。

〔平成26年1月1日以後に行う処分から実施します。〕

問2　税務署の担当者から電話で申告書の内容に問題がないか確認して，必要ならば修正申告書を提出するよう連絡を受けましたが，これは調査なのでしょうか。

　調査は，特定の納税者の方の課税標準等又は税額等を認定する目的で，質問検査等を行い申告内容を確認するものですが，税務当局では，税務調査の他に，行政指導の一環として，例えば，提出された申告書に計算誤り，転記誤り，記載漏れ及び法令の適用誤り等の誤りがあるのではないかと思われる場合に，納税者の方に対して自発的な見直しを要請した上で，必要に応じて修正申告書の自発的な提出を要請する場合があります。このような行政指導に基づき，納税者の方が自主的に修正申告書を提出された場合には，延滞税は納付していただく場合がありますが，過少申告加算税は賦課されません（当初申告が期限後申告の場合は，無申告加算税が原則5％賦課されます。）。

　なお，税務署の担当者は，納税者の方に調査又は行政指導を行う際には，具体的な手続に入る前に，いずれに当たるのかを納税者の方に明示することとしています。

2．質問検査権・留置き（預かり）に関する事項

問3　正当な理由がないのに帳簿書類等の提示・提出の求めに応じなければ罰則が科されるということですが，そうなると事実上は強制的に提示・提出が求められることにならないでしょうか。

　帳簿書類等の提示・提出をお願いしたことに対し，正当な理由がないのに提示・提出を

拒んだり，虚偽の記載をした帳簿書類等を提示・提出した場合には，罰則（1年以下の懲役又は50万円以下の罰金）が科されることがありますが，税務当局としては，罰則があることをもって強権的に権限を行使することは考えておらず，帳簿書類等の提示・提出をお願いする際には，提示・提出が必要とされる趣旨を説明し，納税者の方の理解と協力の下，その承諾を得て行うこととしています。

> 問4 提出される物件が，調査の過程で調査担当者に提出するために新たに作成された写しである場合には，留置きには当たらないとのことですが，自己の事業の用に供するために調査前から所有している物件が写しである場合（取引書類の写しなど）であっても，留置きには当たらないのでしょうか。

調査の過程で調査担当者に提出するために新たに作成した帳簿書類等の写し（コピー）の提出を受けても留置きには当たらないこととしているのは，通常，そのような写し（コピー）は返還を予定しないものであるためです。他方，納税者の方が事業の用に供するために保有している帳簿書類等の写し（コピー）をお預かりする場合は，返還を予定しないものとは言えませんから，留置きの手続によりお預かりすることとなります。

> 問5 提示・提出を求められた帳簿書類等の物件が電磁的記録である場合には，どのような方法で提示・提出すればよいのでしょうか。

帳簿書類等の物件が電磁的記録である場合には，提示については，その内容をディスプレイの画面上で調査担当者が確認し得る状態にしてお示しいただくこととなります。
　一方，提出については，通常は，電磁的記録を調査担当者が確認し得る状態でプリントアウトしたものをお渡しいただくこととなります。また，電磁的記録そのものを提出いただく必要がある場合には，調査担当者が持参した電磁的記録媒体への記録の保存（コピー）をお願いする場合もありますので，ご協力をお願いします。
（注）提出いただいた電磁的記録については，調査終了後，確実に廃棄（消去）することとしています。

> 問6 帳簿書類等の提示・提出の求めに対して，正当な理由なく応じない場合には罰則が科されるとのことですが，どのような場合に正当な理由があるとされるのですか。

どのような場合が正当な理由に該当するかについては，個々の事案に即して具体的に判

資料2／税務調査手続に関するＦＡＱ（一般納税者向け）

断する必要がありますし，最終的には裁判所が判断することとなりますから，確定的なことはお答えできませんが，例えば，提示・提出を求めた帳簿書類等が，災害等により滅失・毀損するなどして，直ちに提示・提出することが物理的に困難であるような場合などがこれに該当するものと考えられます。

問7　法人税の調査の過程で帳簿書類等の提示・提出を求められることがありますが，対象となる帳簿書類等が私物である場合には求めを断ることができますか。

　法令上，調査担当者は，調査について必要があるときは，帳簿書類等の提示・提出を求め，これを検査することができるものとされています。
　この場合に，例えば，法人税の調査において，その法人の代表者名義の個人預金について事業関連性が疑われる場合にその通帳の提示・提出を求めることは，法令上認められた質問検査等の範囲に含まれるものと考えられます。
　調査担当者は，その帳簿書類等の提示・提出が必要とされる趣旨を説明し，ご理解を得られるよう努めることとしていますので，調査へのご協力をお願いします。

問8　調査対象となる納税者の方について，医師，弁護士のように職業上の守秘義務が課されている場合や宗教法人のように個人の信教に関する情報を保有している場合，業務上の秘密に関する帳簿書類等の提示・提出を拒むことはできますか。

　調査担当者は，調査について必要があると判断した場合には，業務上の秘密に関する帳簿書類等であっても，納税者の方の理解と協力の下，その承諾を得て，そのような帳簿書類等を提示・提出いただく場合があります。
　いずれの場合においても，調査のために必要な範囲でお願いしているものであり，法令上認められた質問検査等の範囲に含まれるものです。調査担当者には調査を通じて知った秘密を漏らしてはならない義務が課されていますので，調査へのご協力をお願いします。

問9　Ｘ年度の税務調査を行うという事前通知を受けましたが，調査の過程でＸ年度よりずっと以前の帳簿書類等を提示するよう求められました。これはＸ年度以外の税務調査を行っていることになりませんか。

　例えば，Ｘ年度の減価償却費の計上額が正しいかどうかを確認するため，その資産の取得価額を確認するために取得年度の帳簿書類等を検査する必要があるといった場合のように，調査担当者がＸ年度の申告内容を確認するために必要があると判断したときには，Ｘ

-295-

年度以外の帳簿書類等の提示等をお願いすることがあります。
　これはあくまでもＸ年度の調査であって、Ｘ年度以外の調査を行っているわけではありません。

> **問10**　調査担当者から、提出した帳簿書類等の留置き（預かり）を求められました。その必要性について納得ができなくても、強制的に留め置かれることはあるのですか。

　税務調査において、例えば、納税者の方の事務所等に十分なスペースがない場合や検査の必要がある帳簿書類等が多量なため検査に時間を要する場合のように、調査担当者が帳簿書類等を預かって税務署内で調査を継続した方が、調査を円滑に実施する観点や納税者の方の負担軽減の観点から望ましいと考えられる場合には、帳簿書類等の留置き（預かり）をお願いすることがあります。
　帳簿書類等の留置き（預かり）は、帳簿書類等を留め置く必要性を説明した上、留め置く必要性がなくなるまでの間、帳簿書類等を預かることについて納税者の方の理解と協力の下、その承諾を得て行うものですから、承諾なく強制的に留め置くことはありません。

> **問11**　留置き（預かり）に応じた場合でも、申し出れば直ちに返還してもらえますか。また、返還を求めたにもかかわらず返還されない場合、不服を申し立てられますか。

　法令上、留め置いた帳簿書類等については、留め置く必要がなくなったときは遅滞なく返還すべきこととされています。
　また、帳簿書類等の提出をされた方から、お預かりしている帳簿書類等を業務で使用する必要がある等の理由で返還を求められた場合には、特段の支障がない限り速やかに返還しますが、例えば、留め置いた書類が大量にあり、そのコピーに時間がかかる場合のように、直ちに返還すると調査の適正な遂行に支障がある場合には、しばらく返還をお待ちいただくこともあります。
　なお、返還をお待ちいただく場合には、引き続き留置きをさせていただく旨とその理由をご説明しますが、これに納得できないときは、留置き（預かり）を行っている職員が税務署に所属する職員である場合には、税務署長に異議を申し立てることができます。

資料2／税務調査手続に関するＦＡＱ（一般納税者向け）

3．事前通知に関する事項

> 問12　希望すれば，事前通知を書面で行ってもらうことはできますか。

　実地の調査の事前通知の方法は法令上は規定されておらず，原則として電話により口頭で行うこととしています。また，通知の際には，通知事項が正確に納税者の方に伝わるように丁寧に行うこととしています。
　なお，電話による事前通知が困難と認められる場合は，税務当局の判断で書面によって事前通知を行う場合もありますが，納税者の方からの要望に応じて事前通知内容を記載した書面を交付することはありません。

> 問13　事前通知は，調査の何日くらい前に行われるのですか。

　実地の調査を行う場合の事前通知の時期については，法令に特段の規定はなく，また，個々のケースによって事情も異なりますので，何日程度前に通知するかを一律にお示しすることは困難ですが，調査開始日までに納税者の方が調査を受ける準備等をできるよう，調査までに相当の時間的余裕を置いて行うこととしています。

【平成26年4月一部改訂】

> 問14　税務代理をお願いしている税理士がいるので，事前通知については，その税理士に行うようお願いしたいのですが，何か手続が必要でしょうか。

　平成26年7月1日以後に行う事前通知については，納税者の方の事前の同意がある場合には，税務代理権限証書を提出している税理士等（以下「税務代理人」といいます。）に行えば足りることとされました。
　この場合には，税務代理人が税務署に提出する税務代理権限証書に，納税者の方の同意を記載しておく必要があります。詳細については，ご自身の税務代理人にお尋ねください。
　なお，この同意が記載されていない場合には，納税者の方と税務代理人の双方に事前通知を行うこととなります。

> 問15　事前通知を受けた調査開始日時については，どのような場合に変更してもらえるのですか。

-297-

税務調査の事前通知に際しては，あらかじめ納税者の方や税務代理人の方のご都合をお尋ねすることとしていますので，その時点でご都合が悪い日時が分かっている場合には，お申し出ください。お申し出のあったご都合や申告業務，決算業務等の納税者の方や税務代理人の方の事務の繁閑にも配慮して，調査開始日時を調整することとしています。
　また，事前通知後においても，通知した日時について，例えば，一時的な入院，親族の葬儀，業務上やむを得ない事情が生じた場合等には，申し出ていただければ変更を協議します。
　なお，例示した場合以外でも，理由が合理的と考えられれば変更を協議しますので，調査担当者までお申し出ください。

問16　事前通知の際には，なぜ実地の調査が必要なのかについても説明してもらえるのですか。

　法令上，調査の目的（例えば，提出された申告書の記載内容を確認するため）については事前通知すべきこととされていますが，実地の調査を行う理由については，法令上事前通知すべき事項とはされていませんので，これを説明することはありません。

問17　事前通知の際には，調査に要する時間や日数，臨場する調査担当者の人数は教えてもらえるのですか。

　調査に要する時間や日数は調査開始後の状況により異なってきますので，事前通知の時点であらかじめお知らせすることは困難であることをご理解願います。
　なお，調査の臨場が複数回に及ぶこととなる場合には，調査開始後に納税者の方のご都合をお尋ねしたところで，次回以降の臨場日などを調整いたします。
　また，調査開始日時に複数の調査担当者が臨場する場合は，事前通知に際し，調査担当者を代表する者の氏名・所属官署に加え，臨場予定人数も併せて連絡することとしています。

問18　実地の調査が行われる場合には必ず事前通知がなされるのですか。

　実地の調査を行う場合には，原則として，調査の対象となる納税者の方に対して，調査開始前に相当の時間的余裕を置いて，電話等により，実地の調査を行う旨，調査を開始する日時・場所や調査の対象となる税目・課税期間，調査の目的などを通知します。
　ただし，法令の規定に従い，申告内容，過去の調査結果，事業内容などから，事前通知

資料2／税務調査手続に関するＦＡＱ（一般納税者向け）

をすると、①違法又は不当な行為を容易にし、正確な課税標準等又は税額等の把握を困難にするおそれ、又は、②その他、調査の適正な遂行に支障を及ぼすおそれがあると判断した場合には、事前通知をしないこともあります。

　なお、事前通知が行われない場合でも、運用上、調査の対象となる税目・課税期間や調査の目的などについては、臨場後速やかに説明することとしています。

> 問19　事前通知なしに実地の調査が行われた場合、事前通知が行われなかった理由の説明はありますか。また、事前通知をしないことに納得できない場合には不服を申し立てられますか。

　法令上、事前通知を行わないこととした理由を説明することとはされていません。ただし、事前通知が行われない場合でも、運用上、調査の対象となる税目・課税期間や調査の目的などについては、臨場後速やかに説明することとしています。

　また、事前通知をしないこと自体は不服申立てを行うことのできる処分には当たりませんから、事前通知が行われなかったことについて納得いただけない場合でも、不服申立てを行うことはできません。

> 問20　実地の調査以外の調査が行われる場合には、調査の対象となる税目・課税期間や調査の目的等についての説明は受けられないのですか。

　税務当局では、実地の調査以外にも、税務署にお越しいただいて申告内容を確認するなどの方法で調査を行う場合があります。このような実地の調査以外の調査を行う場合は、法令上は事前通知は求められていませんが、運用上の対応として、来署等を依頼するための連絡の際などに、調査の対象となる税目・課税期間や調査の目的等を説明することとしています。

> 問21　取引先等に対する調査を実地の調査として行う場合には、事前通知は行われないのですか。

　税務当局では、取引先など納税者の方以外の方に対する調査を実施しなければ、納税者の方の申告内容に関する正確な事実の把握が困難と認められる場合には、その取引先等に対し、いわゆる反面調査を実施することがあります。

　いわゆる反面調査の場合には、事前通知に関する法令上の規定はありませんが、運用上、原則として、あらかじめその対象者の方へ連絡を行うこととしています。

(注) 一部の間接諸税については，納税者の方以外の方に対する調査の場合でも，原則として事前通知を行うことが法令上規定されています。

4．調査終了の際の手続

> **問22** 更正決定等をすべきと認める場合は調査結果の内容が説明されることとなっていますが，その内容を記載した書面をもらうことはできますか。

　調査の結果，更正決定等をすべきと認められる非違がある場合には，納税者の方に対し，更正決定等をすべきと認める額やその理由など非違の内容を説明します。
　法令上は説明の方法は明示されておらず，説明は原則として口頭で行いますが，必要に応じて，非違の項目や金額を整理した資料など参考となるものを示すなどして，納税者の方に正しく理解いただけるよう十分な説明を行うとともに，納税者の方から質問等があった場合には分かりやすい説明に努めます。
　なお，調査が電話等によるもので，非違の内容が書面での説明でも十分にご理解いただけるような簡易なものである場合には，納税者の方にその内容を記載した書面を送付することにより調査結果の内容説明を行うこともありますが，納税者の方からの要望に応じて調査結果の内容を記載した書面を交付することはありません。

> **問23** 調査結果の内容説明を受けた後，調査担当者から修正申告を行うよう勧奨されましたが，勧奨には応じなければいけませんか。また，勧奨に応じないために不利な取扱いを受けることはないのでしょうか。

　調査の結果，更正決定等をすべきと認められる非違がある場合には，その内容を説明する際に，原則として，修正申告（又は期限後申告）を勧奨することとしています。これは，申告に問題がある場合には，納税者の方が自ら是正することが今後の適正申告に資することとなり，申告納税制度の趣旨に適うものと考えられるためです。
　この修正申告の勧奨に応じるかどうかは，あくまでも納税者の方の任意の判断であり，修正申告の勧奨に応じていただけない場合には，調査結果に基づき更正等の処分を行うこととなりますが，修正申告の勧奨に応じなかったからといって，修正申告に応じた場合と比較して不利な取扱いを受けることは基本的にはありません。
　なお，修正申告を行った場合には，更正の請求をすることはできますが，不服申立てをすることはできませんので，こうした点をご理解いただいた上で修正申告を行ってください。

資料2／税務調査手続に関するＦＡＱ（一般納税者向け）

> 問24　調査が終了し，修正申告の勧奨を受けた際に，修正申告をすると不服の申立てはできないが，更正の請求をすることはできる旨の説明を受けました。これはどういう意味ですか。

　不服申立ては，税務当局が行った更正等の処分の課税標準等又は税額等が過大であると納税者の方が考える場合に，税務当局に対し処分の取消しなどを求めるための手段です。一方，更正の請求は，納税者の方が行った申告の課税標準等又は税額等が過大であったと納税者の方が考える場合に，当局に対し，申告した課税標準等又は税額等を減額する更正を行うことを求めるための手段です。

　例えば，いったんは調査結果の内容説明に納得して修正申告を行ったものの，その後にその修正申告に誤りがあると考えられる場合，その修正申告は税務当局の処分によるものではありませんから，不服申立てという手段はとれませんが，一定期間内であれば，更正の請求という手段をとることはできます。

　なお，更正の請求に際しては，例えば，正しいと考える税額や更正の請求をする理由など法令で定められた事項を「更正の請求書」に記載するとともに，請求の理由の基礎となる「事実を証明する書類」を併せて提出していただく必要がありますので，ご留意ください。

> 問25　税務代理をお願いしている税理士がいるので，調査結果の内容の説明等はその税理士に対して行ってほしいのですが，何か手続は必要でしょうか。

　調査結果の内容の説明等は，納税者の方に税務代理人がいる場合でも，原則として，納税者の方に対して行いますが，納税者の方の同意があれば，税務代理人に対してのみ説明等を行うこともあります。

　したがって，税務代理人のみへの説明等を希望する場合には，調査担当者に対し，電話又は対面によりその旨をお伝えいただくか，税務代理人を通じて税務代理人への説明を同意する書面を提出していただくことが必要になります。

　なお，納税者の方に調査結果の内容の説明を行う場合でも，税務代理人の同席のもとに調査結果の内容の説明を行うことや，別途，税務代理人にも調査結果の内容の説明を行うことも可能です。

5. 再調査

> 問26　実地の調査が終了し,「更正決定等をすべきと認められない」旨を通知する書面を受け取りましたが,今後は調査を受けることはないのでしょうか。

　ある税目・課税期間について調査を行った場合には,調査の結果,更正決定等をすべきと認められなかったか否かにかかわらず,原則として,その税目・課税期間について再度の調査を実施することはありません。
　ただし,例えば,調査終了後に行われた取引先の税務調査で,当初の調査の際には把握されていなかった非違があることが明らかになった場合のように,法令上定められている「新たに得られた情報に照らして非違があると認めるとき」との要件に該当する場合は,既に調査の対象となった税目・課税期間であっても再調査を実施することがあります。

> 問27　過去に調査対象となった税目・課税期間について再調査が行われる場合,なぜ再調査が行われるのかについて説明してもらえるのでしょうか。

　過去に調査を行った税目・課税期間であっても,例えば,取引先の税務調査により非違につながる情報を把握した場合には,再度,同じ税目・課税期間について調査を行うことがあります。このような場合には,再調査することにつき原則として事前通知を行いますが,当初の調査の場合と同様,再調査を行う理由については説明することはありません。

6. 理由附記

> 問28　国税通則法の改正により処分の理由附記の対象が拡大されたとのことですが,具体的にはこれまでとどのような違いがありますか。

　これまで処分の理由附記は,所得税及び法人税の青色申告者に対する更正処分など一定の処分が対象とされていましたが,今般の国税通則法の改正により,理由附記の対象が,国税に関する法律に基づく申請に対する拒否処分又は不利益処分全体に拡大されました。
　したがって,今後は,例えば,白色申告者等に対する更正処分を行う場合(推計による更正の場合を含みます。)にも,理由が附記されることになります。また,加算税の賦課決定については,従来は青色申告者に対する場合でも理由附記の対象とはなっていませんでしたが,今後は白色申告者等に対する場合を含め理由が附記されることとなります。

資料2／税務調査手続に関するFAQ（一般納税者向け）

なお、この理由附記の対象が拡大される時期は、原則として、平成25年1月1日以後に行われる更正処分や加算税の賦課決定処分から対象となりますが、個人の白色申告者等に対しては経過措置があり、個人の白色申告者等のうち、①平成20年から25年までのいずれかの年において記帳義務・記録保存義務があった方等は平成25年1月から、②それ以外の方は平成26年1月から、理由附記を実施することとされています。

（参考） 平成23年度税制改正大綱においては、個人の白色申告者等に対する更正等に係る理由附記について、「平成25年1月以後、現行の白色申告者に係る記帳義務・記録保存義務の水準と同程度の記帳・記録保存を行っている者については、運用上、平成25年1月以後、理由附記を実施するよう努めることとします。」とされているところです。

この「運用上の対応」として、平成20年から25年までのいずれかの年において記帳義務・記録保存義務があった方に加えて、平成25年1月1日以後の現況により、現行の記帳義務・記録保存義務の内容を充足していると認められる方に対する更正等に係る理由附記については、平成25年1月から実施することとします。

問29　「記帳・帳簿等の保存が十分でない白色申告者に対しては、その記帳・帳簿等の保存状況に応じて理由を記載する」（平成23年度税制改正大綱）とありますが、どのように記載されるのですか。

理由の記載に当たっては、記帳や帳簿等の保存が十分な事業所得者等の場合には、帳簿等と対比して、具体的な取引内容を明らかにして、根拠を示すことになる一方で、記帳・帳簿等の保存が十分でない白色申告者に対しては、例えば、勘定科目ごとに申告漏れ総額を根拠とともに示すなど、平成23年度税制改正大綱の趣旨等を踏まえ、記帳や帳簿等の保存の程度に応じて、納税者の方がその記載内容から了知し得る程度に理由附記することとしています。

7. その他

問30　調査の過程で、事前通知を受けた税目・課税期間以外にも調査が及ぶこととなった場合には、調査の対象を拡大する旨や理由は説明してもらえるのですか。また、調査の対象が拡大することに対して納得できない場合には、不服を申し立てられますか。

実地の調査を行う過程で、把握された非違と同様の誤りが事前通知をした調査対象期間

より以前にも発生していることが疑われる場合のように，事前通知した事項以外の事項について非違が疑われた場合には，事前通知した事項以外の事項について調査を行うことがあります。

この場合には，納税者の方に対し，調査対象に追加する税目，課税期間等について説明し理解と協力を得た上で行いますが，当初の調査の場合と同様，追加する理由については説明することはありません。

また，調査を行うこと自体は不服申立てを行うことのできる処分には当たりませんから，仮に事前通知事項以外の事項を調査することの必要性についてご納得いただけない場合でも，不服申立てを行うことはできません。

> 問31　税務代理をお願いしている税理士はいませんが，日頃，記帳事務を手伝ってもらっている方（記帳補助者）がいます。その方に調査の現場に立ち会ってもらうことはできますか。

調査に立ち会って，税務当局に対して納税者の方の代わりに調査につき主張・陳述を行うことは税務代理行為に当たりますから，原則として，税務代理人しか行うことはできません。

また，単に調査に立ち会うだけであっても，第三者が同席している状態で調査を行うことで調査担当者に課せられている守秘義務に抵触する可能性がある場合には，税務代理人以外の第三者の立会いはお断りしています。

ただし，その方が，日頃，納税者の方の記帳事務等を担当しているような場合には，調査を円滑に進めるために，調査担当者が必要と認めた範囲で調査に同席いただくことはあります。

(国税庁ホームページ)

資料3　税務調査手続に関するFAQ（税理士向け）

（平成26年4月改訂）

【平成26年4月追加】

問1　平成26年度税制改正において事前通知に関する規定が改正されましたが、その概要を教えてください。

　平成26年度税制改正において、国税通則法及び税理士法の一部が改正されました。
　これにより、①納税者の方に、税務代理権限証書を提出している税理士等（以下「税務代理人」といいます。）がいる場合で、②提出された税務代理権限証書に、納税者の方への事前通知は当該税務代理人に対して行われることについて同意する旨（以下「事前通知に関する同意」といいます。）の記載があるときには、納税者の方への事前通知は、当該税務代理人に対して行えば足りることとされました（以下、この改正による新たな事前通知の方法を「本制度」といいます。）。
　今後、税務代理権限証書を作成する際には、納税者の方に「本制度」を説明し、納税者の方から「事前通知に関する同意」が示された場合には、税務代理権限証書にその旨を確実に記載してください。
（注）1　「本制度」は、平成26年7月1日以後に行う事前通知から適用されます。
　　　2　「事前通知に関する同意」については、法令上、税務代理権限証書に記載することとされています。このため、税務代理権限証書以外の書面や口頭により「事前通知に関する同意」を示しても、有効なものとは認められません。

【平成26年4月追加】

問2　「本制度」については、平成26年7月1日以後に行われる事前通知から適用することとされていますが、それ以前（例えば、平成26年5月に平成26年3月決算法人の申告書を提出する場合）でも、「事前通知に関する同意」を記載した税務代理権限証書を提出することができますか。

　「事前通知に関する同意」を記載した税務代理権限証書（以下「同意を記載した税務代理権限証書」といいます。）については、平成26年6月30日以前であっても提出できます。
　したがって、例えば、平成26年3月決算法人の申告の際にも、「同意を記載した税務代理権限証書」を提出することができます。
　なお、税理士法施行規則の改正により、税務代理権限証書の様式が改訂されており、税務代理権限証書の提出日によって、使用する税務代理権限証書の様式が異なりますのでご

注意ください。
　≪平成26年7月1日以後に提出する場合≫
　改訂後の税務代理権限証書を使用してください（改訂前の様式も，当分の間は使用可）。
　≪平成26年6月30日以前に提出する場合≫
　改訂前の税務代理権限証書を使用してください。

【平成26年4月追加】

> 問3　これまでに提出した所得税（法人税）に関する税務代理権限証書には，「事前通知に関する同意」を記載していませんでしたが，顧客納税者の方から「事前通知に関する同意」が示されたので，次回の申告の際には，「同意を記載した税務代理権限証書」を提出することを予定しています。その際には，これまでに税務代理権限証書を提出した過去の年分等についても，「同意を記載した税務代理権限証書」を再提出する必要がありますか。

　次回の申告の際に，過去に税務代理権限証書を提出した年分・事業年度等（以下「年分等」といいます。）も含めることを明らかにして，「同意を記載した税務代理権限証書」を提出する場合には，過去の年分等については，「同意を記載した税務代理権限証書」を再提出する必要はありません。
　なお，このケースでは，次回の申告（「同意を記載した税務代理権限証書」の提出）の前に事前通知を行う場合は，納税者の方と税務代理人の双方がその対象となります。納税者の方から「次回の申告の前であっても，私への事前通知は税務代理人に行ってほしい。」という要望があったときには，直近に申告した年分等について，速やかに「同意を記載した税務代理権限証書」を再提出してください。
　（注）　新たに税務代理を委任されたため，それより前の年分等について税務代理権限証書を提出していなかったケースは，問7を参照してください。

【平成26年4月追加】

> 問4　相続税の申告の際に税務代理権限証書を提出しましたが，この税務代理権限証書には「事前通知に関する同意」を記載していませんでした。その後に顧客納税者の方から「事前通知に関する同意」があった場合，「同意を記載した税務代理権限証書」を再提出する必要がありますか。

　相続税については，翌年分等の申告がありませんので，申告書及び税務代理権限証書を提出した後に，納税者の方から「事前通知に関する同意」が示された場合には，速やかに

「同意を記載した税務代理権限証書」を再提出してください。

【平成26年4月追加】

> 問5　顧客納税者の方から「事前通知に関する同意」が示された場合，税務代理権限証書にどのように記載すればよいですか。

「事前通知に関する同意」については，税務代理権限証書に次のとおり記載してください。

なお，平成26年7月1日以後に使用する税務代理権限証書には，納税者の方から「事前通知に関する同意」があった場合にチェックする欄が設けられていますが，平成26年6月30日以前に使用する税務代理権限証書にはこうした欄がありませんので，「事前通知に関する同意」が記載漏れとならないようご注意ください。

≪平成26年7月1日以後に提出する場合≫

改訂後の税務代理権限証書の「調査の通知に関する同意」欄にレ印を記載してください（改訂前の様式も，当分の間は使用可）。

≪平成26年6月30日以前に提出する場合≫

改訂前の税務代理権限証書の「2　その他の事項」欄に，「上記の代理人に税務代理を委任した事項（過年分の税務代理権限証書において委任した事項を含みます。）に関して調査が行われる場合には，私（当法人）への調査の通知は，当該代理人に対して行われることに同意します。」と記載してください。

(注)　一の年分等について複数の税務代理人が税務代理を委任されている場合には，それぞれの税務代理人が提出する税務代理権限証書に「事前通知に関する同意」を記載してください。

【平成26年4月追加】

> 問6　税務代理の委任を受けている法人から「事前通知に関する同意」があった場合には，法人税以外の税目についても「同意を記載した税務代理権限証書」を提出する必要がありますか。

法人の調査においては，一般的には，法人税，消費税（地方消費税を含みます。以下この問について同じ。）及び源泉所得税（源泉徴収に係る復興特別所得税を含みます。以下この問について同じ。）の調査が同時に行われます。

このため，消費税や源泉所得税についても，納税者の方から「事前通知に関する同意」が示されているのであれば，その旨を記載した税務代理権限証書を提出してください。

なお、個人の事業者等の調査においても、一般的には、所得税（申告に係る復興特別所得税を含みます。）、消費税及び源泉所得税の調査が同時に行われますので、上記の場合と同様に税務代理権限証書を提出してください。
(注)　源泉所得税についても税務代理を委任されている場合には、税務代理権限証書の「1　税務代理の対象に関する事項」欄に、「所得税（復興特別所得税を含む。）※源泉徴収に係るもの」を記載する必要があります。

【平成26年4月追加】

> 問7　納税者の方から新たに税務代理を委任されましたが、それより前の年分等については、別の税務代理人が「同意を記載した税務代理権限証書」を提出していました。納税者の方への事前通知については、それより前の年分等を含めて私に行っていただきたいのですが、どのような手続が必要ですか。

お尋ねのケースでは、納税者の方の意向を確認の上、提出する税務代理権限証書の「過年分に関する税務代理」欄及び「調査の通知に関する同意」欄にレ印を記載してください。
税務代理権限証書の「過年分に関する税務代理」欄にレ印を記載することで、税務代理を委任されていなかった過去の年分等（前任の税務代理人が税務代理権限証書を提出していた年分等を含みます。）についても、調査が行われる場合の税務代理を委任することができます。
なお、過去の年分等について税務代理権限証書の提出を失念していた場合にも、同様に記載してください。
(注)　上記の回答は、平成26年7月1日以後に税務代理権限証書を提出する場合を想定しています。平成26年6月30日以前に税務代理権限証書を提出する場合には、改訂前の税務代理権限証書の「2　その他の事項」欄に、「上記の税目に関して調査がある場合には、上記の年分等より前の年分等についても税務代理を委任します。また、上記の代理人に税務代理を委任した事項（過年分の税務代理権限証書において委任した事項を含みます。）に関して調査が行われる場合には、私（当法人）への調査の通知は、当該代理人に対して行われることに同意します。」と記載してください。

【平成26年4月追加】

> 問8　昨年までは、所得税の申告について「同意を記載した税務代理権限証書」を継続して提出していましたが、今年提出した税務代理権限証書には、「事前通知に関する同意」の記載を失念してしまいました。この場合の事前通知は、納税者の方と

税務代理人の双方に行われますか。

　調査時点における直近の年分等の税務代理権限証書に「事前通知に関する同意」が記載されていない場合には、それより前の年分等について「同意を記載した税務代理権限証書」が提出されていたとしても、事前通知は、原則として納税者の方と税務代理人の双方に行うこととなります。
　このため、納税者の方から「事前通知に関する同意」が示された場合には、その後、納税者の方の意思に変更がない限り、「同意を記載した税務代理権限証書」を継続して提出してください。
　なお、提出した税務代理権限証書に「事前通知に関する同意」を記載していなかったことに気付いた場合には、速やかに「同意を記載した税務代理権限証書」を再提出してください。

【平成26年4月追加】

> 問9　「同意を記載した税務代理権限証書」を提出した後、顧客納税者の方から「税務代理は引き続きお願いするが、事前通知は自らが受けたい。」という申出がありました。この場合、どのような手続が必要となりますか。

　「同意を記載した税務代理権限証書」を提出した後に納税者の方の意思に変更があった場合、「事前通知に関する同意」を記載しない税務代理権限証書を再提出することもできますが、調査担当者が税務代理人に事前通知のための連絡をした際に、その旨をお伝えいただいても差し支えありません。

【平成26年4月一部改訂】

> 問10　これまでに提出した税務代理権限証書には「事前通知に関する同意」を記載していませんでした。このため、実地の調査があった場合には、顧客納税者の方にも事前通知が行われると思いますが、その際に、顧客納税者の方から事前通知は税務代理人を通じて行ってほしいという要望があった場合には、税務代理人を通じて行ってもらうことは可能ですか。

　提出された税務代理権限証書に「事前通知に関する同意」が記載されていない場合には、納税者の方にも事前通知を行うこととなりますが、その際に、納税者の方から事前通知事項の詳細は税務代理人を通じて通知しても差し支えない旨の申立てがあったときには、納税者の方には実地の調査を行うことのみを通知し、その他の事前通知事項は税務代理人を

通じて通知することとしています。

> 問11　税務代理人として顧客納税者の方に対し事前通知の内容を伝える際、正確を期するため、事前通知事項の内容を記載した書面を交付してもらうことはできますか。

　実地の調査の事前通知の方法については法令上は規定されておらず、事前通知は原則として電話により口頭で行うこととしているため、要望によって事前通知内容を記載した書面を交付することはありません。
　なお、納税者の方に直接電話による事前通知を行うことが困難と認められる場合は、税務当局から直接納税者の方に事前通知事項の内容を記載した書面を郵送することもありますので、調査担当者にご相談ください。

> 問12　納税者の方に対し事前通知がなされた後に税務代理の委嘱を受けた場合、税務代理人として追加的に事前通知を受けられますか。また、その場合でも、税務代理人につき合理的な理由があれば調査開始日時等の変更を求めることができますか。

　税務代理権限証書が提出された時点が、納税者の方に対して事前通知した調査開始日時より前である場合には、新たに税務代理人となった方にも事前通知を行うこととしています。また、新たに税務代理人となった方に関し、調査開始日時等の変更を求める合理的な理由がある場合には、申し出ていただければ、変更を協議します。

【平成26年4月一部改訂】

> 問13　印紙税についても、「同意を記載した税務代理権限証書」を提出した場合には、納税者の方への事前通知は税務代理人に対して行われますか。また、調査結果の内容の説明についてはどうですか。

　税理士法においては、印紙税は税理士業務の対象税目とされていませんので、税理士が、印紙税に関して国税通則法に規定する「税務代理人」に該当することはありません。
　したがって、印紙税について「同意を記載した税務代理権限証書」を提出したとしても、印紙税の調査に関する事前通知については、納税者の方に対して行うこととなります。
　また、調査結果の内容の説明についても、同様に納税者の方に対して行います。

> 問14　納税者の方の同意がある場合には、税務代理人は顧客納税者の方の代わりに調査結果の内容説明等を受けられることとなっていますが、税務代理権限証書を提出していれば同意があるとされるのでしょうか。税務代理権限証書に同意がある旨を明記した場合はどうでしょうか。

　調査結果の内容説明等は、納税者の方に税務代理人がいる場合でも、原則として納税者の方ご本人に対して行います。
　ただし、当該調査結果の内容の説明を、納税者の方に代わって税務代理人に説明してほしいという納税者の方の明確な意思表示がある場合には、納税者の方に代わって税務代理人に調査結果の内容の説明を行うこととしています。
　したがって、調査担当者は、税務代理権限証書が提出されている場合であっても、調査結果の内容説明等を行う前に、納税者の方に直接同意の事実を確認する方法、又は税務代理人を通じて同意の事実を証する書面の提出を求める方法により、納税者の方の同意があることを確認することとしています。また、仮に税務代理権限証書に調査結果の内容説明等について同意する旨が明記されていても、改めて、調査結果の内容説明等を行う時点で同意の有無を確認します。
　なお、実地の調査以外の調査の場合には、調査結果の内容説明等の時点で納税者の方の同意を直接確認することが困難なときもありますから、そのようなときには、税務代理人を通じて納税者の方の意向を確認できれば、税務代理人に対して説明を行うこととしています。

> 問15　一人の納税者の方に複数の税務代理人がいる場合、事前通知は全ての税務代理人に行われるのでしょうか。また、調査結果の内容説明等を税務代理人に行う場合はどうなりますか。

　実地の調査の相手方となる納税者の方に税務代理人が複数ある場合には、納税者の方と併せて、全ての税務代理人に事前通知を行います。
　また、調査結果の内容説明等について、国税通則法第74条の11第5項に基づき、納税者の方への説明等に代えて税務代理人に説明等を行う際は、納税者の方の同意を確認する際に、いずれの税務代理人に対して説明等を行うべきかを併せて確認し、指名された税務代理人に対して調査結果の内容説明等を行います。

（国税庁ホームページ）

索　引

〔アルファベット〕

Economic Substance …………… 11
GAAR …………………………… 11

〔ア行〕

青色申告承認申請 …………… 49,50
悪質な納税者 …………………… 187
悪質な不正還付 ………………… 197
預かり …………………………… 67
預り証 ………………………… 68,69
後 ……………………………… 212
新たに得られた情報 …… 134,137,142
異議決定 ……………………… 25,45,83
意見陳述 ……………… 166,167,169
以後 …………………………… 211
医師 ……………………………… 43
以前 …………………………… 211
一の調査 ……………… 72,73,74,76
一部の納税義務者 ……………… 173
一連の行為 …………………… 25,45,53
一般的な記帳義務 ……………… 10
一般法 ………………………… 6,7
偽り・不正の行為 ……………… 185
移転価格税制 …………………… 185
移転価格調査 …………… 73,74,135
移動の禁止 …………………… 177
以内 …………………………… 212
委任 ……………………… 157,159
違法又は不当な行為 …………… 112
遺留分による減殺の請求 ……… 190
印紙税 ………………… 28,74,78,79,168

〔カ行〕

運輸支局 ……………………… 186
運輸大臣 ……………………… 204
閲覧 …………………………… 177
円滑な実施の必要性 …………… 101
延期 ……………………………… 53
延滞税 ………………… 8,18,32,124,180
延納申請の許否 ………………… 50
応当日 ………………………… 206
往訪 …………………………… 178
おたずね ……………………… 61

会計監査人の監査 ……………… 208
会計法 ………………………… 6,7
開始する日時 …………………… 81
開始日時等の変更 ……………… 101
回収不能 ……………………… 190
改訂前の様式 ………………… 157
閣議決定 ……………………… 13
確定 ……………………………… 8
確定申告期限 ………………… 208
確定日 ………………………… 208
確認し得る状態 ……………… 38,39
過誤納金の還付 ……………… 186
過去の調査結果の内容 ……… 110
加算税 ………………… 8,18,62,125,182
過少申告加算税 ………… 32,124,180
課税 ……………………………… 5
課税価格 ……………………… 190
課税期間 ……………………… 77
課税実体規定 …………………… 7
課税対象 ………………………… 8
課税庁の権限濫用 ……………… 14
課税庁の説明責任 ……………… 19
課税逃れ ……………………… 15
課税の公平確保 ……………… 19

課税の公平実現 …………… 40	記帳補助者 ……………… 169
課税標準 ………… 5,8,25,37,125,213	規定配分 ……………… 8
課税標準から控除する金額 ……… 37,213	揮発油税 ……………… 28,79
課税標準等の認定 …………… 24	基本的な事務手続 …………… 101
課税方式 …………… 17	基本的な法律関係の明確化 ……… 4
課税要件 …………… 7	旧国税通則法 …………… 3,4,20
過怠税 ………… 10,124,125,178	救済手段 ……………… 198
過不足徴収額 …………… 30,54	給料 ……………… 178,179
官公署等への協力要請 …………… 16	協議団 ……………… 18
勧奨 …………… 23	強権的 ……………… 41
関税 …………… 168	行政事件訴訟法 …………… 6,7
関税局 …………… 204	行政指導 ……… 31,32,52,57,177
還付 …………… 7,16	行政上の義務違反に対する制裁 …… 40
還付金 …………… 213	強制調査 ……………… 15
還付金の額に相当する税額 ……… 38	行政手続法 …………… 16,52
還付申告書 …………… 213	行政不服審査法 …………… 6,7,198
還付すべき税額 …………… 188	業務上の秘密 …………… 43
期間 …………… 205	虚偽の記載 …………… 41
期間計算 …………… 205	虚偽の請求 …………… 197
期間制限 …………… 16	挙証責任 ……………… 192
期間の計算 …………… 206	許認可等の申請 …………… 52
期限 …………… 205,208	繰上保全差押 …………… 50
期限後申告 …………… 7,32,181	経過した日 …………… 210
期限後申告書 …………… 47,62,141	経過する日 …………… 210
期限後の確定 …………… 8	計算誤り ………… 30,32,57,180
期限の末日 …………… 208	形式的な審査の結果 …………… 30
記載漏れ ………… 30,32,49,180	軽自動車検査協会 …………… 204
記載を失念 …………… 160	継続して提出 …………… 160
起算点 …………… 205,207	刑罰 ……………… 40
起算日 …………… 208	決算業務 ……………… 102
机上調査 …………… 26,57	決算事務 ……………… 169
基礎的情報 …………… 30	決定 ………… 7,12,16,24,192
記帳 …………… 169	減額更正 …………… 46,188
記帳・帳簿等保存義務 …………… 20	減額更正の処分 …………… 194
記帳義務 …………… 14	減価償却費 …………… 96
記帳事務 …………… 169,170	権限行使 ……………… 23

索引

権限の解釈	16
権限濫用	15
健康保険法	7
検査	27,40,177
検算	30
源泉所得税	158
源泉徴収義務者	33,204
源泉徴収義務の有無	30,54
源泉徴収税額	30,54
源泉徴収に係る所得税	30,47,62,78,80,124,141
源泉徴収に係る復興特別所得税	158
原則的交付送達	216
公益上の要請	40
公益的必要性	22
公課法	7
航空機燃料税法	28
公告	207
公示送達	217
更正	7,12,16,23,24,46,192
更正決定	17,120,124
更正決定等の範囲	123
更正決定等を目的とする調査	83
更正等の排斥期間	185,193
更正の除斥期間	205
更正の請求	19,46,185,186,189,192,194,195,198,199
更正の請求ができる期間	190
更正の請求期間の延長	14
更正の請求書	30
更正の請求の特則	189
更正の申出	193
更正の予知	179,181
公売公告	207
公売日	207
後発的事由	189,191
交付送達	68,215,216
公法上の金銭債権の消滅時効	7
合理的な理由	101,166
合理的に算定	125
衡量	22
顧客納税者	156,171
国税局	204
国税債権	7
国税滞納処分の例	7
国税庁	22,204
国税徴収の例	7
国税徴収法	7,207
国税通則法	177,203
国税通則法の制定に関する答申	10
国税に関する処分についての不服申立て	103
国税に関する法律の規定	25
国税の調査	15,16
国税の徴収	199
国税の納付義務の確定	16
「国税」の範囲	203
国税の保証人	203
国税犯則取締法	7,11
国税不服審判所	13,18
個々の事案における事実関係	163
個々の納税義務者	174
個人の事業者等	158
個人の信教	43
コピー	39
個別税法	6,177
顧問税理士	169

〔サ行〕

債権者	34
財産の調査	29
採取	177

再調査	24, 134, 136, 139, 140	質問検査	10
再調査を行う理由	140	質問検査権	14, 16, 20, 27, 47, 177
再提出	154, 155, 156	質問検査権規定の趣旨	27
歳入庁	13	質問検査章	178
債務者	34	質問検査等を行おうとする場所	87
財務省	204	私的利益との衡量	28
裁量	14	自動車重量税	186
裁量権	26	自発的な提供	54
差置送達	216	自発的な提出	30
雑則	16	自発的な納税義務の履行	22
次回の申告	155	自発的な見直し	30, 32, 57, 180
始期	208	自発的履行	15
事業活動の有無等	30	支払調書等に関する書類	179
事業所等	80	支払調書等の提出義務	178
事業所等の往訪	177	私物	41
事業年度	77, 79	事務手続	45
事業の形態	27	指名された税務代理人	175
時効の中断の効力	7	社会通念上相当	22, 28
資産の譲渡代金	190	社会保障・税共通の番号制度	13
事実の把握	93	重加算税	18, 124
自主納付	30	終期	208
自主納付の要請	54	従業員等への調査	96
事前通知	15, 16, 19, 23, 81, 83, 85, 90, 91, 92, 93, 95, 140, 164, 166	宗教法人	43
		修正申告	17, 23, 181, 182, 187
事前通知なしの調査が認められた事例	106	修正申告書	30, 32, 62, 179, 180, 186
		修正申告等の勧奨	125, 171
事前通知に関する手続	101	修正申告等の法的効果の教示	171
事前通知のない調査	118	終了時点	207
事前通知をしない場合	16, 105	酒税	28, 79, 80
実質課税の原則	10	酒税の保全	52
実地調査	23, 80, 81	主張・立証責任	182
実地の調査以外の調査	115, 175	出国	79, 209
実地の調査を行う理由	88	取得価額	96
実地の調査を開始する日時	72	取得見込価額	190
実務慣行	193	守秘義務	170
質問	27, 177	酒類業組合等に対する行政指導	52

索引

純損失 ……………………… 185,186	申告の体裁内容 ………………… 27
純損失等の金額 ……………… 37,213	申告もれ ……………………… 179
純損失の繰戻による還付 ………… 50	信書便による送達 …………… 215,216
準備調査 …………………………… 23,26	申請 ………………………… 27,49,209
証拠資料の収集 ………………… 25,45	申請に対する拒否処分 …………… 20
使用人 ……………………………… 33	審判官が行う調査 ……………… 55,56
使用人その他の従業員 …………… 34	審理のための質問、検査等 ……… 56
消費税 ……………………… 28,79,158	税額等 ……………… 25,37,38,125
証明書類の添付義務 …………… 195	税額等の確定効果 ……………… 187
職業上の守秘義務が課された情報 …… 41	税額の認定行為 …………………… 25
所消同時調査 ……………………… 73	請求 ……………………………… 209
除斥期間 ………………………… 16,18	請求期限経過後の救済措置 …… 192
所属官署 …………………………… 72	請求を受けた税務署長 ………… 196
職権調査 …………………………… 27	正当な理由 ………………………… 41
所得税 ………………… 6,7,28,77,79	制度の簡素化 ……………………… 18
所得税徴収高計算書 ……………… 30	税法の体系的な構成の整備 ……… 4,5
署名・押印 ………………………… 71	税法の適用誤り …………………… 30
書面 ………………………… 45,180	税務官公署の当該職員 ………… 164
書面添付制度 …………… 166,167	税務行政機関 …………………… 204
書面の通知 ……………………… 171	税務行政の公正な運営 …………… 4,5
書類 ……………………………… 28	税務署 …………………………… 204
思料される場合 …………………… 30	税務職員の合理的な選択 ………… 28
資料提出義務違反 ………………… 10	税務署職員 ……………………… 182
資料提出義務不履行 …………… 178	税務署長 ……………………… 25,84
白色申告者 ……………………… 14,20	税務署長等の処理遅滞 ………… 198
信教に関する情報 ………………… 41	税務署の担当者 …………………… 32
申告 ……………………………… 209	税務訴訟 …………………………… 7
申告及び納付の時期 ……………… 8	税務代理 ………………… 168,169
申告が不適正 …………………… 182	税務代理権限証書 ……………… 155
申告期限 ………………………… 208	税務代理行為 …………………… 170
申告業務 ………………………… 102	税務代理人 ……………… 150,165
申告是認 …………………………… 12	税務代理人以外の第三者 ……… 170
申告内容 ………………………… 93	税務代理人の事情 ……………… 101
申告納税制度 …………………… 185	税務代理人への説明 …………… 170
申告納税方式 …………………… 213	税務代理人変更 ………………… 158
申告納付期限の延長 ……………… 8	税務代理人を通じた事前通知 …… 151

税務代理の委嘱	166	代表者名義の個人預金	42
税務調査	10, 19, 22, 23	対面	45, 180
税務調査手続	14, 19, 51	代理人	33, 34
税務当局者	10	他税目	157
税理士法	168	立会い	167
税理士法30条の書面	172	脱税	12
税理士法34条	164	脱税等に関する調査	7
税率	5	脱税犯	11, 197
石油ガス税	28, 79	たばこ税	28, 79, 80
石油石炭税	28, 79	単一法典	6
是認	23	嘆願書	193
前回の調査	135, 141	端緒となる資料	182
善良な管理者の注意	66	単なる計算誤り	49
増額更正	46	地方消費税	158
総則	16	中間申告分	77, 79
相続税	7, 28, 53, 79	中途死亡	79
相続税・贈与税の徴収	25	調査	24, 31, 46
相続税額	190	調査開始日時	163, 166
相続人の異動	190	調査開始日時等の変更	165, 166
送達	68, 215	調査開始場所の変更	163
送達記録書	215	調査結果の説明	121, 125, 170, 171, 172, 175
相当程度の確実性	181	調査終了時の手続	15, 19, 119
贈与税	53, 77, 79, 185	調査すべき事項	27
贈与税額	190	調査対象拡大	103
訴訟	16	調査対象期間	87, 167
租税回避	10	調査対象事案の選定	23
租税条約実施特例法	29	調査対象税目	87, 95, 167
租税特別措置法	7	調査担当者が必要と認めた範囲	170
租税負担の公平の原則	10	調査着手	23, 95
その営む事業内容に関する情報	111	調査手続の透明性	92

〔夕行〕

滞在期間	205	調査に該当しない行為	29, 52, 56, 57, 59
対象期間	95, 96	調査に該当する行為	43
第二次納税義務者	203	調査に対する理解と協力	178
滞納処分	7, 211	調査日時等の変更	100, 163, 167
		調査に要する時間や日数	88

索引

「調査」の意義 ………… 25, 26, 45, 47, 64
調査の再開 ………………………… 128
調査の時期 ………………………… 26
調査の終了の際の手続 …………… 16
調査の対象となる期間 ………… 72, 83
調査の対象となる税目 …………… 72
調査の対象となる帳簿書類
　その他の物件 ……………… 72, 87
調査の通知 …………………… 164, 165
調査のプロセス …………………… 194
調査の目的 ……………… 27, 81, 87, 88
調査理由 …………………………… 87
調査を行う職員の氏名及び所属官署 … 87
調査を行う場所 ………………… 72, 81
調査を開始する日時 ……………… 87
徴収 …………………… 5, 7, 16, 53
徴収の猶予 ………………………… 199
徴税回避防止 ……………………… 187
帳簿 ………………………………… 28
帳簿書類 …………………………… 164
帳簿書類その他の物件 … 35, 36, 37, 89
帳簿等の記入保存状況 …………… 27
帳簿保存義務 ……………………… 14
追加的な証拠書類の収集 ………… 23
通常の調査 ………………………… 12
出会送達 …………………………… 216
提示 ……………………… 19, 177, 178
提出 ………………………… 19, 177
提出期限 …………………………… 213
提出義務者 ………………………… 34
提出物件の留置き ……………… 16, 68
ディスプレイ ……………………… 39
適正な申告 ………………………… 185
手続規制 …………………………… 15
手続規定 …………………………… 14
デミニマス・ルール ……………… 178

転記誤り ………………… 30, 32, 180
転記もれ …………………………… 57
電源開発促進税法 ………………… 28
電磁的記録 …………………… 39, 164
添付書類 …………………………… 195
電話 ……………………………… 45, 180
同一の納税義務者 ………………… 135
同意取止め ………………………… 161
同意の事実を確認する方法 ……… 170
当該職員 ………………… 32, 170, 177
当該職員が行う行為 ……………… 180
「当該職員」の意義 ……………… 33
当該職員の質問検査権 …………… 177
当該申請書等の提出年月日 ……… 83
登記所 ……………………………… 204
当局の処理 ………………………… 196
当局への開示 ……………………… 11
当事者 ……………………………… 203
同時調査 …………………………… 93
到達主義 …………………………… 18
登録免許税 …………………… 168, 204
督促状 ……………………………… 206
特段の規定 ………………………… 92
特定の税目 ………………………… 157
特定の納税義務者 ………………… 25
特別とん税 ………………………… 203
特別法 ……………………………… 7
特別法は一般法を破る …………… 6
届出 ………………………………… 209
留置き ………………… 65, 66, 68, 69, 70
取引銀行 ………………………… 33, 34
取引先 …………………………… 33, 34
取引先等調査 …………………… 24, 51
取引書類の写し …………………… 66
とん税 ……………………………… 203

- 319 -

〔ナ行〕

内国歳入法 …………………………… 6,178
内部調査 ……………………………… 43,181
内容虚偽の更正請求書 ………………… 197
日時場所 ………………………………… 164
日本税理士会連合会会長 ……………… 204
任意調査 ………………………………… 14,29
納期限 ………………………………… 210,214
納税環境整備 …………………………… 13
納税管理人 ……………………………… 204
納税義務 ………………………………… 5
納税義務があると認められる者 ……… 34
納税義務者 …………… 5,8,33,34,203,204
納税義務者等 …………………………… 33
納税義務者の支配・管理する場所 …… 80
納税義務者の氏名及び住所又は居所 … 87
納税義務者の申告内容 ………………… 109
納税義務者の同意 …………… 170,171,172
納税義務者本人 ………………………… 34
納税義務の成立 ………………………… 8
納税義務の適正かつ円滑な履行 ……… 4
納税者 …………………………… 33,203,204
納税者からの書類の提出 ……………… 217
納税者権利憲章 ………………………… 13,14
納税者等 ………………………………… 204
納税者の意向 …………………………… 176
納税者の権利 …………………………… 4,185
納税者の私的利益 ……………………… 22
納税者の同意 …………………………… 172,173
納税者の予見可能性 …………………… 91
納税者の理解と協力 …………………… 23
納税申告書 ……………………………… 213
納税申告書の提出 ……………………… 25
納税の告知 ……………………… 54,57,124
納付 ……………………………………… 7,8

納付すべき税額 ………………………… 38,213
納付もれ ………………………………… 8

〔ハ行〕

配当 …………………………………… 178,179
発信主義 ………………………………… 217
罰則 ………………………………… 16,41,42,197
犯則調査 ………………………………… 12,29
反面調査 ………………………… 15,50,51,93
判例法 …………………………………… 10
非違があると認めるとき ……………… 138
非違が疑われた場合 …………………… 96
引取りに係る消費税 …………………… 80,209
非居住者 ………………………………… 205
被相続人 ………………………………… 79
必要経費 ………………………………… 189
日歩 ……………………………………… 18
封かん …………………………………… 177
賦課決定 ………………………………… 47
賦課方式 ………………………………… 213
複数の税務代理人 ……………… 157,174,175
複数の税目 ……………………………… 157
複数の調査 ……………………………… 74
複数の納税義務者 ……………………… 93,173
不作為 …………………………………… 198
不正還付請求 …………………………… 197
不正申告 ………………………………… 8
附帯税 …………………………………… 7,16,124
負担の軽減合理化 ……………………… 18
物件の検査 ……………………………… 28
物件の占有 ……………………………… 38
物件の提示又は提出 …………………… 27,38,39
物納 ……………………………………… 53
物理的な強制 …………………………… 40
部内処理 ………………………………… 63
部内の処理 ……………………………… 46

索引

不納付加算税 …………………… 47,124	身分証明書 …………………… 177,178
不服審査 ………………………………… 16	身分証明書の携帯 ………… 16,177,178
不服申立て ……………………… 70,118,198	無申告加算税 ………… 18,32,47,124,181
不利益処分 …………………………… 20	無申告者 ………………………………… 61
プリントアウト ……………………… 39	無申告脱税 ………………………… 10,12
文書提出命令 ………………………… 15	明確な意思表示 …………………… 171
別個の納税義務者 ………………… 142	
別段の定め …………………………… 6	〔ヤ行〕
ペナルティ ………………… 8,178,179	郵便による送達 …………… 215,216
返還を要しない旨の申出 ………… 71	輸入貨物に対して課される消費税 …… 204
弁護士 ………………………………… 43	要件事実の認定 ………………… 25,45
包括的租税回避防止規定の創設 ……… 10	要調査日数 …………………………… 87
包括的な概念 ………………………… 26	予測可能性 …………………………… 14
法源同時調査 ………………………… 73	予定納税減額申請 ……………… 49,50
報酬 ………………………………… 178,179	呼出調査 ……………………………… 26
法人税 ………………… 7,28,77,79,158	
法制化 ………………………………… 10	〔ラ行〕
法定外普通税 ……………………… 168	利子税 ………………………………… 18
法定申告期限 ……………… 185,191,214	立証責任 …………………………… 192
法定納期限 ………………………… 211	流通税 ……………………………… 203
法的効果 …………………………… 187	理由附記 ……………… 13,14,20,131,133
法律行為 …………………………… 208	料金 ………………………………… 178,179
法令の解釈適用 ………………… 25,45	臨場 …………………………… 26,80,94
法令の適用誤り ………………… 32,180	臨場する調査担当者の人数 ……… 88
補充送達 …………………………… 216	臨場日 ………………………………… 88
ほ脱犯 ………………………………… 11	例外的措置 ………………………… 185
	暦年 …………………………… 77,79,209
〔マ行〕	連結親法人 ………………………… 142,143
前 …………………………………… 212	連結子法人 ……………… 74,76,142,143
満了点 …………………………… 205,207	連結事業年度 …………………… 77,79
未遂罪 ……………………………… 197	連結納税 …………………………… 76,142
未分割遺産 ………………………… 190	連結法人 ……………………………… 74

【著者紹介】

川田　剛（かわだ　ごう）

昭和17年　茨城県生まれ
　　42年　東京大学卒業
　　49年　大阪国税局柏原税務署長
　　51年　人事院在外研究員（南カリフォルニア大学）
　　53年　在サンフランシスコ日本国総領事館領事
　　58年　仙台国税局調査査察部長
　　62年　国税庁調査査察部国際調査管理官
　　同年　国税庁長官官房国際業務室長
平成6年　仙台国税局長
　　9年　国士舘大学政経学部教授
　　　　　学習院大学法学部講師
　　　　　税務大学校講師（国際租税セミナー特別コース）
　　15年　國學院大學経済学部教授
　　16年　明治大学大学院グローバル・ビジネス研究科教授
他に平成9年～現在
　　日本公認会計士協会租税相談員（国際課税）

【主な著書】『租税法入門（9訂版）』『基礎から身につく国税通則法』『Q＆A国外財産調書制度の実務』（以上，大蔵財務協会），『Q＆A海外勤務者に係る税務』『国際課税の基礎知識（8訂版）』（以上，税務経理協会），『Q＆Aタックス・ヘイブン対策税制のポイント』『ケースブック　海外重要租税判例』（以上，財経詳報社）など。他に著作・論稿等多数。

著者との契約により検印省略

平成26年7月1日 初版第1刷発行

Q&Aでわかる
税務調査と税務手続
－国税通則法改正－

著　者　　川　田　　　剛
発行者　　大　坪　嘉　春
印刷所　　税経印刷株式会社
製本所　　株式会社　三森製本所

発行所　〒161-0033 東京都新宿区　　株式　税務経理協会
　　　　下落合2丁目5番13号　　　　会社

　　　　振　替 00190-2-187408　　電話 (03)3953-3301（編集部）
　　　　ＦＡＸ (03)3565-3391　　　　　　(03)3953-3325（営業部）
　　　　　URL http://www.zeikei.co.jp/
　　　　　乱丁・落丁の場合は，お取替えいたします。

© 川田 剛 2014　　　　　　　　　　　　　　Printed in Japan

本書の無断複写は著作権法上での例外を除き禁じられています。複写される
場合は，そのつど事前に，(社)出版者著作権管理機構（電話 03-3513-6969,
FAX 03-3513-6979, e-mail: info@jcopy.or.jp）の許諾を得てください。

JCOPY ＜(社)出版者著作権管理機構 委託出版物＞

ISBN978-4-419-06111-1　C3034